让家不再伤人

唐翠云◎编著

知识产权出版社
全国百佳图书出版单位

图书在版编目（CIP）数据

让家不再伤人/唐翠云编著. —北京：知识产权出版社，2018.12
ISBN 978 – 7 – 5130 – 4756 – 2

Ⅰ.①让… Ⅱ.①唐… Ⅲ.①婚姻—通俗读物 Ⅳ.①C913.13 – 49

中国版本图书馆 CIP 数据核字（2018）第 258197 号

责任编辑：高　超	责任校对：谷　洋
封面设计：邵建文	责任印制：刘译文

让家不再伤人

唐翠云　编著

出版发行：	知识产权出版社 有限责任公司	网　　址：	http://www.ipph.cn
社　　址：	北京市海淀区气象路 50 号院	邮　　编：	100081
责编电话：	010 – 82000860 转 8383	责编邮箱：	susan – lin886@163.com
发行电话：	010 – 82000860 转 8101/8102	发行传真：	010 – 82000893/82005070/82000270
印　　刷：	北京嘉恒彩色印刷有限责任公司	经　　销：	各大网上书店、新华书店及相关专业书店
开　　本：	720mm×1000mm　1/16	印　　张：	21
版　　次：	2018 年 12 月第 1 版	印　　次：	2018 年 12 月第 1 次印刷
字　　数：	300 千字	定　　价：	58.00 元

ISBN 978 -7 -5130 -4756 -2

出版权专有　侵权必究
如有印装质量问题，本社负责调换。

仅以此书，献给追求幸福婚姻的人！

前　言

婚姻登记处是一个让人百感交集的地方，在这方寸之地，每天，有人在这里拉开幸福的帷幕；每天，也有人在这里演绎人间悲剧。而我们，则是一群看尽人间悲欢且置身其中的人。

我本人是从事婚姻家庭咨询工作的，有人笑我说：你的工作就是每天看人吵架。说的对，也不全对。从专业上来说，我的工作就是处理婚外情、婆媳矛盾、沟通不良（性格不合）、再婚重组家庭等这些家务事，并且对婚姻进行专业咨询、挽救与修复，还做一些婚姻的危机干预工作，等等。

在我们中国，过去大家的认识是：家家有本难念的经，清官难断家务事。其实，这个"经"是有专业的人来念的，"家务事"呢，也是有专门的人来断的，这个专业就叫作"婚姻家庭治疗专业"。婚姻家庭治疗领域在欧美有正规的专业设置，属于心理学下面的分支。我从事的工作就是婚姻咨询（治疗）。我在此分享的一些婚姻家庭咨询方面的内容，对于某些人来说或陌生，或新鲜，但是，我相信，若干年后，不少内容将成为大众的常识。

从事这样的工作，看着人们在围城中进进出出，我们常常是嘴里吃着新婚夫妇送的巧克力，却马上又为刚刚签完字的单亲妈妈掉泪，悲欢交替常常令我们感慨万分。每当我看到相同的人生悲剧轮番上演，看到那些排着队来办理离婚的夫妻，看着来离婚的夫妻们一双双哭红的眼睛，看着有一方还在焦灼地想尽各种办法挽救甚至哀求另一方不要离婚，看着他们一边犹豫一边流着泪在离婚协议上签字，看着他们拿到离婚证后

失声痛哭，快步走出大厅，然后各奔东西……看着有些夫妻一边流泪一边看着襁褓中的孩子和我说："老师，我想趁孩子年纪小不记事，就把手续办了，这样，他从小的印象里就没有爸爸，我不想等他长大一点再分手，那样对孩子太残忍……"每当这样一幕幕虐心的场景出现，我心里就会冒出一个强有力的声音：如果我国老百姓对婚姻心理的认知程度提高一些，如果我国专业的婚姻心理咨询推广的力度、普及程度以及咨询师的技术水平、职业道德再提高一些，很多的家庭就有可能不会破碎，这些夫妻、这些婚姻就有可能不是这样的结局！

还有，最关键的一点就是：这个家庭里的孩子的命运肯定会不一样。我相信，如果家庭关系得到改善，孩子童年的泪水会少一些，快乐会多一些；痛苦会少一些，幸福会多一些；绝望会少一些，希望会多一些；冷漠会少一些，温暖会多一些！

在经过多年的专业沉淀以及一年多的努力整理后，这本关于婚姻咨询的书籍初具雏形，开始与读者见面，真心希望大家阅读后，能够少走一些弯路，避免一些婚恋问题，减少或者减轻一些婚姻家庭的矛盾。人与人之间的误解减少、减轻，理解与关怀增多，找回爱，守住家，让家真正成为一个温暖的地方。

唐翠云

2017年10月　深圳

目 录

☞ 第一章 哪些特质易影响婚姻质量 1

　　第一节　偏执特质 1

　　第二节　冷漠特质 6

　　第三节　反社会特质 10

　　第四节　不稳定特质 14

　　第五节　表演特质 38

　　第六节　自恋特质 48

　　第七节　依赖特质 56

　　第八节　强迫特质 60

　　第九节　冲动特质 68

　　第十节　焦虑特质 74

　　第十一节　指责打压特质 78

　　第十二节　焦虑发作 89

　　第十三节　抑郁发作 94

　　第十四节　狂躁发作 101

　　第十五节　小结与声明 105

☞ 第二章 现代婚姻问题及解决方案 110

　　第一节　婚外情及其防治 110

　　第二节　婆媳矛盾及解决方案 147

　　第三节　夫妻沟通障碍 164

第四节　再婚重组家庭　185

第五节　创业家庭　188

第六节　大家庭影响小夫妻　197

第七节　其　他　201

第八节　小　结　203

☞ 第三章　婚姻家庭知识科普　205

第一节　孩子年纪小不记事　205

第二节　为什么我的婚姻总是不顺　223

第三节　三年之殃　244

第四节　说说婚姻危机的那些事　249

第五节　轻松搞好夫妻/亲子沟通！　285

☞ 第四章　如何帮助身边的人　303

☞ 声　明　317

☞ 后　记　321

☞ 参考书目　324

第一章　哪些特质易影响婚姻质量

第一节　偏执特质

案例：妻子硬说我搞婚外情，闹离婚！

女方，35岁，五官较为硬朗，咬定丈夫有婚外情，坚持要离婚，没有任何商量的余地。

丈夫在一边急得上蹿下跳。我听了几分钟他们的对话后，把丈夫单独叫到一边，我说："你太太讲话有点偏执，是不是和她的家庭有关啊？但是她这种人事业上或者技术上又可能非常出色。"

他马上说："老师你说得太对了，我妻子和她妹妹还有我丈母娘三个人在她们当地，是有名的铁娘子，性格都十分强硬，甚至执拗，我妻子虽然不是设计专业，但是在一家有名的设计公司里做设计总监，她一个人设计的产品占公司订单的四成，老板非常看重她。她的性格非常好强，也很倔强，很极端，别人说的话根本听不进去，哪怕明知道是为她好，她也不听，真的是针也插不进，水也泼不进啊！"

"我们前天晚上吵架，我气得开车跑出去，在车上睡了一晚上。一个比较谈得来的女同事打电话过来，我觉得太郁闷、太难受了，就和这个女同事吐苦水，聊了一个多小时，结果我第二天回家的时候，被她看到通话记录，一口咬定我有婚外情，认为我那晚肯定是跟这个女同事在一起了，我无论做什么，无论怎么解释，好说歹说，她都不相信呀，一定要离婚！我和她说，我一个大男人离了婚还好，你一个女人离了婚，又坚持要把两个孩子带在身边，以后这日子很难过的，她也不听。哎，真是急死了！"

经过简短的访谈，我获得了较为重要的心理线索，我问他："那你现在有什么打算？"

他坚定地说："老师，我打算要挽回。在谈恋爱的时候我就知道她是这样的性格了，但我其实还蛮欣赏她的，她这一生很不容易，我要留在她身边好好照顾她，我们还有两个孩子。"

我说："好，我明白了，从心理学的角度看，你妻子这么强的性格，只是心灵的铠甲。在过去的生活里，需要这样的铠甲保护她，但是现在环境变了，有些不适用了，我们一起努力看看可不可以把她的铠甲软化些。如果一切顺利，做完咨询后，你妻子的性格应该会变得柔软些。"

咨询结束两个星期后，她丈夫给我发短信说："唐老师，我妻子现在性格上确实柔软了不少呢，现在我说什么她好像也听得进了，好神奇哦！"

婚姻家庭、爱情是建立在对人性深处的理解与信任的基础上的，从人本主义及深度心理学来看，当事人个性这么强，除了遗传因素以外，跟她小时候的成长环境有很大的关系。我在咨询的过程中得知，女方的父亲很早过世，母亲一个人拉扯两个女儿长大，生活多么辛苦、多么艰难可想而知。

在咨询中，每当你一点点深入当事人灵魂深处的时候，你的慈悲与心痛就会逐步增多。因为这位妻子的童年遭受了巨大的家庭变故，承受着巨大的精神压力，迫使她不得不异常坚强，不得不用超人的毅力和倔强应对命运的磨难，而这种倔强已烙印在她灵魂深处，并带入了她成年的生活里，影响着她的婚姻家庭关系、人际关系。

有偏执特点的人，程度比较轻微的就是在某一个方面比较执着、固执、不听劝；比较严重的，就是固执己见、易钻牛角尖、撞了南墙不回头；最为严重的偏执则接近或达到病理状态，例如无理由地怀疑配偶有外遇，无论怎么劝说和证明，他/她都不相信；或对人、对世界非常敌对，易成为顽固性的上访者。

我们在生活中碰到的这类人的特点，通常有性格上认死理、在情感上转不过弯、不柔软、理性太多、柔情太少、嘴皮子硬、脾气倔、不容易相信别人，等等，而追溯他们童年的成长史你会发现，他们的家庭大多缺乏温情与关怀，父母常常只讲"理"而很少讲"情"。所以，我们换位思考一下：一个很少得到过温暖、很少体验过温情的人，内心何以温暖柔和？

附1：相关标准：请参考美国《精神障碍诊断与统计手册》[①] 第5版第277页。

附2：解决方案

1. 找一个接纳、包容自己的爱人，一份长期的、温暖的、高质量的婚姻关系，可以慢慢消融坚若磐石的心。

2. 家庭治疗[②]/婚姻治疗[③]（短程咨询：5～30次以内的咨询）：若自己的偏执已损害婚姻关系、家庭关系，建议进行专业的婚姻家庭治疗，在专业治疗师的帮助下，进行正规、完整的婚姻治疗，增加夫妻间的相互理

[①]《精神障碍诊断与统计手册》（The diagnostic and statistical manual of mental disorders，DSM）由美国精神医学学会（American Psychiatric Association，APA）出版，是一本在美国与其他国家最经常使用来诊断精神疾病的指导手册。

[②] 家庭治疗：婚姻与家庭治疗（Marriage and Family Therapy）是一种心理治疗方法，起源于20世纪50年代，从个别心理治疗以及某些集体心理治疗等治疗形式中发展而来。它以整个家庭为对象来规划和进行治疗，属于广义集体心理治疗的范畴。其目标是协助家庭消除异常、病态情况，以执行健康的家庭功能。家庭治疗的特点：不着重于家庭成员个人的内在心理构造与状态的分析，而将焦点放在家庭成员的互动与关系上；从家庭系统角度去解释个人的行为与问题；个人的改变有赖于家庭整体的改变。

第二次世界大战以后，以美国为代表的西方国家在工业化、都市化的进程中，生活节奏越来越快，在社会生活方面，婚姻冲突明显增加，导致了离婚率上升，青少年违法犯罪的现象增多，面对这些问题，社会各界对家庭在社会转型期的调试状况开始给予极大的关注。

在心理学方面，精神分析、团体动力学的研究、儿童指导运动、社会工作、婚姻咨询等领域均有一定的发展，这些发展都为婚姻和家庭治疗的发生和发展打下了基础。

[③] 婚姻治疗：婚姻疗法（Marital Therapy）又称夫妻疗法，是20世纪60年代以来才发展起来的一类心理治疗类别，除采用各种家庭治疗的理论和技术外，重点在于发现和解决夫妻之间相互作用的问题，以促进良好的配偶关系为目标。

解与支持、夯实这份人生中最重要的关系。首选 EFT 情绪取向婚姻治疗①。

3. **专业的心理治疗②/心理咨询③**：长期、稳定、专业的心理治疗也

---

① 情绪取向治疗（Emotionally Focused Therapy，EFT）是由 Dr. Sue Johnson 和 Dr. Greenberg 两位博士共同发展而成的心理治疗技术，适用于改善伴侣关系及亲子关系。

EFT 认为情绪是引发行为反应的重要关键，而安全感是关系维系的基础，倘若两人之间的安全感受到威胁，人们会感到痛苦或不知所措，产生互相伤害的行为。因此 EFT 相信，改变人们的情绪反应，行为模式将会跟着改变。基于此哲学观点，EFT 治疗师帮助伴侣和家庭成员停止令人痛苦的互动模式，并且重新塑造人们的情绪经验，以建立相互滋养与支持的情感关系。

EFT 提供了 3 阶段 9 步骤的操作模式，清晰地描述治疗过程中的步骤及关键点。在 3 阶段 9 步骤的操作模式中，包含肯定、同理反映、重新界定、同理的猜测、唤起反映、故事和比喻、反映互动循环、加强、现场演练 9 种重要技术，其步骤及技术有明确的可复制性。

EFT 被认为是现今治疗效果显著且有效的心理治疗技术之一，众多实务研究发现：经过 8~20 次晤谈的伴侣，70%~75% 的伴侣痛苦程度下降，90% 的伴侣关系改善，而此取向适用对象亦相当广泛，例如：受抑郁症、慢性病、创伤所苦的伴侣，以及多元文化家庭。

EFT 因其临床实证效果明显，可操作性强，清楚而明确地界定其假设、策略和治疗措施的特点，已由新兴学派发展为临床心理学、家庭治疗领域的核心学派之一。

两位创始人简介：苏珊·约翰逊 Susan Johnson，加拿大 Ottawa 大学临床心理学教授，国际知名婚姻家庭治疗督导师，曾获美国婚姻家庭治疗协会杰出贡献奖，美国心理学协会家庭治疗研究奖，Ottawa 大学优秀教学奖，基督教青年会杰出妇女奖。莱斯莉·葛兰堡博士（Dr. Greenberg 是苏珊·约翰逊的导师）主要研究 EFT 在个体治疗中的应用。

2016 年 7 月 1 日，苏珊·约翰逊获得了加拿大政府对其卓越贡献成就所颁发的最高荣誉——加拿大人勋章，这是对她多年来倾力于亲密关系研究最大的肯定，而这个卓越贡献，不仅仅对加拿大人有益，而是影响了全世界。

② 心理治疗是一种专业性的助人活动。首先实施这种帮助的是受过专门训练，精通人格形成和发展理论以及行为改变理论和技能的治疗师。其次，这种帮助是在专业的架构下进行的。这包括此种专业活动为法律或法规所认可，活动的场所和程序有一定之规，并受行业规范的监管，等等。再次，受助者及其受助的方面是受限的。这一受限的性质是其"心理性"，主要表现为（1）来访者之所以求助是因为某些方面的心理功能受损，并导致其出现生活、学业或事业方面的适应困难；（2）治疗的焦点是协助来访者作出心理行为方面的改变，恢复或重建期受损的心理功能。

适应症：神经症、人格障碍、行为障碍、心身疾病、性心理异常、处在缓解期的某些精神障碍。

干预的特点：强调人格的改造、问题行为的矫正、重视症状的消除。

③ 心理咨询（counseling）是指运用心理学的方法，对心理适应方面出现问题并企求解决问题的求询者提供心理援助的过程。需要解决问题并前来寻求帮助者称为来访者或者咨客，提供帮助的咨询专家称为咨询者。来访者就自身存在的心理不适或心理障碍，通过语言文字等交流媒介，向咨询者进行述说、询问与商讨，在其支持和帮助下，通过共同的讨论找出引起心理问题的原因，分析问题的症结，进而寻求摆脱困境解决问题的条件和对策，以便恢复心理平衡、提高对环境的适应能力、增进身心健康。

对心理咨询的解释可以分为广义和狭义。广义的心理咨询包括心理咨询和心理治疗，有时心理检查、心理测验也被列为心理咨询的范围。狭义的心理咨询不包括心理治疗和心理检查、心理测验，只局限于咨访双方通过面谈、书信、网络和电话等手段向来访者提供心理救助和咨询帮助。

心理咨询与心理治疗工作的区别主要在于：第一，心理咨询的工作对象主要是正常人，心理治疗则主要针对患有心理障碍的人进行工作；第二，心理咨询所着重处理的是正常人所遇到的各种问题，如人际关系、职业学业问题，等等；心理治疗的适用范围则主要为某些心理障碍、行为障碍、心身疾病，等等；第三，心理咨询一般用时比较短，而心理治疗耗时较长，治疗达几十次，甚至更长时间，第四，心理咨询的工作目标是针对某些具体问题，而心理治疗工作不仅针对具体问题的改善，而且注重人格的成长。（摘自《心理治疗学》人民卫生出版社 2015 年版）

是一个主要的修正途径。来自一位专业心理咨询师/治疗师的温暖、关怀、接纳和共情，再配合一些具有操作性行为矫正技巧，将在很大程度上改变你的外在现实与内心体验。

4. 长程团体心理治疗①：团体是一面多棱镜，可从同样处境的人群中（在人际关系上或婚姻关系上有困难的人）收获支持和鼓励，互助前行，一点一滴地修正。

5. 从家人和朋友处获得支持：向家人、朋友真诚道谢，感谢他们对你的宽容，不要再挥霍他们的爱与耐心。通过科普学习、深度的沟通，尽可能让家人和朋友增加对你的理解，让他们深入了解你的情况、你的特质、你的精神背景。正是因为多了这些理解，才能让他们在和你发生冲突矛盾时，对你少一份疏离与不解，多一份包容和接纳。

6. 以上建议 2~3 种方法联合实施（主要治疗+辅助治疗）。

咨询感言：每次深入咨询完偏执特点的夫妻案例，我就会想起蒋荫棠《苏武牧羊》中的两句话："历经难中难，心如铁石坚。"

对待人性，我们不能光从表面下定论，而是要把这个人放到他的背景里去理解他，去理解他的灵魂深处发生了什么，遭遇了什么。外表的刚强与倔强也许对应着内心深处的伤痛与磨难。俗话说："浑身是铁打的，那得有多少钉啊！"为什么说成功地做完咨询后，偏执的心会柔软些？原理是：利用人性中的理解与接纳以及专业咨询技术去寻找那些把他们铸造成铁人的"钉"，然后一根根地去拔除，每拔除一根，他们的心就会柔软一点点。

---

① 团体心理治疗：是指在团体情境中提供心理帮助的一种心理治疗的形式，它是通过团体内人际交互作用，促使个体在互动中通过观察、学习、体验，认识自我、探讨自我、接纳自我，调整和改善与他人的关系，学习新的态度与行为方式，以发展良好的生活适应力的过程。"二战"以后，以人际关系改善、个人成长、发展潜能、增进心理健康的目的而发展起来的各种团体咨询与心理治疗，被广泛应用在社会生活的各个领域。团体心理治疗通常由 1~2 名治疗师主持，治疗对象可由 8~15 名具有相同或不同问题的成员组成。治疗以聚会的方式出现，可每周 1 次，每次时间 1.5~2 小时，治疗次数可视团员的具体问题和具体情况而定。

因为，我深深地相信，如果可以选择，没有人会选择自己心如铁石！尤其是女人。

第二节　冷漠特质

冷漠特质（又称分裂样特质）的人内心比较孤僻、孤独，除此之外，他们情绪较为冷漠，喜欢独来独往，除了一级亲属以外，没有什么人际交往，也没有什么朋友，对亲情和友情都比较淡漠，也很少主动与别人接触。

案例1：不想结婚的钻石王老五

王小丽的弟弟王小来，毕业于北京一所著名大学，本来在世界500强公司里工作，由于不喜欢做跟人打交道的工作，一年后，辞职在家开网店，做得风生水起，年收入也有几十万元。

他的婚恋问题让全家人很头疼，经常是很短暂就结束了，少则一个星期、多则一个月，最长没有超过3个月的，而且都得女方很主动，他才有一点点反应，女方不主动，他就没有下文了。小来自己说："有没有婚姻、亲人都无所谓。"他和姐姐、好几个同学都在同一个城市工作、生活，但他几乎没有一次主动去姐姐或者同学家走动，过年过节也不问候，每次都是亲友们主动上门看他。他经常一个人关门在家里专心打理网店，一个星期都不下楼，只吃泡面。小丽说："有几次过去，打开门就闻到一屋子的泡面味道。"

在旧时代、旧社会，这种人有可能会有婚姻，但在现代社会，这种类型的人进入恋爱关系都不太容易。也会有这样的案例——迫于父母及亲友舆论的压力，会有一些结婚成家的想法，但是往往没有什么结果，或者即使勉强结了婚，夫妻双方的感情也很疏远。

说到这里，我其实也为社会的进步感到高兴，现代社会更宽容，而这种人生性如此，一个人也能自得其乐。若人们手握传统道德的武器给他施压、逼婚，把他五花大绑地送进婚姻的围城，也许会造成两个人甚至两代人的悲剧，不信看看下面这个案例。

案例2：没什么性需求的哑巴丈夫

有一天，一对夫妻来到咨询室里，男方坐下后很少说话，都是女方在说。女方说：自己是二婚，丈夫是第一次结婚，丈夫到了40岁才认识她。她觉得丈夫好怪，谈恋爱的时候，每次都是自己主动；自己下了班要坐一个小时的车赶到他的宿舍，如果自己不走动，男方就没有动静，也很少主动发短信息过来，好像根本不挂念自己，也不挂念任何人，而且男方也没有什么性需求，两个人一年才用掉几个避孕套。即使聊天说的都是些无趣的话，而且说着说着就没有话说了。

女方毕竟有过婚姻，感觉这不正常，但是不巧，她怀孕了，想着自己年纪也不小了，要是把孩子打掉，怕以后怀不上，于是两人办理了结婚证。结完婚生完孩子，这下日子可难过了，因为他基本不参与家庭生活，对孩子也完全没有兴趣，每天回到家里，就像一阵风刮过似的，转眼就把自己关到房间里打游戏了。吃完饭后又没了踪影，回到房间关上门继续打游戏！跟家人基本是没有什么交流与互动的，和他连架都吵不起来，女方憋得难受、抓狂。

生活久了她才知道，丈夫的父母从小感情就不好，总是吵架，家庭关系十分冷漠，使他对婚姻家庭没有任何兴趣甚至反感。完全是因为被父母逼婚，为了完成"政治任务"，才硬着头皮、抓阄式地找了人结了婚，生了孩子。女方感觉自己成了"冤大头"，越想越气，这日子没法儿过了，于是过来咨询。

咨询中，丈夫很少说话，甚至跟我们完全没有眼神的交流。

为加深夫妻的相互理解，我铺垫了五六十分钟后，丈夫开始与我们有些简单的对话，我一字一句、慢慢地问丈夫："如果给你父母的感情、家庭的温暖打分，你打几分？"

丈夫低着头，轻轻说道："1分吧"。

我继续慢慢地问："如果给你的童年打分，感觉最幸福是10分，感觉痛苦可以打负分，你怎么打分？"

他突然抬起头，眼神忧郁，深吸一口气，望向窗外，悠悠叹道："负3分吧。"

女方似乎明白了什么，停止了抱怨与哭诉。

咨询室里，三人均陷入沉默……

小时候家庭氛围不好的孩子，长大后出现各种心理偏差的可能性极高，有些甚至会抑郁水平偏高。上述案例中，丈夫的抑郁不只是写在脸上，还刻在骨子里。

很多父母不停地催婚，甚至让孩子随便找个人结婚就行了，跟谁过日子都是过，当我反问他们："您俩夫妻关系怎么样？"他们会说："我和他爸（妈）也没有什么感情啊，以前就是吵吵闹闹，过日子嘛，谁不是这样，这不，为了孩子坚持不离婚，现在不也过来了吗？"

我轻轻叹气，在孩子童年的记忆里、潜意识里，没有感情、吵吵闹闹的婚姻家庭味同嚼蜡，甚至如同冰窖、似刑场，你看到有一个人高高兴兴赶赴刑场的吗？

这些父母们看不到、悟不到孩子不想结婚的原因正是出在他们身上。

附1：相关标准

请参考美国《精神障碍诊断与统计手册》第5版第278页。

附2：解决方案

1. 找一个接纳你、包容你的爱人，一份高质量的、长期的、温暖的婚姻关系，可以慢慢焐热冷漠孤独的心。就像《欢乐颂》里，小包总滚烫执着的爱，可以融化安迪的恐惧与冰冷一样。前提是，你值得别人这样对待。

2. 家庭治疗/婚姻治疗：增加家人对你的理解与支持，对你的耐心与包容、接纳，从而获得坚实的社会支持。在家庭治疗师/心理治疗师的带领下逐渐发展出对社会关系、人际关系的兴趣，帮助你体验到社会关系、家庭关系的温暖与价值。

3. 长程团体心理治疗：在专业团体咨询师的带领下，与同伴们互相支持和鼓励，互助前行，一点一滴地修正，一点点感受与学习各种情绪反应，发展出相对丰富的情感，提高人际关系的敏感度。

4. 长程心理治疗/EMDR 创伤治疗：由于有冷漠特点的人难以与他人建立信任关系，在这方面需要花上比较长的时间，此途径为末选。若成功建立咨访关系，咨询师/治疗师可对你进行社交技能的训练，帮助你学习和保持社会关系所必需的技术。可酌情（根据治疗师的评估）使用 EMDR 创伤治疗。

5. 从家人和朋友处获得支持：向家人、朋友真诚地道谢，感谢他们对你的宽容与耐心。通过科普学习、深度的沟通，尽可能地让家人和朋友增加对你的理解，让他们深入了解你的情况、你的特质、你的精神背景，让他们和你一起努力改善关系，但请先从自己开始！

6. 以上建议 2~3 种方式联合实施（主要治疗 + 辅助治疗）。

咨询感言：我们都知道，世上的树叶都找不出两片完全相同的，可惜的是，我们却总爱用统一的社会标准来要求身边每一个不同特质的人。

虽然东方文化中集体主义倾向明显，但在我国，随着社会的进步，能够承载个人主义、个人自由的土壤已悄然成熟。社会越进步、社会经济发展水平越高，越能接纳单身、包容离婚和支持晚婚，也更能尊重人的天性和差异性。

如果你身边有较为孤僻冷漠的家人或朋友，请不要轻易指责他，给他施压，否则，有些人由于受不了世俗的压力，易成为不婚主义者或离群索居甚至看破红尘。最好的对待他的方式，就是尊重他的天性，多去理解他。或许得到家人深深的理解与接纳后,他反而可以孤雁归巢!

第三节　反社会特质

有这种特质的人易在法院、监狱里见到他们。

他们常常风度翩翩,人缘较好,十分擅长利用别人以达到自身的目的。他们不受爱的驱使,而是受到名利、利己之心的驱使。有爱心、有同情心、有软肋的人容易被他们操纵和利用。

案例:我的丈夫不靠谱

许小姐,做家庭主妇多年,37岁时被离婚,带着8岁的儿子。前夫是生意人,有点儿钱,离婚的时候给了她一套70多平方米的房子、一辆桑塔纳轿车和一百多万元现金。离婚后,她在一次行业活动中认识了一个长相帅气、风度翩翩的老乡张丰,42岁,离过一次婚,没有孩子,说是在搞资本运作,具体运作了些什么,张丰却含糊其词。

张丰说自己和前妻买了房子和车,但离婚时都给了前妻,所以搬到许小姐这里住在一起。

刚开始许小姐还很犹豫,但是张丰对孩子特别好,给孩子买了很多礼物,也跟孩子特别玩得来,孩子晚上常常吵着要和张叔叔睡。有一次,孩子不小心脚滑摔到深水游泳池里,大家都还没有反应过来,只见张丰闪电一样跳进水里,把孩子捞上来,他身上还穿着秋衣秋裤,全身湿漉漉的。

这件事情感动了许小姐,他们很快办理了结婚手续,不久她又怀孕了,许小姐自觉过得很幸福。

有一个星期,张丰出差去北京,过去天天都会给许小姐打电话,突然有两天没有打,许小姐特别挂念,晚上就主动打电话过去给他,他说:"白天在开会,现在有个非常好的项目需要投资,要筹资420万元,这个项目两三个月就可以回本,回报率很高。你看我和你结婚也没买婚房,一直住在你那里，感觉内心很亏欠你。我现在就是特别希望把这个项目做好，到时候你生完孩子我们能够换一套大一点的房子。现在我正在找朋友筹款，压力有点大，晚上都睡不好，所以没有给你打电话。"

接下来两天，张丰也没有给许小姐打电话，许小姐很挂念他，又打电话过去，张丰高兴地说，有朋友借了300万元给他，还差120万元。随后，他把朋友同意借给他300万元的聊天记录的截图发给她。女方看到自己的丈夫这么急，别的朋友都帮他出了300万元，自己这个做妻子的怎么可以冷眼旁观，何况丈夫赚钱还是为了给自己换大房子，于是就从自己账上打了120万元过去。汇完款以后，再打电话过去，张丰说："太好了，老婆，收到了，现在正在开会，回头给你电话。"

结果许小姐左等右等，一直没有电话打回来，再打电话过去，要么占线，要么关机，这个人就这样消失了。最后朋友让她去报案才发现，此人所有的证件都是假的！

这种人通常会瞄准离婚带孩子、有点家产、没有判断力、有强烈情感需求和生理需求的中年女人下手，骗财骗色。由于中国的信用系统尚未完善，很多没有判断力的人会上当受骗。

其实运用最简单的办法即可辨别对方是否靠谱，那就是观察了解这个人的人际关系。人际关系出问题的人并非人品都不好，但人品不好的，一定难有长久稳定的人际关系，因此可以用人际关系的质量来反推这个人的人品。简单说就是：看看这个人有没有长久的朋友、同事，这些人都跟他认识多久了，这些人都有没有正常的工作或者家庭，等等。

这些方法很简单，但是很多人不去用，原因是什么？其实"苍蝇不叮无缝的鸡蛋"，一个案件中的姑娘说自己总是碰到外表光鲜、不靠谱的各种征婚男，对她进行深层的心理分析发现：其实在她的潜意识层面，也模模糊糊觉得交往对象有些不太对，但由于太渴望梦幻般的爱情，太渴望嫁个多金男，她头脑会自动屏蔽掉那些怀疑的声音，就算知道是一堆肥皂泡，也不愿让它破灭——因为活在肥皂泡里比面对真实的自己要美好、舒适。

这些人之所以愿意活在幻想里、活在肥皂泡里，有些是因为不能面对自己的平凡，有些是因为非常渴望被爱，有些则是由于对物欲、名利的渴望超出实际水平。

再来分析拥有反社会特质的人。这类人在有些国家也叫作无情人格，他们往往从小到大违法乱纪，人际关系不稳定，有些也常常更换住址或者工作，为了利益不择手段，犯错后会有短暂的后悔或者根本不后悔，常找借口，下次又会再犯。这类人在监狱和劳教机构的比例占到40%~78%，不少是累犯。即使他们进入了婚姻，也会出现以下三种情况：

1. 婚姻基本度过不了蜜月期，少数可以维持几个月或一年；
2. 如果离婚，有六七成是在法院判决；
3. 在民政局办理离婚也是直接离婚，因为他们的配偶一般都会斩钉截铁地要求离婚，直接奔向离婚窗口，基本不会寻求婚姻咨询。

这种人在网络上忽悠、在现实生活中从事欺诈行为的非常多。其实现实生活中，反社会特点的人有些并不一定会达到谋财害命的严重程度，大部分就是喜欢打架斗殴、超速行驶、酒驾、偷窃、频繁换工作、鲁莽、破坏社会秩序，等等，总之，做出的不少事情要么不合情，要么不合理，甚至经常不合法。

反社会特点的人很容易吸引到有"圣母"情结的爱人，想要用自己的一片爱心"感化""拯救"他，但结局通常并不理想。

一部分拥有反社会特质的人对妻子、对家庭也是真心实意、全情付出，但就是控制不住要不断地践踏法律与社会道德；有一小部分具有反社会特质的人甚至可以说是家庭的恩人、社会的罪人。

对于这种特质的形成，目前有两种解释：一种是生物学上的解释，认为这类人的冲动行为是由大脑生理的缺陷引起的。研究发现：大脑前额叶的功能受到损伤会严重影响个体对于冲动行为的控制，例如实验中发现这类人其前额叶的葡萄糖代谢水平较低。

另一种是社会学习理论上的解释——认为这些不良习惯是习得的，是家庭环境浸染的。

但不管是什么原因引起，这类人一般在60岁以后，欺世盗名和破坏性行为都会有所减少。到了一定年纪以后，死要面子的人没那么爱面子了，脾气大的人也会温和一些，即所谓的"耳顺之年"。

老一辈的人因为各种原因离不了婚，就会采取"熬"的办法，"熬"到五六十岁，等对方性格温和一点，家庭关系就缓和一点，然后就这样浑浑噩噩过一生。这种情况在现代人身上却行不通了。很多人一旦发现婚姻质量不高，就会想各种办法来改善。如果改善无望，3个月、半年、一年，很少有超过3年的，就有可能考虑解除婚姻关系。

附1：相关标准

请参考美国《精神障碍诊断与统计手册》第5版第280页。

附2：解决方案

1. 预防：对处在高危风险中的儿童进行早期的识别与专业治疗，例如遭受躯体、情绪或语言虐待的儿童，以及吸毒、酗酒、家暴家庭中的儿童等。

2. 传统的心理治疗方法对于反社会特质的人基本没有什么效果，而生物学的方法（包括电休克和药物治疗）只能够稳定个体的情绪，对于反社会特质的"矫正"并没有实质性疗效。

3. 如果你发现身边的人有反社会特质，不要指望他们会悔改，不要指望他们会被你的宽容与善良感动而浪子回头，即使有也是极小概率。尽力保护好自己，不要轻易透露太多的信息，避免他们利用你和你的亲友，主动疏远他们。只要让他们知道你不可能被操纵，或者你对他没有利用价值，他们就会自动远离你。

咨询感言：反社会特质目前尚无有效的治疗和矫正的方法，也绝少有这类人会主动寻求心理咨询，因为他们的主要特点就是毫无愧疚心，做错事没有罪恶感，所以根本就没有纠正自己行为的想法。

在此，又忍不住要赞颂现代社会的进步：现代人即使选择错误，但还是有纠错的机会！我曾目睹很多老一辈人囿于传统观念的束缚、舆论的压力，不管配偶是什么样的人，只知道认命，缺乏挣脱婚姻枷锁的勇气，终身的幸福葬送于斯！

这种落后与无知酿成无数人间悲剧！

第四节　不稳定特质

不稳定特质（边缘型特质）：在我们的现实生活中，因为情绪不稳定、情绪大爆发而引发的生活灾难不计其数，且婚姻家庭问题70%~80%都与情绪有关，无数的人每天在承受着家人带给自己情绪上、精神上的折磨。

1. 情绪不稳定

从心理学的专业视角来看，情绪容易激动、脾气容易爆发的特质分为两三种，这节我们来讲其中一种，这种特点让咨询师焦头烂额，让身边人心力交瘁，甚至陷入崩溃，但又可能对这个人又爱又恨。这种人其实是缺乏安全感，而且大部分是女性。据同行的经验，有此特点的女性中50%~70%以上长相都比较漂亮，就是脾气大，"易燃易爆"。

案例1：逼人发疯、非黑即白、情绪比老虎还凶猛的女人

有一天，女方歇斯底里大爆发，胁迫丈夫与她离婚，如不离婚就割腕、跳楼，丈夫非常无奈地陪她前来办理离婚手续，并趁机来到婚姻咨询室。一进门，丈夫的情绪即已失控，放声大哭，他说："老师，你一定要帮帮我，我妻子现在以死相逼闹离婚，她很固执，情绪很不稳定，很容易发火，前一刻还好好的，突然会翻脸，一点小事就吵，吵起来就是要死要活的，经常无故冲我发火，我和她吵吧，又吵不过她，完全没有逻辑没有道理可讲，我忍住脾气不和她吵吧，她吵得更凶；每天半夜三更还在发作，有时候运气好，晚上把她哄好了，早上起来接着再闹，有时候整宿整宿不睡觉，我躺下，她又会把我拽起来……老师，你知道吗？我是一个航空公司的机长，我第二天起来还要开飞机，这样下去让我可怎么办啊？再这样下去，我快要崩溃了……"

他双手捂脸，泪水滚滚而下。

我听后，不寒而栗！他的工作这么特殊，肩负着整个飞机的安危，如果婚姻不稳定，极端情绪影响日常工作……后果不堪设想啊！

感觉他的婚姻事关重大并且十分急迫，我赶紧先放下因婚外情闹别扭的一对小夫妻，一个箭步冲出了咨询室。

这里要特别说明一下，这种情况已经十分危急，根据《精神卫生法》相关规定以及实际情况来看，我们要做的处理，第一步是进行危机干预①，在这种危急关头（自伤、自残或胁迫对方离婚），我们首要的任务是保证当事人的安全，待危急的情况平稳下来、人身安全得到保障后，再做夫妻关系的咨询与修复。

我赶到咨询室外，见到了她。她个子高挑，瘦得叫人担心；鹅蛋脸，皮肤像剥了壳的鸡蛋，白皙透亮但苍白；齐肩短发凌乱蓬松，凤眼圆睁，眼窝深陷，眼眶黑得吓人，闪着仇恨的幽光；一双柳叶眉倒竖了起来；咬牙切齿，胸脯剧烈地起伏，激动得上气不接下气，周围所有人都离她远远的。

只见她用手指着她丈夫，拼命地数落他："你根本不爱我，完全不重

---

① 危机干预：指在突发事件前、后过程中的科学的处置与干预，目的是最大限度减少突发事件带来的灾害和损失。危机干预已经日益成为临床心理服务的一个重要分支。危机（crisis）是指人类个体或群体无法利用现有资源和惯常应对机制加以处理的事件和遭遇。危机往往是突发的，出乎人们的预期。如果不能得到很快控制和及时缓解，危机就会导致人们在认知、情感和行为上出现功能失调以及社会的混乱。因此，危机控制（crisis management）、危机干预（crisis intervention）便成为人类处理危机，给处于危机之中的个人或群体提供有效帮助和支持的一种必然的应对策略。

视我，一个月有 31 天在飞机上。结婚前对我那么好，说得那么好听，结婚以后，就每天在飞机上，一个月都见不到你的人，在结婚前说得好好的，要好好爱我，结婚以后为什么要这样冷落我，接个电话都不耐烦，你在结婚前答应的没有一样做到。你当初不是说我最漂亮吗？我生了孩子就嫌弃我，你没有那么爱我，就不要和我结婚，你为什么要骗我……"

说到这里，她噎住气了，喘息片刻，她手捂胸口使劲儿喘了几口气后，又接着开骂……

这样极端的情绪、劈头盖脸的发泄指责，通常会吓走身边人，但在专业咨询师眼里，我们会感受到她内心世界的另一面。她虽然乖戾暴躁、胡搅蛮缠，但我感受到的是一个极度缺爱的女人的呐喊和哀号——她其实是要爱人加倍地关注她、深深地疼爱她，而且似乎怎么爱她，她都觉得不够。

看着她那憔悴不堪、歇斯底里的样子，除了深深的叹息外，我们还会有发自内心的怜爱与心痛，因为我们明白，歇斯底里、无理取闹的面具背后，必是一颗千疮百孔、极度缺爱的心！

给她做了 20 分钟的情绪安抚后，她的情绪稍有稳定，我和她丈夫两人回到咨询室，我直接问他："你老婆小时候的养育环境和成长环境是不是不稳定？有没有被送养的经历？父母是不是不爱她？"她丈夫马上点头说："对，老师你说的全中！她是家中第三个女儿，父母关系很不好，在她一岁多的时候，父母把她送到一个远房亲戚家，再也没来看过她。这家亲戚后来又生了一个女儿，因此她在家里常常受到冷落与忽视。她吃完饭就马上洗碗、拖地、做家务，争取不要被嫌弃。冬天的晚上感觉很冷，但是都不敢跟养父母再多要一床被子。她和我刚谈恋爱的时候，就和我说，她记忆中从小到大好像都没有人抱过她，她过得很孤独。那时候我就想，我一定要好好地加倍地爱护她，让她下半辈子过得幸福。她那时候性格也很温和，但是我没有想到她现在变成了这样，这个婚姻太折磨我了……"

他说到这里又泪如雨下。

在无数的咨询中我们看到，很多深情的爱人想要用自己的爱来温暖融化另外一颗伤痕累累的心，但如果不懂方法，自己将疲惫不堪。

接下来，我给这对夫妻做了稳定情绪的工作及相关心理知识的科普，共计120分钟，并推荐他们去专科医院就诊，还预约了后续8次咨询。

这样的夫妻，非常适合做从情绪入手的婚姻咨询，只要咨询师技术合格，会有较好的效果，但是不建议家里已经闹到"鸡飞狗跳"了再找专业人员，越早介入越容易处理。

像这种高危并且让周围人都承受巨大痛苦和烦恼的案例，专业咨询师要尽量多花一些精力，召集家属过来做一些科普，并且做出各方面妥善的照顾，尽可能"处理"彻底。如不在这次婚姻现有的家庭里调整好，一旦激动离婚了，过几年再结婚成家生子，日子又会搞得鸡飞狗跳，牵连到更多的人受苦，不但对社会没有贡献，还会消耗各种社会资源，当事人自己也整日与痛苦纠缠，真是你苦我苦大家苦！

咨询感言：林语堂在婚后多年说：婚姻就是太太欢喜的时候，你跟着欢喜；太太生气的时候，你不跟着生气。我常常感叹：要是"易燃易爆"的边缘特质的女子都嫁给了林语堂这样的暖男，林黛玉嫁给了能包容理解她的贾宝玉，并且他们也在婚后一如既往地包容、接纳她们，婚姻登记处离婚窗口的业务真不知道要少多少，社会上婚姻悲剧的数量也将锐减！

不过，我们也知道，林语堂、贾宝玉这样的稀世暖男的供给数量是极其有限甚至只存在于小说里，那让我们来一起看看能够做点什么，让这些硝烟弥漫的家庭变成一个个温暖安全的心灵港湾。

记得在我刚接触EFT情绪取向婚姻治疗时，学习了基础理论，尚未进行实操训练时，来了一对闹离婚的小夫妻，女方秀丽可人，从澳大利亚留学归国，但具有轻微的边缘型特质，常常情绪失控。丈夫是名牌大学的高才生，一副很书生气的样子，家里既有严重的婆媳冲突，又有孩子抚养的矛盾，女方和家人常常三天一小吵、五天一大闹。丈夫很爱女方，但不会安抚女方的情绪，被她数次逼迫闹到婚姻登记处。见到我时，双方像霜打的茄子，十分颓靡。我评估了他俩的感情基础、认知水平、依恋类型，以及丈夫的领悟力、求助动机及各方面的因素，我判断这个丈夫非常爱他的老婆，包容心也足够。利用好丈夫稳定深厚的爱和包容，就可以治愈好老婆的"作"与"歇斯底里"。我和丈夫耐心地解释说："你妻子人不坏，就是情绪不稳定，她自己也控制不了，你则是一个安全稳定的人，当她脾气大爆发的时候，如果你不会最高级的情绪调降办法，可以用最简单、最直接、最见效，也是最笨、最傻的办法，就是控制住自己，不要试图去阻止与劝诫她，更不要指责、对抗她，理解到她自己也无法控制，就说'老婆，我理解你的情绪又来了'，然后慢慢安抚，这样，她情绪就会逐渐稳定下来，不会小事闹大、大事'爆炸'。这样三五年后，她的情绪就会越来越稳定，情绪爆发的强度就会越来越小。"

丈夫扶了扶宽边眼镜，认真地点了点头，二话没说，回去照做了。

几个月后，他在聊天软件上和我说："老师，现在日子清静多了，她一发火，我就抱住她，和她说：'我的宝贝老婆，我知道你情绪上来了，你控制不住，你有什么气就撒在我身上，我永远陪着你、永远不会离开你'，她就扑在我身上一边捶我一边感动得哭了，也真的不闹了。原来当她被坏情绪控制的时候，正是需要我加倍关爱的时候啊，她脾气有多大，我就给她多少关爱！现在家里整个气氛都变了，她也越来越爱我了，我们的关系现在越来越亲了。"

我看着电脑屏幕会心一笑，回复道："没有什么心理问题是爱治不了的！"（注：并非所有爱人的"作"与"歇斯底里"都适用此法，以上方法建议在专业老师评估与指导下操作）

2. 缺乏安全感

边缘特质的人还有第二个明显的特点，就是缺乏安全感，并且无论在哪个国家，都是女多男少，但这次我们来说一个男性案例。

案例2：高官丈夫骂我是狐狸精！这日子没法过了！

妻子50岁，丈夫58岁，丈夫是市里的一位干部。女方先赶到咨询室里，气呼呼地说："老师，我丈夫是不是因为快退休了，现在那方面（性功能）也有些不行了，最近怎么变成了醋坛子：我穿了露膝盖的裙子，他指着我的鼻子骂我是个狐狸精，要去勾搭别的男人；和男同事通个电话，就怀疑我和别人'有一腿'。整天疑神疑鬼，类似这样的事情特别多，最离谱的是有一次，我坐了一下男同事的顺风车，这下不得了，他不但骂了我好久，让我写保证书，还让那个男同事去他办公室，把人家臭骂了一顿。这下把我惹火了，你吃点醋可以，证明你在乎我，但不能把我的工作还有同事关系都搞砸了。这日子没法过了！"

她越说越气，一肚子的火往上拱。

我问："你有没有觉得你丈夫非常没有安全感啊？"

她说："对啊，就是啊！"

我紧接着问："他小时候的成长环境跟别人有什么不同吗？比如父母爱他吗？有没有被送养之类的？"

她愣了一下，睁大眼睛像打量算命先生一样打量我，说："老师，你怎么一上来就问这么特殊的问题啊？不过，还真被你说中了！他两三岁的时候就是被送到大伯家里养大的。他家里兄弟太多了，养不了。家里父母关系也不怎么好，我感觉他父母应该是不怎么懂得疼爱孩子的，他大伯、大伯母（养父母）也差不多，都是对孩子漠不关心的那种人，他虽然说是有两对父母，但真的是爹不疼、娘不爱的……"

短短几分钟，我获得了她丈夫重要的成长史（有被至亲抛弃的心理创伤[1]），心里有了一定的假设。

---

[1] 心理创伤：在精神病学上创伤被定义为"超出一般常人经验的事件"。创伤通常会让人感到无能为力或是有无助感和麻痹感。创伤的发生都是突然的、无法抵抗的。也有学者将创伤定义为"任何一种突然发生的和潜在的生活危险事件"。发生在成年期的一次性创伤称为Ⅰ型创伤；而将略微复杂一点的（持续时间较长的、反复发生的、开始于童年期）称为Ⅱ型创伤，即复合型创伤。一般Ⅰ型心理创伤好于Ⅱ型心理创伤。用外科术语讲，（心理的）创伤不会自然愈合，常常会遗留很多并发症。

看他丈夫还没来，我问："你丈夫为人怎么样？对双方父母怎么样？"我的第一个问题听起来有点多余，一般来说，但凡婚姻中的一方还想挽救，还想努力的，对方为人都不会太差。我想了解一下，这些家庭把孩子都养成什么样了，除了让他没有安全感，其他方面有没有受到影响。

她说："老师，他这个人就是个活雷锋，责任心强过头了，非常有担当；家庭方面，可以说是他一个人挑起整个家族的担子，两边家人，也包括我的娘家人，无论有什么请求，他都是有求必应的，为家庭又出钱又出力又跑腿，对两边父母都很孝顺，每年过年都回去。哎！我常常说，他像是来给身边人还债的。工作上的进步他也全是凭实力，不只是努力，简直是卖命啊！"

听得我也有些感动，但好人并不一定有好的婚姻。确实，曾经看到好多夫妻的为人都很好，特别能付出，为了让家人过好，抢着干最苦最累的活，肩负太多的责任，这样的人如果婚姻还不顺的话，让人特别难受。看到这类人，我就忍不住要使出浑身解数，帮他们解决问题。

我和女方简单解释了一下他这么没有安全感的原因，讲了点神经科学的原理，并给她讲了一个小故事，这个故事是国内心理咨询界泰斗吴和鸣老师给我们做督导时讲的。

一只留守小乌龟（从小没有和爸爸妈妈生活在一起）的爸爸妈妈回来看他，带他一起去爬山。爸妈带了干粮，说好到了山顶一起吃。到山顶后，小乌龟说自己要尿尿，故意躲在树后不出来，他在偷偷地看父母会不会等自己回来一起吃，结果父母左等右等，饿得前胸贴后背了，就开始先吃点东西垫一下肚子。此时，小乌龟马上从树后跳出来生气地说道："你们就是在骗我，瞒着我吃东西，你们根本不爱我！"

说到这里，女方一拍桌子，说："老师，他就是这个小乌龟的心态，总是怀疑我，然后找证据证明我并不是真的爱他，随时要离开他、抛弃他。打个比方吧，他怀疑我和我的大学班长会出轨，怀疑我好多年了。

有一次同学聚会，他说我穿得暴露，其实我穿的就是平时上班穿的衣服，见他不高兴，我就换了。这还不行，他还跑去我们同学聚会的餐馆偷偷观察，还偷拍了照片，说我和班长眼神不对，一定是有什么暧昧，回来不停地拷问我，我想死的心都有了。他完全看不到我对家庭的付出，如果我要出轨，用得着这样笨手笨脚吗？怎么说他都不相信！老师你说说，要怎么样做，小乌龟才会真正相信父母是爱他的？"

我说："父母始终不吃，坚持等他，一直饿晕在地上，小乌龟就会觉得父母经受了自己的考验。像你们这种情况，就需要做正规、深度的婚姻咨询，给他做一台心灵的'手术'，把他内心深处的恐惧和创伤做一些清理……

"什么？什么手术？我不懂。"她睁大眼睛好奇地问。

我解释道："听说过'刮骨疗毒'吗？我们这个叫作'刮心疗毒'法。一个人的心，小时候受过伤，伤口表面虽然结痂，但下面仍有脓血，伤口上还长出了'刺'，所以我们和他相处的时候，会觉得他的刺扎人，说话做事让人不舒服，普通人则会去直接劝诫、讲大道理，对他说：'你不要随便怀疑别人……安全感要自己给自己……你要把你身上的'刺'去掉……你这样说话做事让别人很不舒服……做人不能这样，老是伤到别人……'但这些话只能纠正他的表面现象，病根是内心深深的恐惧和创伤，这些做人的道理他也都明白，但做不到。谁不想做一个有安全感的人？但如果他内心深处的恐惧和创伤没有处理的话，别人口水讲干了也没用。专业人员不会用这么表浅的方法来处理，我们先要看看他的心为什么会长这些刺，再做一台专业的'心灵手术'，用专业的方法把伤口揭开，把下面的'脓血'清掉，把'刺'拔掉，再涂上爱的'药水'，'缝合'好，最后把这个伤口彻底治好——这就是深度婚姻心理咨询的原理。"

她似懂非懂地点点头。

一会儿她丈夫过来了，我把门口的牌子翻转到"请勿打扰"，关上门，开始给他们做正式的咨询。

还没有落座，两个人就吵了起来，互不相让，妻子觉得被干涉得太多，丈夫觉得妻子不够听话，二人吵得天翻地覆。前30分钟，我用专业技术一步步调降他俩激动对抗的情绪，当双方的情绪稳定下来，气消得差不多后，我又铺垫了十多分钟，找准一个契机去谈他的童年，让他面对内心深处的伤痛，用专业的方法找到并擦干他童年时期落在潜意识里的那一滴泪水，抹平那些刻在他灵魂深处的恐惧，并送去爱人对他深深的理解：理解他缺乏安全感背后深层的心理原因。因为我深深地相信：没有人想做一个让人讨厌的"醋坛子"，没有人喜欢自己没有安全感，如此咄咄逼人的面目后面，必是一颗瑟瑟发抖、害怕孤独、害怕被抛弃的心。

我铺垫了很久以后找准这个机会（中国的传统文化以及社会对男人的要求是：尽量展现坚强的一面，隐藏脆弱的情绪。俗话说：男儿有泪不轻弹，流血不流泪。而我们的工作则相反，需要他们在一个安全有爱的环境里，呈现脆弱、无助、绝望的一面，这样才能够进入他们的灵魂深处，而做到这点，需要专业、长时间、有规则的铺垫）慢慢地、轻柔地说："好像感觉你父母也好、养父母也好，都没有怎么关心你，当我一谈到你小时候被送到伯伯家的时候，看到你捂着胸口好心痛的样子，如果你愿意，可以和我们分享一下你内心的感受吗？"

我定定地看着他那疲惫的脸，话语轻柔但步步追心。

问完，三个人都陷入沉默，空气中弥漫着深深的悲凉，慢慢地，我似乎听到心灵伤口开裂的声音，看到眼前这个五十多岁的大男人脸慢慢皱了起来，痛苦爬满了他的脸，他伸手掩面，把脸抬起来，看得出他想强压住悲伤的情绪，但是泪水还是从指缝里流淌了出来。他身体在不停地颤抖，胸腔的呼吸越来越急促，慢慢地，再也控制不住悲伤，双手捧脸的他终于痛楚地抽泣起来："我那时候太小，不记事，我听堂哥说，父母把我送到伯伯家以后，我常常半夜偷偷爬起来跑到自己家门口，一直在门口坐到天亮，我亲生父母开门以后，我就跑过去抱着妈妈的腿不放，妈妈还是不理我，又把我送走……送走了，我又回来……"

他像一个迷路的孩子那样哭着，泣不成声。

事后她妻子说，结婚二十多年，从来没有看到他这么哭过，没有想到他内心痛成这样。

妻子嘴犟，但是内心非常柔软、非常爱他，听到这里，她心碎了一地，再也坐不住了，马上站起来走过去抱着他，右手抚摸着他的头，左手不停地抹泪。

我鼻子有些酸，话也堵在了嗓子眼儿，稍微停顿后马上再推进强化，更进一步。

我压低声线，一字一句徐徐地说："你老婆也在流泪，当她看到你伤心痛苦的样子，听到你说起童年的这些事情时，她的眼泪就不停地往下流，她也非常心痛，非常难过，还过去抱着你。你妻子的这个行为是想告诉你：'我现在终于理解你了，我会永远待在你的身边，永远不离开你！'"

泪流满面的妻子不停点头，哭泣道："对，我永远不会离开你！你是一个小傻瓜，我知道你吃醋是在乎我，我其实一直想找机会告诉你：无论怎样，无论发生什么，无论别人怎么对你，我都不会离开你！我知道你小时候吃过很多苦，我一直心疼你对家人、对所有人都傻乎乎地付出，有时候看到你累到很晚，我整晚整晚睡不着，我想着，你从生下来到现在，都没有好好享受过一天，都没有为自己好好过过一天，想到这里我就特别特别心疼。老公，从结婚那一天起，我就从来没有想过要离开你，从来没有想过，真的！"

丈夫的抽泣变成了大声的哀号，他把头埋在妻子的耳后，泪流不止，全身战栗，双手像铁箍一样环抱着她，使尽全身力气把她抱得紧紧的，似乎终于可以确定：这份爱不会中断，她一生都不会离开自己。

内心漂泊了半个世纪的他，在红尘中终于抓住一份牢牢的爱、一个牢牢的爱人。

总有一个人的出现，总有一份最深的爱，会让你原谅之前命运对你的所有不公。

经过深入咨询成功的夫妻，基本一生很难分开，因为他们的灵魂已经紧紧拥抱在了一起。

咨询感言：如果一个人小时候遭遇过抛弃（不管是事实上的还是主观感受上的），很容易对人性、对配偶的爱感到怀疑，但爱又是人最基本的心理需求，灵魂深处最真切的渴望。所以，他们会一边担心不被爱，一边又要寻找爱。

很多小时候缺爱的人极度缺乏安全感，其实是源于内心深深的恐惧，他们会不断地试探和验证爱人对他的感情、对他的忠诚、对他的接纳，极度害怕失去，容易吃醋，会无端地怀疑对方。其实这都是内心极度缺爱、受到过重大伤害的表现。试想，这个世界上最重要的人——父母都不曾认真地爱过他，他的内心都没有关于人与人之间真爱的蓝本，他的生命将是多么悲凉、恐惧、无助！

每个人来到这个世界上，要被深深地爱过，才能够安静满足地离开。

雨果说"人有两次生命，一次是出生，一次是恋爱"，作为专业的婚姻咨询师，我深深地相信，心灵的伤害及扭曲在婚姻家庭里造成，也可以在婚姻家庭里疗愈！

3. 破坏性大

前面我们已讲了边缘特质的两个特点，一是情绪不稳定，很容易波动，二是非常没有安全感。我们再来讲讲其他几个特点：破坏性大、忽冷忽热、易激惹、爱憎分明、较极端；比较严重的还可伴发焦虑、抑郁、偏执、强迫等情况，极其严重的可伴有自杀、自残等行为。

在心理咨询界有一个共识，即有严重边缘特质的人几乎是各种心理异常的"集大成者",只要解决好一个边缘特质的人,那么咨询师将"功力大增",大部分心理方面的疑难杂症几乎都能迎刃而解。

边缘特质的人非常消耗人的心血,那么什么样的家庭会制造这样的人呢?

案例:阴魂不散的前妻

有一天,朋友介绍了一个个案,是一个心力憔悴的中年男人,做点小生意,38岁,他是二婚,女方初婚,结婚一年半。他愁云满面地说:妻子很情绪化,喜怒无常,各种闹,各种作,非常极端,非黑即白,其实都是些鸡毛蒜皮的小事,她却斤斤计较,甚至歇斯底里,而且只许她吼别人,不许别人吼她。她不光和丈夫吵,和领导也吵,做什么事都让别人顺着她的想法,有时都不知道触动她哪根神经惹得她不高兴,只要和她的想法不同或者引起她的不满就开始吵架,一不小心就得罪了她。常常莫名其妙把气撒在他身上,忽冷忽热,刚才还很黏人,一会儿就翻脸了;一吵架就说要马上搬出去,一辈子不再联系,生气了就把他拉到黑名单,把他的QQ、微信删掉,等和好了又加回来;他去主动认错就短暂地原谅他。总是不停地盘问他、指责他为什么给前妻买那么大的房子、办那么隆重的婚礼……这些他都扛过来了,最近两次的导火索则是:上个月有一次他俩一起出门,走在路上,有辆车擦撞到了她,她为这事特别生气,厉声质问他:"你明明在后面,为什么不拉我一把?"她对这件事一直耿耿于怀,一吵架就翻出这件事来发狂一样地闹;还有一次周末,他去看完前妻和孩子回来,她在车上找到一根长头发,这下可不得了了,说他肯定背着她和前妻如何如何了,没头没脑地骂他,质问他当初为什么要和她结婚。

最近一两个月,妻子老是闹离婚,一见面就问他什么时候离……

他描述的种种,说来说去,在我们专业人员看来,大多都是童年心理创伤的反应。我说:"嗯,我了解了你说她的情绪是怎么样的不稳定、性格多么的偏激，你能和我说点她的成长史吗？"

他一时还没有转过弯来，愣了一下。通常认为的成长史可能就是家庭背景、经济收入、父母兄弟的状况，以及受教育等基本情况，而心理咨询师侧重的是当事人的精神世界、心理感受。

我给他做了一点提示，说："这种人有可能小时候成长环境不太好，比较严重的可能受到过身体、言语或者情绪上的虐待；比较轻微的，就是长期的被忽视、被拒绝或者家庭成员关系不好、父母关系冷漠之类的。"

他说："也许确实和她的家庭环境有关。她父母关系很不好，家无宁日，她妈妈是一个完全没有母爱的人，对她甚至可以说是虐待。她爸爸又很疏远，工作在外地，也不怎么管她。从小到大，她一共离家出走过三次，有过无数次自杀的念头。她曾说过，要是她妈妈死了，她应该不会流一滴眼泪。具体的细节她自己说得不多，她只是和我说她小时候过得不幸福。这样吧，老师，她堂姐就是和她一起长大的，从小学到高中一直是同学或者同校，两家只隔了几百米，小时候也常常一起玩，对她的情况特别清楚，她也在附近工作，我下午让她过来一趟行不行？"

我说："好呀，让她来吧"。

下午，女方的堂姐过来了，详细地和我们描述了她的成长史——与其说是成长史，倒不如说是血泪史！

她堂姐说："她妈也就是我婶婶，在我们当地是出了名的恶婆娘，不止缺乏母爱，还恶毒，重男轻女，常常追着她骂，骂她长得丑，读书也不好，没有长处，说她笨，是个废物，总是骂'不是我谁会要你'，她妈的口头禅是'养你还不如养条狗'，常常骂到她哭，她妈还会一直骂下去，经常是邻居过来劝很久才会停下来。心情一不好就不给她饭吃，她一回嘴就叫她闭嘴，或者让她滚出这个家。为了逃避妈妈的辱骂或者鞭打，她常常躲到我家里去，有时候晚饭也不回家吃，就挨饿，我们就收留她在家里一起吃饭或者过夜。"

"但她这个人还是很孝顺的，大概在她七八岁的时候，她看到妈妈的手皲裂了，就用自己的压岁钱给妈妈买了一瓶雪花膏，结果却被她妈指着鼻子骂了个半死，说她蠢得像头猪，不会买东西，雪花膏是用来擦脸的，不是用来擦手的。最后是我们一家去劝才劝住，要不她妈估计要发泄一天一夜。每次天下雨，我们都会等父母带着伞来学校接，但是她下了课都是淋着雨直接回家，因为她知道，父母从来不会来接她，不会有人给她送伞。她来月经的时候肚子痛，她妈还骂她偷懒不做家务……哎，总之，我去她家十次，有七八次她妈都在骂骂咧咧。"

"我记忆中有两三次她妈都计划拿她换姑姑家的儿子，因为姑姑家有三个儿子，但是长辈们不让，所以没换成。初三那年，有一天我婶婶找到她的日记，拿出来念嘲笑她，说她笨得像猪还想做什么科学家。我记得她当时很激动，拿起菜刀想割腕，幸亏被奶奶发现制止了。对了，老师，你不知道，最可怕的是有一年冬天，大概是我们五岁的时候，我们几个人在玩，她和另外一个女孩子不小心掉到井里去了，大冬天，气温最多一两度，她妈妈站在井口不停地骂她不中用，骂她蠢，也不去打捞她，另外那个女孩子的妈妈赶紧把自己的女儿打捞上来，马上换了衣服，把孩子放在火炉边上，嘘寒问暖。后来是我妈把她打捞上来，上来后她妈还在对着冻僵了的她恶骂、不停发泄，也不去拿衣服给她换，最后是我妈拿衣服给她换上，我们都气得想揍她妈一顿。老师，我跟你说，这样的妈连后妈都不如！"

这位堂姐越说越气。

"我婶婶不但对孩子不好，对我叔叔也很不好，常常骂人，其实我叔叔这个人也重男轻女，婶婶对孩子这样虐待，他不是不知道，但是睁一只眼，闭一只眼，吃完饭就跑了。他也有点窝囊，也想过离婚，但是怕离婚以后孩子没人带就没离。这样的家庭，其实我们都觉得早点离了更好，要是离了，我堂妹肯定不会是现在这个样子。"

说到这里,她眼泛泪光。

听完,我震惊不已,生在这样的家庭,遇上这样的养育者,人生真的是一场磨难、一场噩梦。碰上这样的母亲,怎能不抑郁,怎能不发狂?

都说母亲是慈祥的、伟大的,但作为专业咨询人员的我们并不这样认为,因为我们见过人性的很多不同面。对于这样的母亲,如果你没有佛陀一样的胸怀与慈悲,无法消解与抵挡她的恶与毒。

虽然受过专业训练的我们理智上明白再追溯下去,这位妈妈的成长经历也一定惨不忍闻,可是,难道这样就可以对女儿肆意宣泄、肆意施虐了吗?这样就不需要对女儿的心理伤口负责了吗?

我们可以容忍人的蠢和笨,可是,无法容忍人性中的恶与毒,因为那会让一个孩子的灵魂变得残破不堪,会把孩子的世界变成人间地狱!

世上最可怕的事情莫过于,摧毁你的人和给你生命的那个人是同一个人。

表姐走后,这位丈夫问我怎么办,妻子的拧巴、闹脾气、耍任性已让他筋疲力尽。我喝了几口水,平息了一下,试探性地问他:"碰到她情绪发作的时候,或者迁怒于你的时候,你一般怎么办?对你们的婚姻你有什么想法?"

他愁眉苦脸地说:"老师,说老实话,我当然明白她的不容易,但是我觉得自己已经快扛不住了,一次两次可以,老是这样,我快要被整疯了,现在都无法安心工作。我压力很大,上有老、下有小,全靠我养活,工作不能出什么差错。很多小事情,她老是控制不住自己,一直想,一直想,钻牛角尖,最后把自己气得半死。在她生气、暴怒的时候,所有人都没办法开导她,她只会越说越气。我现在想出来最好的办法,就是不和她说话,让她自己慢慢冷静下来。我如果说她有病,得看心理医生,估计她要气疯了。还有,我们的性生活也有很大问题,只要她一生气,我一碰她,就跟要强奸她一样,闹得很不愉快。她一个月至少有二十多天在生气。如果不是二婚，我真想放弃了。我也想做个'活菩萨'拯救她，但是我现在真的好累啊！"

他一脸的苦涩，泪水已在眼眶里打转，看得出他已经承受到了极限。

我心里大概有数了，这段婚姻对于他心理、生理上均告急：心理上受累、生理上受挫。"大爱"与"宽容"的口号喊喊容易，但能做到的真不知道有几个人。要现代人坚持一段心理与生理均没有受益的婚姻是很难的，没有谁生下来就要承受爱人的折磨，没有谁有义务救赎他人，他是自由的。

作为一个专业的咨询师，若不能够改善他们的关系，我无权要求他留在这样的婚姻里继续受苦，那等于把他往火坑里推，于他而言，不人道也不公平。

这样的案例我们几乎每天都碰到，在正式的婚姻咨询前，我们都要从好几个方面评估：双方感情基础、心理状况、感情恶化的程度、认知水平、改变意愿等。

如果丈夫是一个内心温暖、慈悲接纳、有大爱的人，或者有一定的心理准备，时机合适的话，我们专业人员要务必抓住机会，趁机做一台深度的"心灵手术"帮助他们，用丈夫的爱来温暖、治愈女方；若丈夫的承受能力有限或者意愿不足，则为深度婚姻治疗的大忌，若盲目进行，暴露女方的心灵伤口，但是爱人对她的痛苦漠视甚至远离，则有可能让女方对婚姻感情、对人性产生绝望，如果对人性仅有的一点希望也破灭，这种打击对任何人都将是毁灭性的。

很明显，这位丈夫属于后者，他现在已经是"泥菩萨过河"了，无法再背负更重的精神负担。说白了，妻子心理有"病"，丈夫手上现在没"药"，妻子心病是因为母亲的恶毒，那么就需要同等剂量的人性温暖来医治、来救赎，可惜，一般的丈夫给不出这种"药"。经过各方面评估后，我打消了深度婚姻治疗的建议，希望引导女方求助于个人的心理咨询。

我回答说:"办法是有一些,但首先第一步要做的就是让她有自我认识,她要是能够认识到童年经历严重影响自己的心理健康,使别人和自己相处非常累,自己给身边的人带来巨大的痛苦,她如果愿意改善自我、提升自我的话,那么就比较好办一些,做正规的、长久一点的个人心理咨询结合 EMDR 心理创伤咨询是首选。不过,她如果有这种自我认识,估计你们也不会闹成这样了。好多人通常折腾好多年,经历几段失败的感情或者婚姻以后,悲叹上天赐给自己各种孽缘,可能有朝一日会回头反省,不过那时候年纪也不小甚至人老珠黄了。如果没有这种认识的话,我们也有几个笨办法可以用,我现在告诉你(详细介绍请参考第 4 章)。"

美国 1987 年上映的一部比较有名的电影《致命诱惑》中,女主人公艾利克斯就是一个有着边缘型特质的人——性感撩人且痴缠,情绪极不稳定,爱恨交织。我想推荐这位丈夫看一下,又怕吓到他,因为电影中的女主角不但割腕、自残而且歇斯底里地发作,最后还图谋杀害原配,内容较为惊悚,我于是给他发送了一本《爱你想你恨你,走进边缘型人格的世界》的电子书,又推荐了几本介绍边缘型特质者以及心理创伤的书给他作为学习资料,鼓励他深入地了解女方,也许她有一天能够走上自我反省、自我修复的心灵成长之路——尽管希望渺茫。

一年快过去了,有一天,丈夫在 QQ 上和我说:"唐老师,想请你帮帮忙。"

我回:"怎么了?"

"老师,我两个月前跑到土耳其来工作了。从您那儿咨询回来以后,我把您介绍的书都看了,我也理解她的不容易,想试试看能不能用我的爱心感化她。她有时候说的话又很打动人,让我很感动,好像很爱我,离不开我;有时候翻起脸来,伤起人来就像魔鬼,而且情绪实在是太大了,半夜都还在发作,动不动就闹,还总怀疑我会背着她干一些见不得人的勾当。不管我认识不认识的人，她总觉得我和别人有什么关系，经常问一些莫名其妙的问题，没日没夜地查，脾气来了还辱骂我的家人。这些都算了。有一天晚上我正在和我父亲视频聊天，她不知道哪根筋不对，摔门摔碗，还打我耳光。我和她关系不好的事平时都是瞒着父母的，怕他们担心，这次被我爸爸看到了，他有心脏病，那天他看到后特别伤心，关了视频后，第一次在我妈前面流泪了，说咱儿子过得这么苦。然后他一个人呆坐了一个晚上没有睡觉，第二天就住院了。"

"我心里好难受，不能再这样下去了，真的耗不起，就狠心办了离婚手续。为了让她不至于太漂泊，我给她50万元现金，因为我手上现金也没有这么多，加上怕她激动乱花，每个月固定付给她5000块。哪知办了离婚手续还不得安宁，她常常反反复复，还去我的公司闹，说我如果不见她，就要在公司里给我贴大字报、拉横幅。为了躲她，我跑到土耳其来了。最近半年她又想要和我复合。我听她的'闺蜜'说，她梦里总梦到我，常常一整天都不怎么吃饭，总是哭，一会儿又说要来土耳其找我，一会儿又说要忘记过去找个新男朋友好好过日子，一会儿又说自己单身过一辈子算了，一会儿去上了乌七八糟的课程回来后说要自我调整、洗心革面、重新做人。她情绪很不稳定，身边没有一个可以照顾她的人，我对她既害怕又怜悯。老师，有没有什么办法可以帮到她？她这样下去可怎么办？我也好累，都不敢回国，怕被她纠缠。经历这样的婚姻，我感觉自己像被扒了几层皮一样，太可怕了！"

我叹气，心里莫名地气馁起来，又是同样的社会问题，这样的家庭在中国不计其数！

看到领导在咨询室外打电话，我问这位丈夫："你的资料、咨询的内容，我可以公开一部分吗？我想和同事还有领导做一些交流。"

他说："没问题，可以的，我相信你们。"

我请打完电话的领导入内，指着电脑和领导一边汇报，一边叹气说：

"这样的案例很多（边缘型特质的人，占总人口的3%），我们一个小小的咨询室一年都要接待几十例，一个小小的登记处一年要咨询上百例，保守估计我们这样的城市就有几万人存在这种情绪很不稳定的现象，成百上千的家庭鸡犬不宁，还不包括其他心境障碍①，例如重度抑郁、产后抑郁、双相情感障碍、焦虑障碍的家庭呢！"

领导快速地扫视着电脑屏幕，神色凝重，双眉紧蹙，看完，他左手握拳砸在桌上，也叹气道："哎，这个人无亲无故，无依无靠，颠三倒四，误人误己，这样的家庭可怎么办啊！你现在马上给他想办法告诉他怎么办！"

说完，领导站起来，迈着沉重的步子，在办公室里来回走，一肚子的心思。

我回复道："能感觉到你的疲惫和不易，真的很为你和她担忧，这样吧，如果没有家属在身边，你让她的'闺蜜'去她所在的社区党群服务中心寻求帮助，那里应该可以提供相关的服务和支持。"

电脑那头，他回了三个哭脸，三个拥抱，后加一句"谢谢老师！"

领导站住问我："唐老师，这样的案例最好的处理方案是怎么样的？"

---

① 心境障碍也称情感性精神障碍，是指由各种原因引起的以显著而持久的情感或心境改变为主要特征的一组疾病。临床上主要表现为情感高涨或低落，伴有相应的认知和行为改变，可有幻觉及妄想等精神病性症状。多数患者有反复发作倾向，每次发作多可缓解，部分可有残留症状或转为慢性。

以下数据来源于国家卫计委2017年4月7日（世界卫生日）举行的例行发布会上，对全国精神卫生工作进展的介绍：

心境障碍实际主要包括四大类疾病：抑郁障碍、双相情感障碍、躯体疾病所致的心境障碍、物质所致的疾病障碍。在这里面，抑郁障碍里又包含了抑郁症、抑郁障碍未特定、心境恶劣。最新研究结果显示，我国心境障碍患病率为4.06%。其中抑郁障碍3.59%，焦虑障碍患病率是4.98%。焦虑障碍在这次调查里包括了8到9种疾病，包括特殊恐惧症、强迫障碍、社交恐惧等。

这样一个结果，应该说高于我国20世纪80~90年代部分调查的结果。专家分析认为，随着我国经济社会的高速发展，生活和工作的节奏显著加快，公众的心理压力普遍增加，导致了患病的风险也相应地增加。同时，在近几十年来，居民的健康意识和就医意愿也提高了，专业人员对精神疾病的识别能力也提升了。这些因素都有关系。

"当然是精神科医生加心理治疗师的正规治疗啊！"我几乎脱口而出，但马上又气馁起来，颓丧地说："根本问题不在于治疗，那一步还太远了，第一步，也是最根本的问题在于社会大众对心理基础知识的认识。以国人的心理知识科普水平，好多人自己没这个认识，不觉得自己情绪不对，说什么也听不进，都认为是别人的不对。自己没认识的话就不会想要从自己身上改善，外人就算技术再好，就算有仙丹妙药也起不了作用。哎……现在最可行的办法就是让亲人或者朋友一直陪在她身边。"我身子向椅背上一靠，肩膀下垂，双手无力地摊在两旁，无奈地说。

我们对这个社会问题的无能为力越说越沮丧，越说越郁闷，领导的眉头皱得更紧了，心思更重了。

良久，领导叹气说："看来还是要加大科普力度啊！"

三年后的一天，听这位丈夫说，在社区党群服务中心社工的不断努力与科普下，她前妻接受了长程的、正规的心理治疗以及团体心理治疗，现在情绪稳定多了，不再烦他了。

边缘特质的人，对人性有着深深的恐惧与不信任、极度缺爱，渴望爱又易因爱生恨，爱与恨都深入骨髓，让人又心疼又抓狂。如果身边有这样的亲友，我们该如何更好地理解他们呢？让我们来看一段著名的心理学试验：由美国心理学家哈洛所做的"母爱剥夺试验"（以下内容来自网络）

http://www.dwz.cn/5oz5SC

哈洛是美国心理学家，他用猴子做的母爱剥夺试验被公认为是改变了全人类认知的一项试验。试验的内容是这样的：小猴子一出生就被从

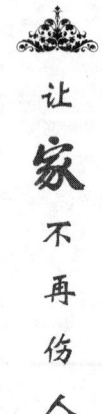

母亲身边带走，在接下来的165天里它们由两个"代理妈妈"抚养，分别被称作"铁丝妈妈"和"绒布妈妈"。当代理妈妈们抚养的小猴子长大后，铁丝妈妈养大的小猴子会有冷漠呆滞等类似自闭儿童的行为，公猴子都失去了寻偶和交配的能力，都没能产生下一代。由铁丝妈妈抚养的18只母猴子自愿"结婚"了，有18只母猴子被强迫结了婚，这36只"结婚"的猴子，仅有20只生了小猴子。

在这20只生了小猴子的母猴子中，有1只极其笨拙地抚养自己的孩子；有7只对自己的孩子视而不见、毫不理睬；有8只殴打虐待自己的孩子；还有4只竟然杀死了自己的孩子。而绒布妈妈养大的孩子基本都正常地生活着。

一个孩子来到世界上，既需要生理营养，也需要心理营养——需要吃饱穿暖，更需要父母的关爱、家庭的温暖，而边缘型特质的人的成长史，除了严重缺爱外，还常常伴随各种显性或隐性的心理创伤，而且通常这些心理创伤都发生在成长早期，在了解他们的成长史的时候，通常会发现有以下一项或多项因素：

1. 童年受到虐待：这种虐待指心理、身体、情绪或者性方面的虐待；

2. 童年时期受到忽视：严重缺乏关爱、严重被忽视；

3. 过早与家人、照顾者分离：例如被送养、抱养、遗弃，等等；

4. 家庭气氛不好，经常冷战或者吵架，或者爸爸和妈妈其中一个是边缘型人格。

总之，大部分都是跟小时候的成长环境，尤其是养育者（通常是母亲）的性格密切相关，他们要么遭受迫害，要么遭受忽视、虐待或被抛弃等。

当然，并非所有情绪容易大爆发的人都有童年被送养、抛弃、虐待的经历，也不是所有被送养、抛弃、虐待的人都容易情绪大爆发，不可如此反推，这里只是说如果童年没有被很好地养育，特别是在3岁前，发生这种情况的概率会高很多（后续我们会讲造成这种现象的神经科学原理）。

看完上述资料，了解完他们的成长史，您是否和我有同样的感受：这世界上的很多苦难尤其是精神上的磨难看不见、摸不着，有可能当事人自己也说不清、道不明，抑或言语也无法表达、无法道尽！

一个来访者和我说："唐老师，看完这段视频，我对萧红①两个孩子的命运有了新的理解了。"

我说："是的，我们也无权要求在精神上备受摧残的人还要情绪稳定、温柔如水、舐犊情深。"

我特意讲了以上三种边缘型人格的案例，希望大家能够提高认识并传播出去，帮助到更多正在承受苦难的人与家庭。

愿每个生命都被温柔对待。

附：解决方案

1. 预防：对处在高危风险中的儿童进行早期的识别与专业治疗，例如遭受躯体、情绪或语言虐待的儿童，吸毒、酗酒、家暴家庭中的儿童等。

2. 提高自我认识：悲剧是将人生有价值的东西毁灭给人看——而边缘特质的人，总是在不断毁灭人生中最有价值的东西——亲密关系，所以，没有自我认识与自我修正的边缘特质的人，他们的人生通常都是悲剧，也极易陷入社会底层。而且由于我国的心理科普尚未普及，通常他们不认为自己有什么偏差，有些则对自己的痛苦十分敏感，而对给别人造成的痛苦麻木不仁，认为都是别人的问题，只要别人改变了，自己就不痛苦了。通常往往是身边的人强烈要求他们去看心理医生，但可能会遭到他们的强烈反驳。

---

① 萧红：中国近现代著名女作家，"民国四大才女"之一，相传萧红生过两个孩子，都被送人，颇多人指责萧红无情。

所以，对于边缘特质的人来说，最重要的是自我认识：认识到自己有这样的特质，会不断破坏人际关系、婚姻关系，让身边的人受连累，甚至痛苦不已。虽然我们看到确实有深情的爱人包容理解他们、默默承受、永不言弃，但现实生活中，如果受到的折磨太多，感情不深的爱人们也容易落荒而逃。

早日和亲友沟通，寻求他们的理解与支持，积极寻求专业的帮助，依靠专业的心理治疗技术，稳定情绪，跳出噩运的泥潭，化解命运的魔咒！（注：仅凭自己的努力与自我调节，成功率较低。）

3. 包容的爱人：你若单身，幸运的话或可找一个接纳你、包容你、对你不离不弃的爱人，高质量的、长期温暖的婚姻关系是心灵的甘露，可以慢慢疗愈千疮百孔的心。研究发现，边缘特质的人如果拥有一个稳定、安全的爱人，两年以后，有 1/3 的人安全感、稳定性、对人性的信任将大大增强[①]，情绪将逐步稳定，甚至收获幸福。总之，还是那句话，心病还得心药医，你承受过多少苦难，就需要多少温暖来治愈；品尝过多少人性的黑暗，就需要同等剂量的人性的光辉来治愈！

4. 婚姻治疗：如自己的特质已损害婚姻关系、亲子关系，给周围人带来巨大的烦恼与痛苦，建议进行婚姻治疗，首选 EFT 情绪取向婚姻治疗，此流派对于情绪易激动失控者的治疗效果十分显著。

5. 长程个人心理治疗：边缘特质的人是最棘手的来访者，他们对人性、对咨询师的态度容易反复，时而温暖可人，时而像只小刺猬，时而善解人意，对你很信任、关怀备至，时而对你很失望，冒出一堆无名火。稍遇挫折，他/她就有可能和你断绝关系，所以较难建立稳定的咨访关系，即使建立了咨访关系，治疗过程也是缓慢及充满挑战的，建议至少稳定咨询两年以上（每周一次）。

对于边缘特质的人的治疗，"道"重于"术"，任何尖端的心理技

[①] 在两年之内，足有 1/3 的依恋类型可以发生实质变化（Davila & Cobb, 2004），令人欣慰的是，不安全型依恋比安全型依恋更容易改变（Davila et al., 1997）。

术、任何卓越的心理流派，都抵不过咨询师那颗慈悲、宽广和温暖的心。

6. EMDR 创伤治疗①：这是举世闻名、临床实证研究较多、疗效明显、系统结构化的心理治疗流派，可使个案理解早年经历的大大小小、觉知或压抑屏蔽的心理创伤，理解各种心理创伤是如何导致目前的情绪痛苦、认知不良、功能缺失和潜力发挥受阻等，有效帮助我们修通相关的创伤记忆，恢复内心平静，使认知导向正常。EMDR 创伤治疗为部分专科医院或医院心理科常用的治疗方法之一。2013 年世界卫生组织（WHO）在"应激相关问题处理指南"中推荐 EMDR 为治疗心理创伤有循证证据的方法之一。

7. 长程团体心理治疗：在团体中可与多人发展出稳定、深层的依恋关系，还可以稳定人的情绪与自我形象，保护其脆弱的自尊②，改善人际交往的能力。

---

① EMDR 创伤治疗：眼动脱敏再加工治疗（Eye Movement Desensitization and Reprocessing, EMDR）于 20 世纪 80 年代由美国心理学家 Francine Shapiro 博士（曾得到加州心理学组织颁授心理科学成就奖，也曾获得维也纳国际佛洛伊德心理治疗奖章）发明并迅速发展起来，EMDR 能激活大脑的信息加工系统，有效并快速地治愈与创伤事件相关的心理障碍，对战争、自然灾害、车祸等的受害者有显著疗效。至今已有 20 多项随机对照研究肯定了 EMDR 对心理创伤的独特疗效，被美国、英国、荷兰、德国等多国精神病学会推荐用于治疗心理创伤。2013 年世界卫生组织（WHO）在"应激相关问题处理指南"中推荐"聚焦于创伤的认知行为治疗和 EMDR 治疗用于儿童、青少年和成人的创伤后应激障碍"，认为是治疗 PTSD 有循证证据的两种方法之一。

EMDR 适应范围：
心理创伤治疗
1. 急性创伤事件的心理救援与危机干预：重大灾难事故（地震、洪水、车祸等）、严重社会心理事件（家庭暴力、亲友丧失、被绑架）的紧急干预，对幸存者、目击者及家属的心理救援和对急性应激障碍的创伤治疗；创伤后应激障碍（PTSD）、复杂性 PTSD；与心理创伤密切相关的抑郁症、惊恐障碍、社交恐怖症、进食障碍、情感障碍、物质滥用、边缘型人格、分离障碍等；儿童及青少年与创伤有关的心理问题或障碍（参加儿童 EMDR 培训前需完成 EMDR 基础培训）。
2. 不良事件对当事人的影响，日常生活中的人际矛盾、工作不顺、情感受挫等。
3. 治疗与心理创伤相关的躯体化症状和严重躯体疾病所致心理创伤截肢后幻痛、癌症、心脏病等。

② 自尊：亦称"自尊心""自尊感"，是个人基于自我评价产生和形成的一种自重、自爱、自我尊重，并要求受到他人、集体和社会尊重的情感体验。自尊是人格自我调节结构心理成分。自尊有强弱之分，过强则成虚荣心，过弱则变成自卑。

8. 家庭治疗：向家人、朋友真诚道谢，感谢他们对你的宽容。通过科普学习、深度的沟通，尽可能让家人和朋友增加对你的理解，让他们深入了解你的情况、你的特质、你的精神背景，正是因为多了这些理解，在你不停"作""闹""折腾"的时候，家人、朋友会坚持对你不离不弃并且输送给你更多的包容与接纳，用更多的爱来抚平你心灵的伤口。

9. 以上建议2~5种方式联合实施（主要治疗＋辅助治疗），效果方佳。

第五节　表演特质

特点1：做作、表演，擅用外表来吸引别人注意

案例1：气质长相似明星却让人想快点甩掉的性感女人

有一天我经过办证大厅，有位40岁左右的女性，长着一张"网红"脸，化着像明星一样的浓妆，大冬天穿着一条丝质低胸的夏季连衣裙，性感招摇。轻薄的丝袜裹住雪白的大腿，下面穿着一双华丽的罗马凉鞋。

我开始以为她是一个演员，猜想可能是某剧组来这里拍电视剧了，但又未看到其他演职人员，于是我站在大厅开始观察她。只见她把手机递给我们的工作人员，帮她拍照，连续摆了好几个性感诱人的姿势，拍完照以后就开始发朋友圈。

我和两个同事都看到了，同事都很诧异地问我："唐老师，这个人……"我"嗯"了一声后没言语，心里想"她该不会是来办单身证明或者来办理离婚的吧？"

没多久，她和一位男士（她丈夫）进到咨询室里。进门后，女方靠着我坐下，一股刺鼻的香水味扑面而来。丈夫不肯落座，心急如焚地说："还咨询什么，我已经和你说过很多遍了，我不想和你过了，麻烦你不要再拖了！"

话音刚落，女方一抬眼一挑眉竟捂着脸娇嗔地啜泣起来："你这个男人，这么没良心，说走就走，给我精神上造成这么大的打击，现在就想给我两套房就算了啊，没门！你要补偿我的精神损失还有我的青春损失！这些年来，我只爱过你一个人，一心一意，你呢，对我不闻不问，现在又要抛弃我，你良心给狗吃了吗？……"声音宛如黄梅戏唱腔。

总之，她一说话，会让在场的人浑身起鸡皮疙瘩，像是在舞台上演戏一样，嗲声嗲气，十分矫揉造作。

我斜着脑袋仔细观察，果真哭得如海棠滴露、梨花带雨。

旁边的丈夫听到她说话，立即表现出十分厌恶的样子，气得要炸了，皱着眉头、咬牙切齿恶狠狠地说："我现在把所有财产都给你了，你还要怎么样？还要拖着我？你已经拖了我五六年了！我跟你在一起真是受够了、太恶心了、假得不像个人，你再拖我，我就去法院起诉了！"

女方看他心意已决，哭诉也无用，佯装去二楼复印资料，一溜烟儿跑得无影无踪。

丈夫在咨询室里叹气道："怎么这么倒霉，遇上这种假言假语、虚伪做作的女人，我真是受够了！"

丈夫说："我自己家庭条件普通，大学毕业后做的是技术工作，交际圈很窄，公司 90% 都是 IT 男，没办法，我就在交友网上找对象。她当时在证券公司工作，比现在朴素点，但总体来说还是比较虚荣吧。我当时也是年轻，不懂看人，反正我们很快就在一起了，而且她还怀了孕，也算是奉子成婚吧。后面才知道，她交过好多个男朋友，都不长久，而且她特别爱臭美、自恋，还整过容，我是不小心看到她和朋友的聊天记录才发现这个秘密的，知道后就有受骗的感觉，很不爽，她要是一早就告诉我她整容了也行，一直隐瞒着我，我问她是不是整过，她还不承认！而且和她相处吧，总感觉她怪里怪气的，我妈也说她这个人假言假语，聊个天、说个正经事都哼哼唧唧、阴阳怪气，跟唱戏似的。她和陌生人能很快打成一片，见面一次就能和别人成为好姐妹、好'闺蜜'，但是

过不了几次，最多不超过半年就翻脸或者不来往了。这些都还算了，她穿衣服特别暴露，给人感觉很不检点。有次我和一个朋友去接她，我朋友不认识她，还以为她是个站街的！真的好丢人！这些年没看到一点变化！你说她做错了什么吧，也没有，也没有什么原则性问题，就是生活在一起感觉特别扭、特恶心。现在也不比旧社会，我想着剩下几十年，还要跟这样的人过一辈子，我真不甘心。至少得和一个自己不讨厌的人过一生吧。"

"我身边也有朋友的老婆或者老公脾气很怪的，他们不敢离婚，要么害怕父母担心，要么自己胆子小，要么经济条件不好，离不起婚，所以窝窝囊囊过一辈子。我父母不干涉我，经济上我也离得起这个婚，其实还有一个原因就是她这性格比较影响孩子，现在我孩子也特别会看人脸色，还常常讨好别人，看着我太难受了！"

我说："如果可以选择，没有人愿意做一个让周围人不舒服的人，她有这个特质，肯定和她小时候的成长环境有关。她父母的婚姻关系怎么样，为人怎么样？"

他叹了口气说："哎，具体不是特别清楚，反正是有些家丑。要是以前你问我，我是不会说的，现在反正我也不打算跟她过了！我听她说过一次，他父母都是在文工团从事艺术表演工作的，两个人对婚姻就像儿戏一样，都有婚外情，在外面各玩各的。父母两个人都不怎么管她。再多细节方面，她就没怎么说了。哎，她可恨也可怜，这么多年来，一直没变。老师，有什么办法让她意识到自己很招人烦、招人厌？她到底能不能改？能改我就和她过下去，我并不想抛弃她。"

我说："你说的这个问题很关键，这种现象也很常见，就是关于自我认识的问题，她如果认得清自己，可能就不会走到今天了。可惜的是，在我们中国，缺乏心理教育的人对此认识都不太高，不少人还没有自我认识、自我反省的意识，所以婚姻恋爱关系才会出问题。大家看到这种人通常就感觉她水性杨花、太假、太矫情、不走心，甚至还有很多的道德批判与指责，然后就一言不发地疏远她、抛弃她。我的建议是：夫妻一场，你找个机会，和她好好谈谈，建议她做正规的心理治疗。记住，要坚持哟，这种咨询一次两次是不会有什么效果的，要做长程的、正规的心理治疗，才有可能有效果。"

他摇摇头说："老师，你这些建议太理想化了，她连最基本的自我反省能力都没有，她朋友也都说了无数次叫她去看心理医生，别说要她坚持好多次，一次都难，那根本不现实。"

我说："你说得也很对，自我反省、自我提升、自我改变这是一条很难走的路，少有人走的路，'牵马到河易，逼马饮水难'，但是别人能不能做、愿不愿去做，是别人的事，我们就尽量做到问心无愧吧，把口渴的马牵到河边，喝不喝就由它自己了。而且她是你孩子的母亲，是你的爱人，不管你们分手还是在一起过下去，你都有责任和义务提醒她要自我提升。你的亲人脸上有灰、屁股上有洞，被人嘲笑、被人嫌弃，她自己看不见，意识不到自己一些行为的可笑性和荒唐性，别人也不会跟她说真话，但我们作为亲人是有义务提醒和敦促她改善的。而且她需要的是善意的提醒，这样才有效。如果对方感觉你是以理解、接纳、慈悲的心态和她谈，她的抗拒就比较少，比较容易接受，否则，对方就容易抗拒。你要再深入地了解她的过去，了解她经历过什么。张爱玲曾经说过，你如果认识从前的我，也许你会原谅现在的我。当她感觉到你的接纳与理解后，就会愿意向你敞开心扉，谈论让她觉得痛苦和不堪的往事、她童年的心理阴影。我猜想在那样的家庭里，她小时候一定生活得提心吊胆。这样深入地聊聊，你就会更懂她，因为懂得，所以你会变得慈悲，因为感受到了你的慈悲，她也有可能愿意蜕变，变得更真实。即使她不做改变，我们至少可以改变对她的看法，而不是敌对、怨恨地对待她，甚至离开她。你会理解到她只有变成这样，才有可能在那种家庭里生存下来，就像磨难多的人易偏执、家庭贫困的人会节俭一样，如果不这样，根本无法在那种环境下生存下去。生在那样的家庭，也不是她的错。"

他沉默了一会儿，点点头说："夫妻一场，我就尽最后一次力吧，她要调整估计很难，但我至少做到问心无愧吧。"

由述案例，我们可以看到表演特质的特征之一：自我戏剧化、舞台化或夸张的情绪表达，与他人交往时往往带有不恰当的性诱惑或挑逗行为（衣着暴露、声音及动作具有挑逗性）。

特点2：情绪表达变换迅速而表浅

案例2 "高颜值"的"变脸"妻子

有一次，登记处来了一对"高颜值"夫妻，丈夫身形挺拔，剑眉星目，是银行高管。妻子面容清秀，清丽脱俗，在国企任高管。丈夫提出离婚，女方不同意。夫妇俩在大厅里坐着等待咨询，丈夫在时女方不停抽泣，哭声吸引了很多人，尤其是新人们的注意力。丈夫去打印离婚协议走开时，她的哭声就立马停止了，好像什么事都没发生一样，并开始给朋友打电话聊天，丈夫一回来，她马上又开始哭。工作人员都觉得太"神奇"了——眼泪说掉就掉，说干就干，居然还有这种"变脸"的功夫啊！

过了一会儿，他们来到咨询室里，女方一坐下来就开始哭："你不要离开我啊，我们的孩子可怎么办啊，她才3岁啊，你长年不在家，都是我在管，都是我在带，我不能离开她啊，我和她都很爱你，离开你我们这个家可怎么办啊？我们不能没有你啊……"

丈夫用非常厌恶的口吻绝情地说："你这种女人太假了，不要给我装了，我再也不会相信你了，我现在就去准备资料，你不要再拖我了！"

丈夫一出门，她马上就坐直了，像没事儿人一样问我："老师，你们这里还有多久下班？"

我说："6点下班，还有40分钟"。

她看了看表，皱着眉头说："怎么还有这么久？"

她以为我们是五点半下班。

不久，丈夫气呼呼地回来找她，说窗口已经叫号了，让她马上去签字。只见她立马变脸哀号起来，蜷缩在凳子上不肯走，丈夫伸出手拖她，她顺手往地上一躺、抱着丈夫的右腿不放，半瘫在地上哭得呼天抢地。这下子引来很多人，有登记处的工作人员，也有来办理结婚的新人，大家开始围观并且议论纷纷。外人看到这情景，同情弱者的心情油然而生，都觉得丈夫太狠心了，开始指指点点。

丈夫觉得太不雅观了，气得直跺脚，瞪着眼说："你就是在变着法子拖到下班是不是？那我去法院起诉！"

丈夫甩掉她的纠缠后愤愤地走了。

做这份工作，每天看到很多人在挽救婚姻，但是用的方法是错的、是反的，越挽救越让对方更反感，越努力对方溜得越快。

女方斜眼看到丈夫离开登记处后，哭声戛然而止，马上站起来，整理一下仪容，非常冷静地问我："老师，他如果去法院我应该怎么办？"

我叹了口气，回答道："他去法院起诉离婚的话，那就得走法律程序。你可以去法院咨询一下。"说着，我把印有法院联系方式的小纸条给了她。

她接下纸条，没看一眼，随手塞进手提包，捋了一下头发，在沙发上坐下，四处打量，眼睛滴溜滴溜一转，脸瞬间笑得像一朵花儿，开始恭维起我来："哎呀，这些锦旗都是您的啊，您就是唐老师啊，您皮肤好白啊，没有想到您这么年轻就这么能干啊。我有一个朋友正需要婚姻咨询，留一个电话好不好？"

这假惺惺的恭维话听到耳朵里，让我头皮发麻，真的好想把她打发走啊。但是转念一想，这样也不行啊，违背咨询师的天职。我陷入进退两难的境地，到底是真心实意地告诉她要改善自己，还是和她客套几句，然后等着下班呢？

如果要帮助她认识自我，到底有什么方法使她既能接受、听得明白又不伤她的自尊呢？

拿些通俗易懂的科普资料给她看看，说不定能促进她的自我反思。

这是迄今为止最困扰我的地方。欠缺心理基础的人、来到婚姻咨询室的人常常只知道自己的婚姻陷入危机，手忙脚乱地去挽救，却没有自我认知，认识不到自己的行为给别人带来很多困扰。如果直接说破，又很伤他的自尊，而且我的职业伦理也不允许。最怕的就是如果另外一方素质不高、包容心不够，以后还会借此嘲笑、指责、数落他，会说："你看，我们的婚姻就是因为你怎样怎样，就是因为你小时候父母怎样怎样，所以才搞得这么差……都是你的错！"

这会给当事人的心理雪上加霜。

当然，如果另外一方素养较高、有较强的包容心，我们则可以深入地谈谈。包容心强的人，一听说丈夫或妻子是因为小时候的成长原因造成的，会体会对方的艰难，加倍怜惜对方，这样反而会促进二人的感情，甚至扭转婚姻关系。

爱人才是世界上最好的心理医生！

我正发愁呢，他丈夫又气呼呼地回来了，原来是回来拿落在咨询室的户口本。

我想她这么不愿意离婚，这么重视她的丈夫，那就看看能不能从丈夫这里做做工作吧。我跟他丈夫单独聊了几句，发现他丈夫认知水平不低，包容心也很强，他其实早就认识到妻子应该接受正规的心理调整，他和我说她的妈妈是将军的女儿，非常严厉，对孩子很苛责，也非常唠叨……

我问："你岳母一家在'文革'那段时间有什么特殊经历吗？"

他说："他们一家都被关进'牛棚'，被批斗，最后岳母的父亲，也就是我老婆的外公好像死了好多年后才平反，具体我也记不太清了，只记得他们说当时全家人都很痛苦。哎，这些事情都过去这么久了，也是祖辈们的问题，就算对她有影响，我也不介意，我愿意和她一起面对。我一直提议和她一起去做正规的心理咨询，但是她一直逃避这个问题。

我知道她小时候过得很苦，只要她愿意努力和我一起改善，不逃避问题，我是可以和她过下去的。"

我说："你能够这样去理解她，同情她的家庭遭遇并和她一起面对，我挺感动的，你和她在一起是出于真爱。不过，人如果感觉到别人有改变自己的目的、对自己不满意、挑三拣四，她就会自动抗拒、防御，甚至拒绝，我们应该换一种温和的方式。就像蚌壳一样，你硬是要掰开它，它就死死地夹紧壳，只有它感觉周围安全了，不会受到伤害，才会打开壳。人的心也是一样，当她感觉到了安全、被接纳，感觉到了爱、不会被指责、不会被嫌弃，心门才会真正打开，暴露脆弱难堪痛苦的自己。若这些部分暴露后得到了对方的理解和接纳，感受到怜惜而不是嫌弃，真正的治愈就发生了，这个人以后才会改变。所以，真正懂爱的人，从来不会去指责自己的爱人为什么这样，为什么那样，因为他相信爱人的异常一定是有原因的。"

他若有所思地点点头，沉默了。

我把夫妻俩请到一起，做了一些基本的科普和简单的咨询，和女方建立了基本的信任，转眼就到了下班时间。

我约他们第二天再来。

第二天下午，他们来了，女方的眼睛肿得像个桃子。

女方几乎没有说话，我铺垫了很久后，看着她说："可以让我们对你多一些了解吗，看看有什么可以帮到你的。"

她低下头去，从包里翻出两个巴掌大的陈旧的笔记本，是她小学和初中的一些日记，递给我，还是不出声。

我问她："你老公也可以看吗？"

她点点头。

我和他老公一起翻看，内容让人不忍卒读。

时隔几年，我仍记得日记本里的大概内容和一些事件：

她考试不好、认错个字或学习心不在焉就会挨妈妈大声训斥，恐吓她说如果不听话就要把她关进'牛棚'里，有时候甚至动手打她，没事儿就挖苦她，她常常一个人躲进房间里哭，不让妈妈看到。

有次和表弟吵架了，她哭了，妈妈冲进来二话不说就把她拖出去，从屋子里一直拖到大门外，然后狠狠地把门关上。她趴在冰冷的水泥地上使劲地哭，哭得喘不上气，全身抽搐着喊"妈妈，妈妈……"，妈妈也无动于衷，最后她在水泥地上睡到半夜，弟弟偷偷过来帮她开了门。

很多个夜晚，她都被妈妈骂到哭，哭得没劲了然后睡着了，有时候夜里做梦都在哭。

她在学校被欺负了，从来不敢跟家人说，放学了总是一边擦泪，一边安慰自己不要哭，进家门的那一刻就马上要把刚才的情绪藏起来，装作很欢快的样子，蹦蹦跳跳地进门讨好妈妈；还有时候撒谎告诉妈妈，说眼睛进了沙子，所以眼睛红红的。

十几岁的时候，她还被妈妈当街打骂过。妈妈走了，她马上站起来，因为不想被街坊和同学们看笑话。

她在日记中自嘲说自己真是从小就有表演的天分……

一页页发黄的日记，看得我们内心一阵阵绞痛。

我看到日记本皱皱的，像被水泡过然后又晾干，很多字也很模糊，我轻声地问："是不是你在写日记的时候，一直在流泪，把本子都打湿了？"

她大滴的眼泪滴落下来，终于说了两个字："是的"

这对夫妻经过几次深入咨询后，双方的理解加深，在丈夫的鼎力支持下，女方经过长期的筛选与匹配，选择了一位最适合自己、最理解自己的咨询师，接受了系统的、长程的心理治疗及创伤治疗，她坚持了三年，变化很大。

说到表演特质，其实我们每个人都有，只是程度不一，表演特质高的人易在演艺界获得巨大成功，他们之所以成功是因为能把生活与表演分开，至少有较好的公共形象管理能力。

而我们上面说的两个案例里的主人公，她们则需要学习把生活和表演分开。

临床心理行业有一个专业的人格鉴别与筛查软件——PDQ4，可对人格进行多维度的评估。比如说，有人做完测试后，发现自己的偏执有6分，强迫有5分，表演有9分，9分就是比较严重了，那就一定要注意自己的人际关系和婚姻恋爱关系了。倘若从事演艺行业，如果"表演"这个维度的分数比较高，反而非常有利，甚至是必需的。

如果你自己或者身边的人有这样的特质并且危及人际关系、婚姻关系的时候（让身边的人感到不舒服甚至反感），建议及早寻求专业的帮助。

附1：相关标准

请参考美国《精神障碍诊断与统计手册》第5版第281页。

附2：解决方案

1. 提高自我认识：认识到自己有这样的特质，并且给爱人、家人带来烦恼或痛苦。自己已经成人，婚姻感情不顺，自己也需要承担一部分责任。寻求家人的理解与支持，积极寻求专业的帮助，跳出恶劣婚姻关系的泥潭。

2. 长程个人心理治疗/EMDR创伤治疗：研究发现，成长在缺乏关爱与性滥交家庭背景的孩子较易发展出表演型特质。心理动力学心理治疗、认知行为治疗[①]、EMDR创伤治疗是矫正的主要方法。可改善当事人的负性认知、人际交往能力，并且教会他们如何表达渴望与需要，逐步矫正人际关系、婚姻关系、心理创伤体验。

3. 长程团体心理治疗：在团体中可与多人发展出稳定、深厚的人际

---

① 认知行为治疗（CBT）是由A. T. Beck在20世纪60年代发展出的一种有结构、短程、认知取向的心理治疗方法，是通过改变个人非适应性的思维和行为模式来减少失调情绪和行为，改善心理问题的一系列心理治疗方法的总和。目前，CBT已经成为世界上流行最为广泛、被使用最多的心理治疗方法，实证研究多，疗效确切。从20世纪80年代我国心理治疗专业恢复以来，CBT以其短程有效、结构化、操作性强等优势深得心理卫生工作者的青睐，在教育、卫生、社会福利等领域得到一定范围的应用，CBT已经成为心理工作者必备的技能之一。

关系，也可在别人眼里看到不一样的自己，重新正确评估自我形象，逐步矫正被扭曲的自我（虚假、戏剧化）。

咨询感言：奉上人本主义心理学先驱、现代自我心理学之父阿尔弗雷德·阿德（Alfred Adler）的经典语录：世界很单纯，人生也一样。不是世界复杂，而是你把世界变复杂了。

我们不知道你小时候经历过什么，令今天的你或戏剧夸张或巧言令色，但我们相信你一定不愿意自己成为一个让人厌恶远离之人。如果有缘，让我们一起努力，一点点卸除这张戏剧夸张的心灵面具，露出人天性中简单单纯的一面，或许幸福婚姻就离你不远了。

第六节　自恋特质

自恋特质："自恋"一词在现代生活中用得越来越多，比如，爱臭美、爱显摆、爱面子之类，而自恋爆棚、自恋特质过头的人则易成为死要面子、爱装、自带优越感同时容易事业成功的一种类型。

案例：爱装、爱显摆、事业有成的丈夫

一位男士，42岁，二婚。第一次离婚是35岁，由前妻提出来；第二次婚姻维系三年后又由女方提出离婚；他一进咨询室就上下打量咨询师，居高临下地问："你是这儿的调解老师吗？你是二级还是三级？"

我说："我是二级心理咨询师。"

男人高傲地说道："我是从美国留学回来的HR博士，你们的这些理论我都知道，这个行业最有名的咨询师我都见过。告诉你，我专门给企业搞培训，培训的老总不知道有多少。我有时候也讲婚姻家庭，别人闹矛盾了，我还去指点，说别人容易，站着说话不腰疼，说的跟唱的一样……"

他叽里呱啦说了一大堆话，结束时他说自己通过某某市长介绍，要去找另外一位行业里顶尖的咨询师。

该男全身上下均着国际名牌，背着路易·威登包，两部苹果手机放在桌上，奔驰车的钥匙拿在手里不停晃悠，不时划过我的眼前，好像生怕我看不到。

整个访谈中我基本没有说话，他一个人唠叨吹嘘了10多分钟后自觉无趣。

由于他的妻子坚持离婚，不接受咨询，我告诉他应去前台取个号，排队办理离婚手续，他不肯去排队，要求我带他直接去登记员那里办理，因为他觉得自己身份较为尊贵。

我观察他太太，柔媚大方，长相与气质出众。整个交流过程中她一直很安静、不说话，只是坚持离婚，没得商量。当看到他离开咨询室（去打印离婚协议）后和我说："老师，他这人好烦，好虚荣膨胀啊，而且还很有心计，对领导就拼命讨好，对下面的人就很苛刻自私。我们家条件比他们家好多了，是他死皮赖脸贴上来的。他去哪里都高高在上，总认为自己在哪里都是主角。我们开车出去，看到差一点的车，他就很鄙视别人，一边开车，一边不屑地说别人肯定是买不起好车，肯定没什么地位、没什么能力之类的。我很不喜欢听他讲这种话，但是他却一直讲。还特别爱伪装，表面上在搞慈善，实际上就是利用慈善在作秀，沽名钓誉。"

我问："跟他合作的人或者下属，一般能保持多长时间？"

她说："时间都不长，很少有超过一年的，跟别人合作最后都闹到不愉快，员工都很讨厌他。"

我继续问："他是不是特别喜欢别人捧他、拍他马屁？"部分自恋特质强的人对"马屁"的需求量极大。

她捂着嘴大笑说："对，他就吃这一套，对他，你就往死里夸就行了。"

她又问："他这种人在中国有得治吗？我知道在美国可以去看心理

医生。"

我说:"在目前的中国也可以治疗,分两步走:第一步,他得先有自我认识,比如他吃了很多苦头、栽过大跟头,或者他最在乎的人给他忠告,也许有可能。不过,我们没有资格站在一个制高点去告诉他这里要改、那里要改,因为他可能小时候有些特殊的经历,或者父母的养育方式不健康。从发展心理学、人本主义的角度来看,他变成这样,在当时的养育环境下,可能是最有利的;如果不变成这样,可能在他的家庭里无法生存下去。只不过,这个模式适合他的过去,不适合现在了,需要调整,否则会影响人际交往以及婚姻关系。就像一个人小时候生活在寒冷的北方,要穿着棉袄才能防冻,但是现在到了南方生活,环境变了,要换上T恤,但是他还穿着棉袄,脱不下来了,是同一个意思。他小时候的面具适合小时候的成长环境,现在一下子脱不下来。"

她说:"嗯,是和他的家庭有关。他父母很功利,从来不考虑他的感受,只考虑自己的面子,好像他当时考的本科不理想,他妈竟然骂他怎么不去死。估计小时候还发生过很多事情吧,我现在都常常听到他妈还总是拿他跟别人比,我老听他妈说,别人家的孩子怎么怎么,说他表哥又评上教授了,他堂姐的公司又要上市了,人家谁谁谁又当局长了,等等,反正我听到是很反感的。"

我一边听,心里一边嘀咕:如果他离婚再找,真不知道会不会顺利?看她妻子认知水平挺高,不如……

我问她:"你猜猜,他如果和你分开,再找伴侣,会顺利吗?"

她想了一下说:"那要看下一个'接盘侠'是什么性格,如果他找一个现代女性,我看够呛。那种为了他的钱和地位的女人或者那种传统女人他又看不上。想想他也蛮可怜的,我感觉下一个女人要是像我和他前妻这样的背景和性格,估计还会离开他。"

我点点头说:"嗯,那他以后怎么办?"

她沉思片刻后,叹了口气说:"哎,我怎么感觉不管分开还是不分开，我都应该和他再好好谈谈，就像一个人身上有狐臭，但他自己不知道，一般人都躲着他，不敢说破，但是作为家人，如果我都不告诉他，就这样离开，好像有点不近人情。想想他一个人开了3家公司，整天累死累活的，虽然自私虚荣，但他也不是只为了自己而活——他就是一个父母拿来长面子、光宗耀祖的工具，其实也挺可怜的。最主要的是他对婚姻还是有最基本的忠诚，目前还没发现他有外遇。我再和他谈一谈吧，他的这些问题也可以通过正规的心理咨询改善，可能需要几年时间。"

她收起离婚协议，去大厅找到丈夫后离去。

该男有比较典型的自恋特质，从简短的访谈资料来看，他有六种特征比较符合自恋型人格：

1. 说话要占上风，而且多是通过贬低别人来达到效果。虽然他连婚姻咨询和调解①二者的专业分野都未搞清楚，但也要先贬低别人一番来抬高自己。

2. 态度比较傲慢。

3. 认为自己比较独特、非常尊贵、需要被特殊对待。认为只有优秀的人才配与自己交往，找医生、律师、心理咨询师都要找最有名、最顶尖的，而不是找最合适的。而他选择的优秀伴侣，也多半是为自己脸上贴金的工具。

4. 比较自私，跟他人的关系大部分是利用或剥削关系，而非双赢的关系。

5. 要求过度的赞美。

---

① 调解：是指双方当事人以外的第三者，以国家法律、法规和政策以及社会公德为依据，对纠纷双方进行疏导、劝说，促使他们相互谅解，进行协商，自愿达成协议，解决纠纷的活动。

我国调解方式主要是人民调解、行政调解、司法调解、行业调解以及专业机构调解。

离婚调解：在我国《民事诉讼法》和《婚姻法》中均有相关规定，离婚调解是一个"当事人在足智多谋的、中立的第三人帮助下，试图彻底区分双方的异同，谋求多种解决方案并在妥协的基础上达成协议的过程"，这既是"一个解决冲突的过程，又是一个使当事人承担自我决定自己生活的管理过程"。

6. 自恋特点严重的人一般缺乏共情心、同情心，即使混迹于公益慈善界，也是为了沽名钓誉而非真正同情弱者、真正想造福社会。

简言之，自恋严重的人易成为一个目中无人、心中无爱的人。

自恋爆棚的人，约1/3是社会成功人士，比如官员、演员、企业家、博士，等等，也可以说，自恋特质明显的人在名利场里比较多见，也有很多为社会做出了巨大的贡献。

也有人会质疑，那也不是所有的自恋爆棚的人都会离婚啊？

是的，没错。有些自恋特质明显的人，他们的婚姻还是很不错的，事业成功，家庭也幸福，人际关系也不错。在此我要特别声明一下：在深层心理学里，把自恋特质的人分成高功能与低功能，高功能自恋特质的人有着健康灵活的自恋，不扎眼、不惹人厌。这种人至少要有两个特点：第一，他的角色切换自如，比如我是一个位高权重的官员，是一个成功人士，在工作场所，我保持自己的权威形象；但是回到私人场所，对亲人、对朋友就会把社会面具摘下来，变得平易近人，不会每时每刻都戴着面具。第二，我虽然抬高自己，但我不贬低别人，我虽然高，你也不低。

所以和高功能自恋特质的家人在一起，日子不但可以过，而且还会过得不错。

自恋特质明显的人爱做飞翔的梦，在梦里飞来飞去。正常人只有在考试、升迁、留学这些上升期可能会做飞翔的梦，但是自恋型的人梦到自己在"飞"的情况比正常人多。

从深层心理学、潜意识心理分析来看，不健康的、夸大的自恋、特别爱面子对应着脆弱的自尊，和上述案例一样，大多和他们小时候的养育风格有关系，比如小时候受到伤自尊的刺激事件或者父母一直给他某方面的暗示、背负家人过高的期望，等等。

曾有一位自恋特质明显的案例因为恋爱失败三次后前来做心理分析。他年纪轻轻事业有成，创办了两家电子公司，资产过亿元，是一个家族里的长孙。他的爷爷被后妈带大，从小备受冷落和打压，由于时运不济，爷爷和爸爸又遭遇各种政治运动，始终不得志，就把家族复兴的希望倾注在他身上，一心要他出人头地，不停地暗示他，要求他各方面都得优秀、出类拔萃、不能比别人差，但几乎不曾关心过他是不是幸福。

郭德纲曾说过：望子成龙的家长，自己都不是龙。

随着咨询关系的深入，他逐步在咨询室里展现了"真我"。有一次，他像孩子一样哭着说："我的爷爷和爸爸就是'驯兽师'，不管我是猫是狗，反正在他们眼里，我只能够做狮子，没有选择、没有退路，他们不允许我做个平凡的人。我考试全班第一，他们就和亲戚说我全校第一；他们经常对外说我家这个孩子以后一定是上北大清华的料儿。我是个芝麻，他们硬是要把我当成西瓜养，因为他们需要西瓜，只想看到西瓜，不需要芝麻。他们只会在意我飞得高不高，根本不会在意我飞得累不累。"

我轻轻问他："那你自己允许自己平凡吗？能够面对自己的平凡吗？"

他愣了很久，流着泪缓缓地说："我戴着成功的假面具太久，这些面具已经烙进肉里，我都撕扯不下来了。"

他经过三次婚恋的挫折，开始走上反省的道路，虽然要一下子脱下面具有点难，纠正起来有点慢，但是婚姻情感的挫败唤醒了他的反省能力。

一个人只有感受到巨大的痛苦才可能会有丁点儿机会想改变。

又或许，他也不需要改变，只需要碰到一个深深理解他、接纳他的爱人，人生将会大不一样。

在我国，自恋特质的人"被离婚"的数量是非常少的，我在工作中（2300多例咨询案例里）也仅发现三五例，而在欧美发达国家，以及其他高度文明的国家里会比较常见，这与我国的文化、价值观、经济水平、文明程度有关。由于中国社会正处于几千年以来的大变革时期，而现在的中国人对商业道德、商业伦理本身认识又不完整，使得现在中国的社会里，衡量成功的维度与指标非常单一。在大多数人的标准里，一个人有钱、有地位、有财富就是成功，哪怕他是通过巧取豪夺，大家也觉得他是"成功人士"。一般的配偶很少会因为这点提出离婚，因为很多人认为这不是缺点，而是优点，因为他/她"能挣钱"。

而本人经手的这几例，他们的爱人基本都是高级知识分子，在他们爱人的价值观里，一个人的成功是有很多维度的，例如良好的人际关系、和他/她待在一起舒服、他/她对家人温暖真诚、财富的来源是合法的、真正在为社会创造价值、人品好、不招摇，等等，这些才是一个人成功的标准，而不是只看有没有钱、有没有社会地位这简单的两项指标，就认定他/她是成功人士，就会心甘情愿跟他/她过一辈子。

附：解决方案

1. 提高自我认识：自恋特质的人很难承认与面对自己的心理偏差，由于其对世俗成就、功名利禄的渴望与不懈追逐，有时候也能使他们取得较高成就，成为位高权重之人，但他们常常因为自视甚高、虚荣嫉妒、极度膨胀，让周围的人感到不舒服，严重者还会破坏人际关系甚至婚姻关系。即使这样，他们也很少主动寻求心理治疗，即使寻求心理治疗，也是高高在上的样子。所以，对于自恋特质严重的人来说，第一步就是清楚地认识自我。

2. 长程个人心理治疗/EMDR 创伤治疗：过度的自恋是出于一种心理补偿，也是出于显示自我、获得别人关注在心理上达到自我理想的状态，深层的原因则是内心极度的自卑、极低的自尊水平，而需要借助膨胀的外表提高自信，降低内心的恐惧和焦虑。

正如我们看到很多小时候过于贫困或卑微的人发迹或掌权后易自我膨胀或者成为"巨贪"一样，这也是心理失衡的一种表现。以前环境不允许，只能够"夹着尾巴"低调做人，一旦掌权或发迹，被压抑已久的强烈的匮乏感、自卑补偿的需要便会喷涌而出，逐渐判若两人，甚至走上不归路。

一个包容接纳的咨询师、一段稳定的咨询关系会让你直面内心的恐惧与焦虑，找回本真的自己，而 EMDR 创伤治疗则可消减成长过程中因创伤事件造成的负性认知（例如：一定要功成名就，否则就被人看不起；钱可以换来一切幸福；有了无数钱才有安全感；女人都只爱钱，等等）甚至病态认知。

3. 长程团体心理治疗：在团体中可与多人发展出稳定、深厚的人际关系，提高人际关系的敏感度，逐步矫正被扭曲的自我（自我夸大感）及不良的自我概念，并且在团体中学会关注他人的情感，与他人建立平等、健康、互助的关系，走出精神孤岛。

咨询感言：卢梭曾经说过："有的人总是戴着面具，他们几乎没有以他们本来的面目出现过，甚至弄得自己也不认识自己。当他不得不露出真面目的时候，他们就会感到万分的局促。在他们看来，要紧的不是他们实际上是什么样的人，而是要在外表上看起来好像是什么样的人。"这段话非常适合送给自恋特质者。

一个人生而在世，应先有好的人际关系、家庭关系，才有好的事业发展、人生成就。而不是先有财富、先有事业，才有好的人际关系。如果想着有了钱、有了地位，人际关系就好了，那这些关系的质量值得深思。

如果想着有了钱、有了地位，人际关系就好了，那么你实际上可能外表强大，但内心十分虚弱，需要利用外在的物质条件支撑脆弱的自尊，内心并不是真正的稳定、富足，拥有高水平的自尊。

真爱你的人不会在意你飞得高不高，他们会关心你飞得累不累。不爱你的人，也没那么多闲工夫看你，所以没有必要老是"端着"。一点点卸除华丽的心灵面具，走下自我虚设的神坛吧。我们为什么要招摇显

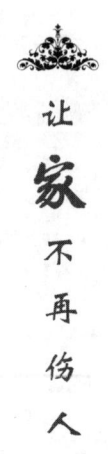

摆戴着面具走向成功？为什么不处理内心的恐惧焦虑，让自己从真实简单走向成功呢？为什么要一人陷入茫然与痴心的追逐之途，而不是与家人、亲友共同进退呢？

幸福一定与财富、地位、声望同步吗？我想未必吧！

第七节 依赖特质

依赖特质：在日常生活中，常常看到一些夫妻吵架，有时候一方会指着另一方的鼻子说："你心理上根本就没有断奶！"特别是在80后、90后的独生子女的原生家庭，他们小时候很多父母过分地大包大揽，孩子就有可能出现心理依赖的现象。

案例1：没有主见的胆小鬼妻子

有个女孩25岁，独生女，一人来广东后认识了现在的丈夫并结婚。婚后半年接自己的母亲过来一起住，后来发现丈夫越来越疏远自己，回家越来越晚，现在还提出离婚。

先是一位熟人打电话给我说："有一位女孩要来找你咨询，她婚姻上出了点问题。"我们约了时间，第二天她就来了，但她不是一个人来的，是那个熟人的姐姐专程送她过来，并且还带了她的母亲一起来做咨询，熟人的姐姐送完她，和我打过招呼后，就匆忙赶去上班了。

女孩轻手轻脚地进来，安静地坐下和我说："这是我的妈妈。"本来她是咨询的主角，结果接下来变成了她母亲的专场，整个咨询一共50分钟，她母亲说了近40分钟，一口气从头到尾全部说完，别人根本插不上话……

从第一次的访谈我们就能看出诸多端倪：

1. 妈妈有点儿大包大揽。

2. 女儿的独立性比较差；在我们接待的案例里，99%是一个人或者夫妻双方来咨询，但这女孩一出场，就是两个人陪着出门。

3. 她自己也没什么主见。

我心里生出了两个假设：

1. 女方可能比较黏丈夫，丈夫心烦，想疏远点儿。

2. 夫妻俩关系开始出现问题的时候，大概就是岳母住进来的时候。

我让她第二天再来，嘱咐道："就你们夫妻俩一起过来咨询，不要再带妈妈来。"

第二天咨询时，她丈夫反馈：觉得女方太没主见了，总是大事小事都过问他，连每天穿什么衣服、买什么菜都要问他，他觉得很累，尤其是岳母过来以后，感觉她根本还没有"断奶"，变成了一个衣来伸手、饭来张口的千金小姐。她娘俩关系紧密得像两姐妹，与其说是娶了一个妻子，感觉是娶了她们娘俩，也感觉自己根本没有妻子。回到家心里就特别烦，然后就拼命找借口加班，减少待在家里的时间。说了很多次她们也没这个意识，更完全没有改善的打算。所以想着反正没孩子，趁早把这婚给离了。

依赖心理强的人，在世界范围内，都以女性居多。这类人有个共同的特点：喜欢找人指导，喜欢做心理咨询，常常要这个老师指导，那个领导给意见，但就是很难自己面对问题。

除了养育环境以外，一些文化也会强化女性依赖的特征。

在中国广东的某些地区，女性的地位相对来说比男性低，虽然在现代社会，这种现象改善了很多，但在比较传统的地区或家庭仍然存在，这便会造成女性潜意识里对男权、夫权比较敬畏，也容易产生依赖。

案例2：对丈夫外遇忍气吞声的女人

有一天，一位广东的朋友介绍了她的一位老乡来咨询，是一个打扮得非常简朴的家庭主妇。她手里拿了个包裹，细声细语地问我："老师，我可以查查我丈夫有没有再婚吗？"

我说："你这话问得好奇怪，第一，到底是丈夫还是前夫？第二，这种资料属于对方的隐私,未经当事人同意,工作人员无权向其他人公开这些信息。"

她说:"老师,是这样的,我在家里发现了两本我和我丈夫的离婚证,但是我并没有和我丈夫办理过离婚手续。另外,我丈夫抽屉里还有很多单身证明。"她把两本离婚证和单身证明一一拿出来。

我有些吃惊,说:"没有经过本人同意,工作人员不能透露你丈夫的个人信息给其他人,但是他们有权帮你验证一下这两本证件的真假。"

结果她去找工作人员查询后发现,两本离婚证与单身证明都是假的,她回来时捂着胸口舒了一口气,说:"这下我放心了。老师,是这样的,我和我丈夫结婚十年了,我生了两个女儿,他一直想要个儿子,我也知道他在外面有一个家,有一个女朋友,还帮他生了一个儿子,已经三岁了。我就很想知道我到底有没有被'离掉',这个证件是假的我就放心了,这个家还是在的,只要他不离婚,这些我都可以接受。"

听完她这番话,我感觉自己一下子回到了旧社会。

在现代心理学里,这些地区的文化特征所带来的问题属于跨文化研究的范畴。有些女性在男权文化的培养下,自尊水平较低,对男权较为依赖、顺从,在婚姻中将自己当成男人的附属品。在她们的潜意识里,认为需要依附男性才能够获得一定的自尊,才有安全感,并且很恐惧面对离婚以后的生活。

因此,当婚姻出现问题时,有些比较传统的女性宁愿忍气吞声、委屈求全,甚至成为"抹布女",她们是男权主义的殉葬者。其实这种情况并不止在特定的文化背景下会出现,由于我国社会的长期男权化,这样的现象还是比较常见的。

附:解决方案

1. 提高自我认识、寻求自我突破:依赖特质的人主要特点就是过分需要他人的照顾与呵护,常常以顺从的方式行事,很少掌握主动权,所以依赖心理较重的人需要做的第一步就是学会自己做决定。通常第一次决定也是最困难的决定，但走出这一步以后，后面就会容易很多。慢慢学会自己照顾自己，把幸福的钥匙拿回自己手中。

2. 择偶：适度的依赖有利于婚姻关系的维护，而依赖与控制则是一对稳定的关系。依赖型的小女人倘若与一个控制欲强的大男人结合，二者关系往往较为协调、稳定。

3. 长程个人心理治疗：过度依赖其实源于内心的恐惧，一个包容接纳的咨询师、一段稳定的咨询关系会让你直面内心的恐惧，逐步恢复自信心，不再依赖大量的建议与鼓励。依赖心理不可能一夜之间去除，就像跪久了的人站不起来一样。要做好足够的心理准备，一点一点培养自己的勇气与自主性。

4. 长程团体心理治疗：在团体中可与多人发展出稳定、深厚的人际关系，逐步矫正被打压的自信，正确地评估自我价值，培养自己的勇气。

咨询感言：从事婚姻咨询与挽救工作，求助者90%~95%以上都是女性，其中不乏缺少自我独立意识的依赖型特质的人，她们想尽一切办法维护、挽救自己的婚姻，甚至讨好男人，生怕男人抛弃自己。而她们的丈夫却冷静地说："表面上看起来她很忠诚，实际上是高度的依赖，她要是条件稍微好一点、勇气多一点，早就离开我了。她其实并不爱我这个人，不肯离婚只是因为害怕，害怕独立，害怕一个人的生活。有些男人觉得这样的女人安全，但我不行，因为我是个需要感情的男人。"

从深层心理学、潜意识角度来分析，依赖的背后是深深的恐惧。恐惧是人类最古老、最基本的情绪之一，每个人都曾经受过恐惧的困扰，包括名人。英国前首相布莱尔、美国前国务卿希拉里都曾说过，人生中最具挑战的事莫过于战胜内心的"恐惧"。而南非总统曼德拉也曾说过："我认识到，勇敢并不意味着没有恐惧，而是战胜恐惧。"勇敢的人并不是感觉不到畏惧，而是征服了畏惧！

一只站在树上的鸟儿，从来不会害怕树枝断裂，因为它相信的不是树枝，而是自己的翅膀。与其整天想着依赖强有力的臂膀，不如花时间锻炼自己的精神翅膀。

第八节　强迫特质

强迫特质：强迫特质明显的人，易让身边的人感到压抑、被控制。

案例1：爱念"紧箍咒"，让人抓狂的女人

丈夫是港大的博士，妻子和丈夫是硕士研究生时的同学，孩子1岁，妻子要上班，把自己父母接过来帮忙带孩子。进入咨询室不久，妻子就启动"唐僧模式"不停地说："我对你要求并不高啊，也不过分啊，你看你，5点下课就应该先去买菜嘛，6点我们大家就应该一起吃饭，7点应该帮我妈收拾一下家里，8点和我们一起去散步，9点应该在家里陪孩子，10点应该陪陪我，11点应该……"她喋喋不休，完全不顾丈夫的感受。

她还没有说完，丈夫赶紧打断："好了好了，不要说了，烦死了，你对我要求是不高，是我不行，那快点离了，你再去找个可以做到这些的！你要什么条件我都答应你！"女方一听丈夫又提离婚，豆大的眼泪马上滚落下来。

讲到这里，又难免要感叹：人真的很难反省自己的行为。

比如上述案例，如果女方只要求自己5点要去买菜、6点应该做饭、7点搞卫生、8点陪家人、9点陪孩子、10点陪丈夫……每天要做这做那，那这个妻子在婚恋市场里应该还是比较抢手的。和一个对自己有要求的人结婚，日子还是可以过的；但倘若整天强迫别人做这做那，总想改造别人，在现代婚姻里日子要过好，难啊！

小两口吵闹一通后，我又收集了一些资料，做了较为全面的评估，

给他们做了一些科普，并且向他们推荐了"个人心理治疗（认知行为治疗）+婚姻治疗"的联合治疗方案后，他俩牵手离去。

网络上有句流行语："有一种冷，叫妈妈觉得你冷。"这句话指的是强迫控制的妈妈。有些妈妈自己喜欢的兴趣特长因为一些原因实现不了，就把期望转嫁到孩子身上，比如自己小时候想当个舞蹈家，不管孩子喜欢不喜欢，硬是要孩子从小练习舞蹈；或者因为自己小时候受穷挨饿，现在吃饭时不允许孩子剩饭，强迫孩子全部吃下去；抑或家长有过度的洁癖，家里的东西一定要按要求摆放，等等。这些都属于强迫的表现。

案例2：为挤牙膏闹离婚的小夫妻

有一次单位来了一位新同事，40岁左右的年纪，观念非常传统，性格温和顺从。有一天，她经手办理了一宗离婚业务，当事人是一对80后的小夫妻，吵得不可开交。一下班她就冲出来，抓住我激动地说："哎呀，唐老师，现在都什么年代了，这些小夫妻也太草率了。刚才我办理的那一对儿，您知道他们因为什么闹得这么凶吗？就是妻子说丈夫挤牙膏总是从中间挤，不从屁股挤，毛巾每天都要消毒，所有东西一定要按妻子的要求摆放。为这些事情老吵架，丈夫说妻子太难相处了。你看看，现在的年轻人拿婚姻也太当儿戏了，一点责任感都没有，这算什么事儿，妻子还怀着孕呢！这个妻子是不是有强迫症啊？"

我说："只有专业的精神科医生才能下诊断哦，诊断是否为强迫症要符合3个条件：

1. 每天至少消耗1个小时以上的时间在强迫思维与强迫行为上，比如说不停地洗手、洗澡，停不下来。

2. 当事人或者周围人感受到巨大的精神痛苦。

3. 对工作、学业、日常生活造成巨大的负面影响，严重影响社交、工作、能力、人际关系。

满足这3个条件才被会认为是强迫症，像洁癖、整理癖这些没有给生活造成负面困扰的行为，最多属于日常的强迫行为，不能说是强迫症哟。"

案例3：管得多、管得宽的老妈

上面案例2中的那位同事"吐槽"完那对小夫妻，眨巴眨巴眼睛，若有所思地问我："我懂了，我常常和我哥说咱妈也蛮强迫的。小时候我们俩的饭没有吃完，我妈就强迫我和哥哥吃完；我和哥哥每天晚上作业不做完不让睡觉；我们洗碗、洗衣服、做家务都要按我妈制定的顺序来，比如洗碗，要先洗筷子，再洗小碗，然后洗大碗，如果次序颠倒了就要挨骂。小到握筷子的姿势、衣领的整理，大到我选择专业、工作，甚至包括选择爱人，都要按她的意思办……但是我爸也没要求离婚啊。"

我说："那要看在什么年代哟！那时候就算遭受家暴，也没多少人要求离婚的。不过，虽然没有离婚，你父母的关系是不是比较疏远呢？"

她赶紧点头说："对对对，我爸把工作调到县里，每个星期回家一次，吃完饭就跑了，尽量减少跟我妈的接触。"

我说："是啊，过去饭都吃不饱，哪管什么日子过得好不好，能凑合着过就行了，就算关系再差也不愿离婚。现在社会进步了，经济发展了，人们开始有精神上的要求了。过去的婚姻是忍受，现代的婚姻要的是享受。从经济学的角度来看，如果一段婚姻没有收益，就比较难坚持下去。现代人也开始追求婚姻质量了，对不满意的婚姻处理的方式就和以前不一样了。"

强迫特质明显的人还有一些特点，例如过分要求严格与完美无缺，过分要求条理性、循规蹈矩、刻板，对新变化适应困难，如果做领导的话，就不太容易放权；有些强迫特质的表现则是喜欢储藏东西，容易出现病理性的储藏，家里瓶瓶罐罐很多用不上的都舍不得丢；还有些强迫特质则是对钱财看得比较重，节俭甚至吝啬。

咨询感言：一个人强迫自己还好，顶多比较无趣，比较劳累；婚姻或者亲子关系上出问题的，往往就是因为在观念或者行为上强迫他人。要求花儿按自己的意愿开，草儿按自己的想法长，和这样的人生活在一起，痛苦大于快乐。在医院心理科里，常看到各类心理异常的儿童，例如网瘾、厌学、行为异常的孩子们，在这些孩子的背后，往往会发现或强迫或焦虑的家长们的身影。

案例4：你对婚姻抠门，婚姻对你关门

有一天，有位王先生打了好多个电话，想约我周末做咨询，被工作人员一口拒绝了。后来他辗转多方找到我，说一定要约周末咨询。我问他为什么，他说："周末我不上班，平时出来要请假，请假半天，几百块钱就没有了。"我感觉到他只会考虑自己的损失、自己的不便，不会考虑别人。我若周末为他做咨询，就要牺牲自己的休息时间，专程赶过来为他加班加点。

对于这样的行为，我内心对他已经有了一些假设，于是想刺激提醒一下他："你想挽回一段婚姻，几百块钱都不愿意承担，你的婚姻也太廉价了，这么不值钱的婚姻，你挽回干吗？"说完我就挂了电话。

第二个星期，王先生自己跑到咨询室来找我。他一肚子的委屈和我说："我媳妇和我闹离婚……"

我看他伤心得鼻涕都流出来了，遂给他递上两张纸巾。他擦了眼泪、鼻涕以后，把纸巾对折起来，继续擦；过一会儿，又对折起来，接着擦；折来折去，纸巾被揉捏成了一坨小纸团，上面浸透了眼泪和鼻涕，黏乎乎、滑腻腻，他还不扔，还继续擦，只见他的鼻头与上嘴唇被擦得越擦越脏……

我感觉，他小时候可能是个穷苦人家的孩子，节俭过度，他的婚姻走到今天很可能跟这个有关！

经试探，他并没有这方面的自我认识，咨询下去浪费彼此的时间，

对他也没有任何帮助，我便和他说，让妻子和你一起过来咨询吧。

王先生抬起头，绝望地说："我妻子哪里还肯和我一起来做咨询，她现在每天就逼着我离婚。"

我叹了口气——现在人们都是这样，婚姻"死到临头"了才来"抱佛脚"，把咨询师当神仙用呢！我说："反正你们办离婚也是在这里，若你妻子逼你离婚，你就带她过来找我。"

和王先生谈了20分钟左右，我们结束了咨询。

第二天，这对夫妻就来了。

王先生的妻子一坐下就劈头盖脸地骂他，"还咨询什么，你已经拖了我好久了！老师你不要听他的，我是瞎了眼才嫁给他的，现在他终于答应离婚了，我说你赶紧把字签了，我这一生都不想再见到你！"

王先生赖着不动，我开始用心理学的方法来调整女方的情绪。

这位妻子把多年的憋屈都倒出来了。她说丈夫是个"奇葩"葛朗台，他俩从恋爱结婚到现在两年多，一直都是AA制，他真的是一颗瓜子都舍不得给她买，坐公交都只坐没空调的，有空调的他嫌贵，眼看着她渴得喉咙都冒烟儿了，也舍不得给她买瓶水。

其实她在恋爱的时候就想分手，但是发现怀孕了，而且医生说她是幼稚型子宫，很难怀孕，于是硬着头皮和他结婚了。结婚后妻子立马后悔了，因为结婚当晚王先生就问她手里还有多少钱、有没有私房钱，还把她的支付宝和他的手机捆绑，只要她一买东西，王先生收到信息就会打电话来质问。每个月她的信用卡账单都会被逐条审查；和外人一起吃饭，王先生从不主动付款，无奈，妻子只好主动埋单，对此他居然也心安理得！

过年前妻子逗他："能不能送我一个小礼物？"他居然说可以，但是从年前到年后，情人节过去了，妇女节也过去了，盼星星，盼月亮，妻子一个礼物都没等到！

妻子和他吵架后第三天，王先生终于给她送了一个礼物——一个小布包。后来妻子才知道，买这个包才花了五块钱，是店主清货十块钱卖的，他和店主讲价讲了半个多小时，店主气愤地说不要钱给你算了，他倒是很大方地付了人家五块钱买了回来。前几天妻子发现这个包开了个口子，他拿出针线耐心无比地缝啊缝，妻子气得当场把包从窗户扔了出去，朝他嘶吼道："缝什么缝，我自己去外面买！"

坐完月子后，妻子即忍无可忍提出了离婚。

安抚完女方的情绪后，我再收集了丈夫的一些成长资料。从心理角度来说，可能是丈夫的原生家庭或者父母经历过严重的饥荒、贫困，导致他也受到了这方面的影响。

丈夫的父母都经历了20世纪60年代的大饥荒，平时节省得有点过分，家里的热水瓶用了二十多年了还在用；菜变馊了也不会扔，热热吃掉；一个盆用来洗衣服、刷鞋、涮拖把、洗菜、泡菜，两个老人几乎天天吃萝卜白菜，减少每一分钱的支出。

做了较为全面的了解与评估后，我给他们做了一些科普，并且向他们推荐了个人心理治疗（认知行为治疗）+婚姻治疗的联合治疗，丈夫没吭声，估计在想"又要花钱了"吧。

女方恨恨地瞪了他几眼，说："他这种铁公鸡，怎么可能舍得花一分钱做心理咨询？得让太阳打西边出来！他肯去做咨询，我也不奉陪！给你几个月时间改，不再那么抠门了就过，再这么抠，你去找别人过吧！"说完，拂袖而去。

我看了一下愁眉苦脸的王先生，告诉他："我给你推荐的提供心理治疗的机构都是正规公立医院，可以刷医保卡的。"

他睁大眼睛说："啊，这样啊！"

想了一会儿，他又问："老师，我自己改行不行？"

我说："当然可以啊，你有这个意识就很好了。不过，要是有个专业心理老师指导的话，会快很多。有些问题你们自己处理要好几年，但如果老师水平过硬的话，可能几个月或者几次咨询的效果就抵得上你几年

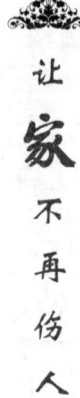

的自我调整。这样在时间上、精力上的成本算下来，其实比你自己慢慢调整要划算。"

他点点头，悻悻地走了。

这种过度的节省，俗话又称"抠门儿"，其实也是一种强迫行为。从深层心理学来分析，是因为内心对未来的不确定有较多的不安全感，迫使自己不断地积累金钱，减少支出，甚至停止消费。

咨询感言：一个人重视什么，就得到什么，不重视的，自然易离你而去。你重视钱，你会得到钱或积攒可观的财富，但过于节俭，爱人感受到的就是在你眼里，钱比人重要，结局自然是人走了，钱可能也留不下。

我们居家过日子，不能花钱如流水，但也不能过度节省，你对婚姻抠门儿，婚姻也会对你关上门。就像案例中的王先生一样，抠门儿到极致，付出的代价更大——要弥补婚姻的不顺、人际关系的不良，等等，所要花费的时间、金钱和精力有时候是没法用钱来衡量的。尤其是对下一代人格的影响更大，搞不好会赔上孩子的终身幸福，这个损失无法考量。

而这个世界上有些人眼里全是钱，以至于看不到对婚姻家庭破裂、人际关系不良所要付出的时间、金钱与精力的代价——这些关系的价值难道小于省下的那几个"小铜板"吗？

2017年3月21日，世界最老的亿万富翁戴维·洛克菲勒逝世。他生前接受《福布斯》杂志采访时曾说："我的人生非常精彩……我相信，物质很大程度上可以让一个人过得快乐。不过，如果你没有好友和重要的亲人，生活会非常空虚和难过，那时物质的东西也不重要了！"

钱和人际关系孰轻孰重，各位读者自己感悟吧！

附：解决方案

14大特质中，强迫特质的人格最为普遍，发生率超过4%。工作狂、过度的洁癖、吝啬等，都可视为"强迫性"行为的表现。强迫特质的人通常对自己的要求很高、克制力超强，他们具有对事件的过高的责任感，唯恐失职，有过高的使命感、内疚感与罪恶感。在道德与伦理问题上也不灵活，循规蹈矩。

一定程度的强迫特质对工作、对社会适应是非常有利的，有时甚至是必需的，倘若过度强迫，例如牺牲健康、牺牲家庭、牺牲人际关系，就有可能因此付出巨大的代价，需要及时调整或寻求专业的帮助。

1. 长程个人心理治疗：与其他特质不同，强迫特质的人通常有一定的自我反省能力，能够意识到自己存在一定的问题，并且愿意接受专业帮助。强迫特质的人通常没什么朋友，乐于把自己掩藏在繁重的工作之中，除了工作之外，几乎没有什么业余爱好。常常为了工作牺牲业余时间与友谊，他们对工作过于认真，甚至占用夜晚和周末的休息时间去工作，很少休息，自律性极强，责任心也很强。

对于强迫特质严重的人的主要调整思路就是让他"放松下来"，不要整天紧绷绷的，让他去发现生活中的乐趣。咨询师应将计就计，鼓励他们把自己的勤奋用到可以帮助他们好转的活动中（如每天定时放松）。正念①冥想、旅游放松、休闲类的活动非常适用于他们。

2. 长程团体心理治疗：在团体中一点一点地松动自己的认知、克服自己的不安全感、逐步改变自己过于紧绷、理性的倾向。

3. 婚姻家庭治疗：如自己的强迫倾向已损害婚姻关系、家庭关系，建议进行专业的婚姻治疗或家庭治疗。

---

① 正念（Mindfulness）这个概念最初源于佛教禅修，是从坐禅、冥想、参悟等发展而来。有目的、有意识地关注和觉察当下的一切，而对当下的一切又都不作任何判断、任何分析、任何反应，只是单纯地觉察它、注意它。后来，正念被发展成了一种系统的心理疗法，即正念疗法，就是以"正念"为基础的心理疗法。正念因为对于人们的心理问题具有很好的疏通作用，"能帮助我们从这种惯性又无知无觉的睡眠状态醒过来，从而能触及生活里自觉与不自觉的所有可能性。"正念疗法并不是一种心理疗法的特称，而是一系列心理疗法的合称，这一系列心理疗法都具有一个共同的特征，那就是以"正念"为方法基础。当前较成熟的正念疗法包括正念减压疗法、正念认知疗法和正念行为疗法。

第九节 冲动特质

冲动特质：冲动特质明显的人通常脾气比较火暴，大部分平时表现很好，循规蹈矩，有些人在朋友中口碑还很不错，但是脾气很大，特别是与人发生摩擦时，容易有阵发性的情绪大爆发，发起火来几乎要"上房揭瓦"，看起来像要毁灭对方的感觉。事后这种人也会后悔，但下次又控制不住、不可遏制。

外人（同事、普通朋友）一般看不出来，这种人常常会在家里当着最亲近的人情绪大爆发，甚至发生家暴，就是人们所说的：最深的伤害来自最亲的人！

案例1：人品好但脾气火暴、爱发飙的丈夫

在我们经手的冲动特质的咨询案例里，不少夫妻间还有比较深的感情，我印象特别深的是一个具备冲动型特质的丈夫。他们是一对儿50多岁的夫妻，过来办理离婚，有人在这位丈夫前面插队，他便跑到前面去向登记员带气儿地质问："怎么让插队的先办？我们排了老半天了，应该我们先办理啊！"这个登记员并不知道他排队在先，硬邦邦地说："他们的证件先交到我手上的，我怎么知道你是排队来的还是插队进来的？"

他一下子像被点着的炸药包，血冲脑门、暴跳如雷、拍桌子咆哮起来，有种靠近他身边即将被撕碎的感觉，所有人都吓得不敢出声，登记员也吓得马上离开办公桌，站到后台扶着眼镜瑟瑟发抖，胆子小的来登记结婚的女孩儿们甚至飞快地跑出大厅，气氛十分紧张。

普通人看到这种情绪大爆发、毁灭性的暴怒无一不被吓退，无论是领导、同事还是其他人，基本都不敢上前干预。但是在现代心理学的情绪调节专业里，有个非常有效的干预技术，叫"支持性谈话技术"，又

第一章 哪些特质易影响婚姻质量

加上我的咨询技术，对情绪激动者有特效，我马上决定出来干预。于是我暂停正在进行的咨询，快步走到办证大厅，来到这个身高接近一米八、虎背熊腰、青筋暴露、发怒的"狮子"跟前。

他整整高了我一个头，我斜仰着头，对视着他喷火的眼睛，用较为缓慢的语速、温和的语音、越来越低的语调（此处为非常重要的非语言[①]情绪调节技术），一字一句缓慢地说："我看到你真的很生气，你生气的原因是被人误解了，因为别人插队了，但是好像在别人眼里却认为你太着急，不讲秩序，所以你的内心感觉很不公平，是吗？"

他一下子气消了很多，但仍非常激动，大声说："你说得对，就是这个意思！好像在你们工作人员眼里，我就是来闹事的一样，我在这里排队一个小时了都没吭声，现在别人插队了，我去质问，还赖我不守秩序。要是个个都像你这么讲理，耐心地听我讲一讲，我会发这么大火吗？"

我继续缓慢地使用情绪调降的谈话技术和他不紧不慢地交流，把他高涨的情绪一步步稳定下来。

这个时候，我看到他的身边还剩下唯一的一个人——头发花白，面容就像隔天了的菜叶子萎靡蜡黄，略显苍老的一个"老太婆"，也就是他的妻子。这个"老太婆"已经哭成泪人，一把拉住我的手，我伸开双手，拥抱着她，她埋头不停地抽泣说："小妹，我太苦了，我真的不知道应该怎么办！他这个人就是这个暴脾气，一不小心就会伤到他的自尊心，在路上开车一言不和就要发飙，但是他为人特别特别地直，也特别特别地好，我和他在一起，犹豫了二十多年啊，现在才鼓起勇气和他分了，可是我内心又放不下——二十多年的感情，我怎么放得下啊！心里真的舍不得他啊，也不放心他！可是跟他过下去吧，我实在受不了他这个脾气啊……小妹啊，我到底应该怎么办啊，我过得好苦，好累啊……"

[①] 非语言沟通（Non-verbal Communication）是相对于语言沟通而言的，是指通过身体动作、体态、语气语调语速、空间距离等方式交流信息、进行沟通的过程。
在情绪调节理论、沟通理论里，非语言的沟通效果占65%，语言的沟通效果占35%。

她丈夫也悲从中来，肩膀开始颤抖，瞬间泪水奔涌而出。他转过身去，以手掩面，趴在墙上不停抹泪。

于是我把他们请到咨询室里，简单评估了他们的感情基础、感情僵化的程度、人格结构、心理基础、安全性、认知水平等各项因素后，做了一次正式的90分钟的婚姻咨询，又预约了后续6~12次的咨询，同时做了一些婚恋心理方面的基础知识的科普，并且教了他们一些相处的方法与注意事项。

对于这种暴怒的情形，解决起来有三个原则：1. 理解；2. 接纳；3. 帮助。

1. 理解他的难处：其实他自己也没法控制，没有谁愿意自己情绪失控。这种情况多与当事人小时候的成长环境、家庭氛围有关，如果可以选择，我相信，没有谁会选择出生在父母关系恶劣、鸡飞狗跳的家庭里。

2. 接纳他暴怒的现状：不要去改变他，万不可指责、蔑视他的情绪大爆发，否则只会加重暴怒，也是对他的一种伤害，他会感觉自己对控制情绪的无能，事后也易陷入愧疚与孤立中，导致夫妻关系疏远。

3. 帮助：和他站在同一战线。暴怒的情绪就像一个一下子膨胀到极限的气球，万不能再有一丁点儿的刺激，否则马上爆破，伤人伤己。我们要用宽容、接纳、理解的心，帮助他一点一点地把气放掉，和他一起掌握应对愤怒情绪的方法，这样既不会伤人伤己，也能增进夫妻的感情。研究发现，在一次次家人尤其是爱人的包容理解与接纳下，爆脾气引爆的频率与程度将会下降。所以，在他暴怒的瞬间，正是最需要你我理解的时候，我们应该留下来，深深地理解他、陪伴他、选择与他共同面对。

送走了他们，我内心十分惋惜，如果这对夫妻能够早一点了解到这些婚姻心理、情绪调节的基础知识，早一点掌握调降情绪的方法，他们不会痛苦这么多年，家庭里的快乐会多一些，婚姻的质量会高一些，孩子们的幸福水平也会高一些。

跟冲动特质明显的人结婚组成家庭，往往他们的爱人内心也是比较矛盾的，常常会感叹相爱容易相处难，双方内心还有感情，但是日子过得心惊胆战。冲动特质的人一旦发起火来，让周围的人都害怕，有些时候，他们还会动手。

冲动发火的次数多了，非常伤害夫妻感情。有很多比较传统保守的爱人选择接受现实，决定宽容、接纳，就这样一辈子过下去，但是建议他们还是掌握一些科学的相处方法，减少对孩子的伤害。

（注：以上情绪调节的方法不可随意模仿，建议在专业人员的评估与指导后使用）

案例2：这样的好妻子还有吗？来几百打，缺货！

有一个个案，这位丈夫人品非常好，很有责任感，很勤奋、孝顺、顾家，为了家人几乎可以赴汤蹈火，但发起脾气来常常怒火冲天，摔砸东西，还偶尔伤人。

结婚前几年，丈夫一发火摔东西，妻子就吓得全身发抖，好多次都跑到外面的酒店或者朋友家去住。妻子的原生家庭非常和睦，一团和气，父母一辈子都没红过脸，她理解不了丈夫为什么动不动暴怒。婚后三年内，丈夫因脾气大爆发一共摔了十多部手机，砸烂了好几台电视机。尽管如此，她一直没有离开他丈夫。

我印象很深的是，这位妻子说："我丈夫这人的人品真的很好，再也难找到这么耿直、对家庭这么负责任的男人，以前我不太理解他，后来看到公公婆婆来我家里住以后，我就理解丈夫了。因为公公婆婆整天吵架，经常发很大的脾气。听我丈夫的弟弟说，小时候父母一吵完架、打完架，他们的妈妈就拿他们兄弟俩儿做出气筒。他们家隔壁邻居有个姑娘叫小丽，和他弟弟是一样大的，小丽常常听到他们兄弟俩儿被妈妈打骂，她都躲在房间里流眼泪。

我想：我丈夫小时候真的过得太不容易了，都不知道他是怎么走到今天的，我来找专业的咨询就是为了看看我们的婚姻到底怎么了，有没

有改进的方法。如果我们还过得下去，但这吵吵闹闹的日子质量太低了，对孩子、对我的身心伤害太大，一定要改进；如果因为各种原因改进不了，那我也想要搞清楚到底是怎么回事，搞清楚他这个性格的规律和原因。我其实内心一直觉得，一个人不会这么凭白无故脾气恶劣的。即使我们分开，夫妻一场，我也希望给他一些有用的建议，免得他后半生的感情路都走不好，因为我也希望他幸福。我不希望我们因为误解、怨恨、关系紧张、对立而分开，第一希望是我们能一起努力改善，实在不行，第二希望才是我们能够相互理解、祝福、友好地分开。这样对所有人，尤其是对孩子才是最负责的。"

我心中暗暗赞叹：这样的好妻子还有吗？来几百打，缺货！

附：解决方案

1. 自我认识与择偶：认识到自己这样的情绪严重影响人际关系尤其是婚姻家庭关系，了解其规律，在交往前即要就这一点和对方坦诚交流，争取得到对方的接纳及理解，也让对方有一定的心理准备，此举还能消除误会。很多没有心理认知的配偶或亲友在没有被科普前，会认为你的情绪爆发是肆无忌惮的发泄，认为是你没有控制好，实际上，如果可以选择，谁不想做一个心平气和的人？

这确实不是靠意志想控制就能控制的。

如果家人和朋友的认识能够深入一点点、专业一点点，那么他们对你的责怪与疏离会减少，耐心与理解会增多。在你勃然大怒的时候，不再刺激你、鄙视你、远离你，而是关心你、心疼你，那么，夫妻感情、亲情友情将会越来越深厚，对家庭里孩子的心理健康也大有裨益，孩子能体会到父母之间深深的包容与理解，并且内化到他的人格中，变成一个宽仁、慈爱之人。

2. 事后补救法：不管什么原因引起的脾气大爆发，基本都会对人际关系产生破坏。如果事情已经发生，尚有一个补救办法，就是事后道歉，争取得到对方的理解，可在一定程度上修复关系，但屡次如此，效果递减。所以，建议还是踏踏实实做心理治疗/心理成长。

3. 长程个人心理治疗与团体心理治疗：冲动特质明显的人大多自尊心非常脆弱而且没有弹性，容易自尊暴怒，一分的刺激可能会引发他七八分甚至十分的暴怒。成功的心理治疗/团体治疗可以帮助你逐步软化一些固有的观念，例如，变得不再那么死要面子，对别人的批评与指责不再那么敏感，让你的自尊变得更有弹性、更健康。

咨询感言：有一段时间，媒体接连爆出几个与情绪大爆发相关的新闻，一是夫妻拌嘴导致意外，二是路怒肇事，三是明星夫妻因情绪问题闹离婚，四是"医闹"（病人家属因悲伤过度及愤恨伤害甚至杀害医务人员），搞得沸沸扬扬，人尽皆知。彼时我去参加一个会议，谈到这些热门事件时，主持人说："情绪不好的人，我们要把他们从朋友名单里剔除掉！大家说对不对？"

台下观众大部分都说："对！"但台下的我听了，觉得既心酸又无奈。

没错，人们都知道情绪失控会造成种种不良后果甚至灾难，达尔文也说：脾气暴躁是人类较为卑劣的天性之一，人要是发脾气就等于在人类进步的阶梯上倒退了一步。我想这个道理谁都懂，可是千百年来，未曾见到认识了这个道理后世人的脾气都变好了。

从脾气暴躁者的内心来说，每次情绪失控后，都会伴随着深深的内疚与自责，也真心地渴望被他人深深理解与接纳，这样，就能获得重生的机会。

但站在普通人的角度来说，原生家庭给你造成这样的伤害，我们深表同情，这不是你的错，但这并不能作为你肆意宣泄情绪的借口，不要把情绪调节的任务交给身边人，希望你多多学习情绪管理的知识与能力，多一些自我成长，不要让这样的情况再延续到下一代！如果有人愿意包容你，是你的幸运，但没人有义务来拯救你、陪伴你。

这些话虽然在理，但倘若你是我的亲人、爱人，对你说这样的话，我又觉得自己过于冷漠，所以，我内心也是矛盾的！

不如，你我都向对方迈进一步吧！你多一份自省与成长，我对你多一份理解与接纳！也许，这个世界就会因此少些怨怼与误解，多些和谐与温暖！

第十节　焦虑特质

抑郁的人活在过去，而焦虑的人活在未来

案例：杞人忧天，想嫁有钱老男人的妻子

有一天，咨询室里进来一对夫妻，双方是大学同学，从恋爱结婚到现在一共7年整。女方一直在流泪，丈夫在一旁小心翼翼地劝她。我坐下来后，听到女方哭诉："我在30岁之前一定要有一套大点儿的房子，没有我就要离婚。"丈夫恳切地说："我都说了30岁有点难，我现在不是在申请调到海外去吗，那样工资会翻一倍多，大概再过两三年我们就可以买一套大点儿的房子，这个事情整天说，我天天和你解释，你怎么不听，你不要这么急嘛！"

女方听不进去，继续哭："不行，我不能再等了，谁知道到时候房价又涨成什么样子！你看我现在连孩子都不敢生，生了孩子怎么养？那么小的房子父母过来帮忙带孩子怎么住？到时候我还不知道能不能工作，我们两家的老人都收入不高，以后他们养老怎么办？我爸妈身体都不好，弟弟做公务员那点钱只能够他自己糊口，我们的孩子以后肯定要到国外去读大学的，你想想，就靠你打工能行吗？我还不如现在趁着年纪还不大，还不到30岁，找一个经济条件好的，老一点的男人也无所谓……"

听到这里，丈夫像泄了气的皮球，蔫了，低头叹了口气，不出声了，一会儿，他把绝望和挫败的目光投向我。

这对夫妻有一套六十多平方米的两居室，双方现在月薪加起来不到三万元，如果丈夫调去海外，双方月收入可以达到五六万元，足够维持一个一线城市中产家庭的运转，甚至还有盈余。可以看出，女方不仅担心房子，还担心票子、孩子、车子，等等。

她的种种表现从专业来讲就是：有比较持久和泛化的内心紧张感与忧虑感，换成大白话就是杞人忧天。很明显，她快要被焦虑淹没了。其实在这样的一线移民城市，30 岁的人别说有个小房子，没有房子的都非常多，但是没房的人也不是个个都焦虑——她的焦虑程度明显高于社会平均水平。

如果焦虑水平太高，但自己又没法调节和应对，只能转嫁给家人。和这样的人结婚，爱人会觉得压力陡增，情形严重的，爱人不是被"烦死"就是被"累死"。

即使焦虑了，但是大部分人选择去面对，就像她的丈夫一样，面对压力想办法解决，迎难而上。这个家庭的丈夫想办法把工作调到海外，增加收入，然后来面对和解决这个焦虑；有些家庭可能会选择丈夫或者妻子去创业或者做销售，去迎接经济上的挑战。而女方代谢不了这些焦虑，也没有想出更好的办法去面对这些挑战，坐在家里干着急，就想着把压力转嫁给爱人承担，结个婚就把自己的命运甚至娘家人的命运全压在男人身上。她想依附经济条件好的男人去解决这个问题，当然也是办法中的一个，但通常我们看到这种依附是要付出自尊、青春或者其他方面甚至是灵魂的代价。

当然，在发展中国家，女人与年长自己很多但经济条件稳定的男人结婚这种现象很常见，也有人成功利用婚姻跃入更高的社会阶层，我们也无权置喙。而对于案例中的这位妻子，我们无法判断她预备走的这条路将会成功还是扑空，但是我们会为她放弃眼前的这份 7 年的感情而惋惜。

当然如果摊开来说，这里还牵涉价值观的问题。有些人认为金钱第一重要，感情和自尊都可以为金钱让位。当人的焦虑水平一直处在较高水平的时候，容易变得功利、短视、浮躁，甚至去走捷径。

当我们感叹社会越来越浮躁，想赚"快钱"的人如此之多的时候，细细观察会发现，这些人通常是焦虑水平偏高的人。

焦虑让他们整天只想着赚钱，而沉不下心来让自己变得值钱。

评估了二人的认知水平以后，我给出了改善建议：咨询的焦点不在于讨论应不应该离婚、要不要过下去，也不关调解和劝和的事，我明确指出女方的焦虑水平较高，并且拿出相关的指标，让她对自己的焦虑有所认识。我告诉她应该先处理自己的焦虑，她的焦虑可能是创伤引起的，也可能是其他原因引起的，暂时不宜做离婚的打算，等她的焦虑水平较为正常时，也就是心比较静的时候，也许看待婚姻和人生的态度就不一样了，到那时候再做决定。

随后我推荐他们去专业的心理科做心理咨询与创伤治疗。

附1：相关标准

请参考中国《精神病学》第 7 版第 171 页。

附2：解决方案

1. 采取行动：例如经济上有压力，就用实际行动（挑战高薪工作、创业或增加自己的核心竞争力等）去迎接挑战，将大目标分解成一个个小目标，一个个落实后得到一个又一个结果，克服一个又一个困难，攀登一个又一个高峰。一般来说，应激性的焦虑就会因此下降。

2. 轻度焦虑的自我调节方法有：正念冥想、休闲、散步散心、旅游、与配偶或好友谈心、推拿按摩、看风趣搞笑节目、喝红茶、午睡、参加宗教仪式活动与慈善活动、播放轻柔舒缓音乐、各种休闲放松方法及温暖幸福的婚姻感情均可有效降低焦虑水平。

另外，补充富含镁离子的食物也有助于降低焦虑，如榛子、南瓜籽等。

3. 寻求专业帮助，如婚姻治疗、夫妻性治疗：大量的研究表明，催产素能够减压，有令人安宁的作用；而稳定幸福的夫妻关系、愉悦的性生活均可促进催产素的分泌，从而舒缓压力。幸福的夫妻相互触碰就会刺激催产素的释放，尤其在性高潮时会释放大量的催产素，催产素可能正是夫妻在做爱之后感到放松和嗜睡的原因之一。

所以，压力越大越需要和谐的夫妻关系，无论是在生理上还是心理上。

4. 降低期望：放下心理包袱，给自己正确的定位，不要设定不现实、望尘莫及的目标，也不要过度负责，例如把家人的命运都包揽在自己身上，否则易把自己往死里逼，严重影响生活质量不说，如果积劳成疾或者影响到夫妻关系、亲子关系，那可就得不偿失了！

5. 个人心理咨询：个人心理咨询可以从两方面入手，一是身心的放松训练，对于弥散性的焦虑比较有效；二是心理分析与支持，分析压力源在哪里（明确目标，并且制定接近目标的切实方案，或者剔除不关键、无价值、不现实的目标），均可在一定程度上从不同的侧面改善焦虑的状态。

咨询感言：确实，在房价高涨、CPI一路高歌猛进的今天，在现实生活中我们常常看到的是"有钱人终成眷属"，而有情人未必能踏上红毯。这让我想到网络上的流行语："何以解忧，唯有暴富"，想必，这也是很多低收入的焦虑者的心声吧。

而对于高收入者呢？我们也看到不少力争上游、艰苦卓绝的奋斗者，除了使命、责任的驱动外，往往他们的内心深处也隐藏着或多或少的焦虑，重者，即使买了房有了车，年入百万元、千万元，焦虑也丝毫不减，依然烦恼纷飞，甚至寝食难安。

"我们常常听人说，人们因工作过度而垮下来，但是实际上十有八九是因为饱受担忧或焦虑的折磨。"我们在咨询中也发现，外部压力并非最重要的因素，而如何应对压力则成为较为关键的问题。这里考验的是一个人的心理弹性，如果对压力产生了过度的焦虑（也称继发性的焦虑），则易被淹没其中，从而乱了方寸。

所以，相比之下，内心的调节显得尤为重要。在相同的压力下、相同的人生起点上，有人被焦虑吞没，心绪大乱而节节败退，有人则迎难而上、从容应对，最终成为人生赢家。

现代神经科学研究发现，完全消灭焦虑不太可能（适当的焦虑有一定的积极作用），与焦虑和平共处倒是有可能的，而正念冥想对于焦虑则有着一定的调节效果。当我们无法改变外部压力时，还有一个办法，就是调节内心的弹性，选择与焦虑共舞。

我们不可能消灭所有问题，更多的时候，我们要带着问题前行，或颠簸，或平稳。

人生，不就是这样吗？

第十一节　指责打压特质

尽管未发现心理教材上有相关标准与资料，但是这个特质必须要讲讲，因为我们在工作中总结发现，差不多有 1/5 的人因为这个原因前来咨询（伴发婚外情、婆媳矛盾、沟通不良等）。而更多的资料也显示，这一特质也严重影响现代婚姻质量，容易导致夫妻的关系疏远甚至破裂。

就我们身边来说，一抓一大把的怨妇，她们的婚姻质量都高不到哪里去，情形严重的，家人跟她生活在一个屋檐下简直是精神上的折磨。而下面这则案例说的却是一位丈夫。

案例1：被四任妻子抛弃的男人

有一次，一对夫妻进来，女方大着肚子，有六七个月身孕的样子。丈夫身形瘦弱，面如刀削。一坐下来，丈夫就不停地指责唠叨女方："你看你吧，人个子也不高，长相也不怎么样，还不爱收拾打扮自己，家境也不好，收入也不高，人也不勤快，跟我生活在一起也没有见你有多少变化，脾气还这么怪……离了婚你找谁去？"

我观察到女方咬紧嘴唇，强忍着一肚子火。

丈夫不断唠叨，女方深呼吸几下，咬牙继续奋笔疾书，快速地填写"离婚申请书"，丈夫叽歪得越多，她写得越快、越决绝。

我也感觉胸中憋闷，实在忍不住了，我想：这个人如果看不到自己说的话很伤人、自己的沟通方式让人难受的话（喜欢打压与贬低别人），婚姻一定会反复出现问题，今天既然来了，我就要给他来一个"点破法"（专业上称之为揭露法）。

我深呼吸两下，坐直了身子，清了清嗓子，像个算命先生一样，直接地和这位丈夫说："李先生，你停一下，我看你这个人，婚姻很容易反复出问题啊！①"

我话音刚落，就看到他脸色不对，青一阵，白一阵，哑火了。

只见这位妻子把笔往桌上一拍，摸着鼓起的肚子仰天大笑："哈哈哈哈，老师，您说得太对了！我就是他的第四任妻子，跟他几个月前才在你们这儿登记结婚的。我现在实在受不了他了！我这儿不好那儿不好，让他找个好女人去吧！您知道吗，他的第二任和第三任妻子都和他过不到一年就分手了，我现在终于知道为什么人家都和他过不下去了！我也要和他离婚，我也不跟他过了！"

这位丈夫有爱指责打压的特点，对别人的缺点与不足特别敏感，不容易看到他人的优点。和这样的人相处，对方会觉得不被欣赏、不被鼓

---

① 此情节为虚构，为艺术表达手法而非专业咨询语言，切勿模仿。

励、处处受挫。如果这个特点没有得到矫正，无论工作还是婚姻家庭关系都容易受挫。

指责的反面是赞美和欣赏。如果追溯他们童年的成长环境，就会知道，其实他们的父母大部分也是爱指责、爱批评的人，很少发自内心地欣赏他们、鼓励他们。

一个人爱指责、抱怨、贬低、打压别人的原因大概有以下十条：

1. 很少得到赞美，成长氛围很苛责。看到父母爱吵架的，儿女长大结婚后也容易吵架，这在我们现代心理学里，有一个非常风趣的命名，叫作"传家宝"——一代传一代。外婆爱唠叨、妈妈爱指责、女儿爱批评，三代人的婚姻都不好，丈夫都是在忍受她们、疏远她们。

2. 心胸狭隘。

3. 只想表扬大事，认为小事不值得表扬。

4. 受到传统儒家思想影响，认为谦虚才是美。

5. 对人有戒心。

6. 和自己价值观不符的就要批评。

7. 在观念中，认为赞美是虚情假意的表现，对人付出要用行动表达（刀子嘴、豆腐心）。

8. 嘴硬、辩驳、指责、贬低已经成为习惯，意识不到他伤害别人。

9. 周围的人很多都是这样的指责打压批评型，例如身处复杂的政治环境、等级森严的环境中、与权威相处的环境中，怕别人受到称赞后飘飘然、翘尾巴、爱表现，在长辈、权威前面显得不礼貌。贾政就是一个典型的形象，在宝玉为大观园题匾额的时候一直用贬低、打压的口气对待宝玉，这与当时的社会环境有关，他担心宝玉被人奉承飘飘然，也担心他在官场吃不开。但是这种打压贬低放到开放、民主、平等的现代社会，就有很多的不适用了，易引起他人的反感。

10. 小时候很少得到过正面的肯定、赞美。自己没有得到过，自然也给不出来，而且也不知道这样的表达会伤害他人。

幸运的是，不管是什么原因引起这种特质，矫正起来还比较容易。所以，如果你是一个喜欢指责别人的人，不要灰心，还是有机会可以改变的。自我调整不行的情况下，寻求高情商的朋友指点或者专业的心理咨询也是很好的途径。

该男在与高情商朋友的长期相处后，慢慢变得宽厚温暖起来，和妻子的关系也终于稳定了下来。

咨询感言：他人的鼓励与欣赏对于一颗心灵来说如同阳光和水一样重要，人都需要从对方眼里看到自己的好。而指责打压比没有阳光与水更严重、更恶劣，让对方的那颗心要么快速枯萎，要么快速离去。

有指责打击特质的人容易成为语言暴力者

案例2：怨妇变弃妇

有一天上午快下班了，一名同事急匆匆地跑过来说："哎呀，刚才来了一对夫妻，太'奇葩'了。我让他们下午两点钟等我们上班了再来！"

同事继续心有余悸地自言自语："那个女人简直太'凶残'了，走在她丈夫后面指着他的后背一路开骂。什么话难听骂什么，跟一个骂街的泼妇似的。要是我生活在这样的家庭里，早就疯掉了！"

看来下午咨询室又要上演一部大戏——《语言暴力》。

下午两点，他们果然如约而至。双方年龄都在45岁左右，女方一开口就像放机关枪一样，哒哒哒地骂个不停。她一边说我一边观察，她的两排牙齿长得特别整齐，整齐到可以做牙膏广告代言人，但是只要她一开口，所有人就想躲远点儿，她的怨气与杀伤力堪比"敌敌畏"。

她不停地指责攻击她丈夫，把丈夫和他的祖宗十八代贬得一无是处，语气相当毒辣。这种泼妇功力应该已经练就了几十年，水平已经登峰造极。只见她双手叉腰，骂累了，稍许喘息马上又可以继续。

其实她总体的意思就是：家庭里外都是她在支撑，丈夫从不帮她，丈夫的家庭背景和能力都非常低劣，等等。整个过程中，她竭尽所能地贬低和侮辱丈夫，这真的是我咨询的上千对夫妻里最牙尖嘴利、最"凶残"的一个！

她丈夫倒是比较和气，因为是来做咨询，他不想激化矛盾，同时也考虑是在公共场所，除了有工作人员，还有好多准备领证的新人呢，所以没和妻子当场翻脸，但只要一看到女方张嘴，他就把耳朵"关"起来。最后实在受不了了，他就打开咨询室的门，跑去外面抽烟。

我相信这么多年来，他一定练就了"乾坤大挪移""金钟罩""铁布衫"等神功，否则是挺不到今天的。

这个情形真让人看不下去，我想来个面质法，对女方说："你丈夫这么不好，那什么样的好男人才配得上你？"

无奈我的"火力"不够，她完全没有听进去。看来，她骂人已达到了忘我的境界。

我的脑子都快给她的连珠炮"炸"晕了，话也插不上，心里对她丈夫佩服得五体投地，真不知他这些年是怎么熬过来的！

我只能让她先出去，请她丈夫进来单独聊一下。

丈夫掐灭烟头，淡定地和我娓娓道来。说他妻子一直都是这样，从结婚到现在，可以说对他长期心理虐待，而且谁劝也没有用。他低声吐露心声，说自己一直在忍，却不忍心抛弃她。一来是有感情，毕竟她是两个孩子的妈；二来她离婚后要想再嫁也是很难的。但是现在孩子们都长大了，孩子和自己的父母都支持他俩离婚，想想为了让自己剩下的几十年能过个清静日子，咬咬牙就过来想把手续办了。

说到这里，他眼圈红了。

看得出这位丈夫还是比较重感情的，不到迫不得已是不会离婚的。

这位妻子属于爱指责打压者中非常严重的一种，已经达到语言暴力、心理虐待的程度。

指责特质的形成跟他们小时候的生活环境（原生家庭）密切相关，如果碰到这样的人，你问"小时候你爸爸或妈妈总是批评你，对不对？"十个有九个都会回答"对"，真比算命还准。

中国的文化里有一种批判式教育叫作"不能表扬，怕你骄傲"，很多家庭受用。因此很多人从小就是在批评打压中长大，成年后继承父母的"衣钵"，轻则对周围人或子女进行负激励，比如批评、说教、打压，重则怨天怨地，因为他们的成长环境教会他只盯着别人的缺点，而对别人的优点视而不见。

从心理学的角度来说，这可称为"代际传递"。爱指责的行为及沟通方式会通过父母传递给子女，而子女成年后又会重复父母的模式，继承父母的特质，并把爱指责的特质传递给下一代，因此这是一种恶性传递链。如果一个女儿爱唠叨和批评指责，你会发现她的妈妈也很爱唠叨和批评指责，再往上追溯，她的外婆也是一样。

这种特质会导致几代人的夫妻关系都不好。试想一个天天批评、指责、打压你的人，你怎么可能发自内心地想接近呢？就算不吵架，夫妻关系也会很疏远。在现代社会，一部分人会选择离婚；当然，大部分人还是选择维持婚姻，疏远对方，或者搞点婚外情调剂一下，其实婚姻已经名存实亡了。

咨询感言：所有人都渴望得到他人的欣赏，这是自尊的需要，也是人的本能。若想有幸福的婚姻，切不可违背此原则。

指责打压特质还有一个特点是善于索取

看不到别人的付出、不懂得感恩、一直索取或者根本就不愿意付出的人，他们的婚姻感情也容易出现问题。这类男性有些把妻子当成性欲的对象、保姆、家务机器，或者只对妻子在经济上有投入，在感情上没投入，大男子主义；而这类女性有些对丈夫有很多物质上的索取，比如要丈夫为自己花很多钱、买房、买车、买奢侈品，等等，这些大家都很熟悉，这类案例我们就不再赘述。

下面来说一种精神上的、心理上的索取，这种"索取"听起来陌生，但生活中并不乏这类人。有一个词可以来形容这类人，就是"情感吸血鬼"，例如，总是向别人倾倒心理垃圾，总是抱怨指责打压他人，总是要别人安慰开导他，要求配偶无条件地宠爱自己、容忍自己的情绪不稳定，或要求身边人无条件地帮助自己，等等。一言以蔽之，就是和这类人待在一起累、烦，甚至让人讨厌。

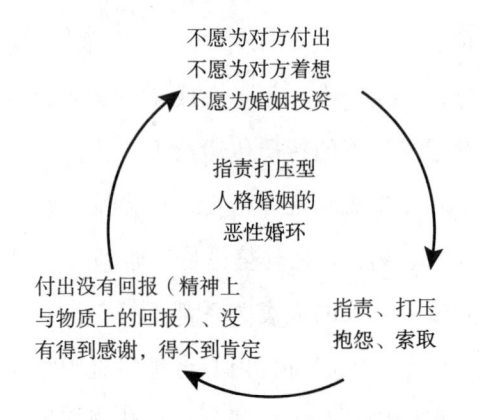

```
         不愿为对方付出
         不愿为对方着想
         不愿为婚姻投资
              ↓
         指责打压型
         人格婚姻的
         恶性婚环

付出没有回报（精神上
与物质上的回报）、没      指责、打压
有得到感谢，得不到肯定   抱怨、索取
```

国外研究发现：人是可以不求回报地做一些事情，但是不能在重要的关系里不求回报。因此人在夫妻关系中是不可能不求回报的。

例如，夫妻间，丈夫的父母住院了，妻子去帮忙，虽然妻子没有要求丈夫立刻回报什么，但是渴望丈夫更加爱她，或者对婚姻、对感情、对家庭更加忠诚。如果妻子的父母有什么事情，妻子自然而然期望丈夫也能够这样做。妻子这样对丈夫，是因为妻子希望在需要丈夫的时候，也能获取他的支持。

在成人的世界里，有不平等的付出、不平等的爱，但很少有无条件的付出、无条件的爱。

案例3："情感吸血鬼"如何变成弃妇

有一次，一个同事和我说："唐老师，我们小区里有一个姐们儿，她

第一章 哪些特质易影响婚姻质量

和丈夫都是二婚,她是离异,她丈夫是丧偶。她命好苦,第一任丈夫对她家暴,第二任丈夫对她又很冷淡,而且还搞婚外情,您说她怎么命这么不好,好可怜!昨天晚上她又打电话和我说到夜里一两点,这个女人的命真的好苦啊!"

我问:"她和你常聊这些家事吗?"她说:"以前在小区也常常会碰面,只是打个招呼,昨天大家都带孩子去游泳,坐在一起聊天,第一次聊到这些。当天晚上她和丈夫吵架,就给我打电话了。"

我猜测这位同事可能碰到"情感吸血鬼"了,这种人常常会是怨妇,或者总以受害者的角色出现,见人就说身边人这个对自己不好,那个对自己不好,要么婚姻不好,要么人际关系出问题了……和这种人相处久了,你会发现,他们大部分是"可怜之人必有可恨之处"。他们的境遇与他们的性格息息相关,只要和这种人相处久一点,就知道他们"命苦"的原因到底在哪儿了。

我就和这个同事说:"你和她多相处几次,再回来说说对她的感觉吧。"

我们的同事、同学或者圈子里的朋友一般多多少少都对心理学感兴趣,所以他们会经常观察身边的人和事。

两个多月后,同事再来找我,睁圆了眼睛说:"哎呦,唐老师,我受不了那个女人了,我终于知道为什么她的两任丈夫都这样。我真佩服她丈夫,要是我跟她住在一个屋檐下,一个星期我都待不下去!她就像个祥林嫂,一个典型的怨妇,我都快被她烦死了!我现在见到她就想躲,QQ上我已经屏蔽她的信息了,微信我也不回,真想"拉黑"她——她整天就说她丈夫和婆家这不好、那不好,有几个晚上12点多了,还给我打电话,整天抱怨那一堆破事儿——一次两次还好,谁知道没完没了,我还要睡觉啊,她也不考虑别人晚上要不要休息,第二天要不要上班。我哪能像她,不用上班也有人养。本来我确实是想帮她,但是她整天发牢骚,从我认识她到现在,从来没有听她说过她丈夫和孩子一句好话,

不停地说她丈夫怎么冷落她、脾气暴躁，老实说，我觉得她丈夫够对得起她了，她离婚带个孩子，从来不工作，前年她丈夫专门给她的大儿子买了一处学区房，六百多万元啊！你说说现在哪个男人会不仅养你，还帮你养前夫的孩子，帮你买学区房？她丈夫我也认识，为人很不错，自从和她结婚后，说话越来越少了，这样一个好男人怎么这么倒霉，娶了这样的女人……"

说着说着，同事竟然自动站到她出轨的丈夫那边去了。

我笑笑说："你看你跟她待一起，也快变怨妇了，叽里呱啦说这么多！对于这种人你想说点什么？"

她气呼呼地想都没想，说："可怜之人必有可恨之处！"

过了一会儿，她又说："唐老师，您帮我分析分析，为什么我现在这么讨厌她？"

我说："这种人喜欢利用别人来调节她的情绪，她心里不舒服了，就去找别人倾诉、'吐槽'，倾诉完了，她自己心里就不堵了，但她并不会给别人回报，这是一种比较自私的做法。她第一次见到你就不考虑你的感受，向你倾倒这么多情感垃圾，后来又常常半夜三更地打扰你，这种行为说明她把自己的感受放在第一位，把别人的感受都放在后面，她不会想到你需要休息，对你也没有任何歉意或者回报，看不到别人为她付出了时间与心血，说明她没有什么感恩之心。回报别人一般有两种方式，一种是经济上的，一种是精神上的。你和她交往，无论在精神上还是经济上她都没有回报你。你在精神上为她的倾听、疏导、陪伴都需要消耗精力、心血和时间，而在你们的交往中，你一直在付出，她却没有任何回报，甚至连一句感谢的话都没有，更不用说经济上的回报，时间久了，你自然就厌烦了，这是一种正常的反应。这种人对你即使有经济上的回报，可能也只是些小恩小惠，根本弥补不了你消耗的精力和时间，得不偿失，你最终还是要远离。"

如果一方对家庭在精神上或经济上一直付出，但是对方没有感谢、没有回报，甚至没有回应的话，久而久之，这一方的心就凉了或者累积了怨气，这就是为什么很多"怨妇"嫁给谁都会成为"怨妇"的——别人没有动力为她付出。

如果一个人总说他的婚姻如何如何不好，从心理学的角度客观深入地了解后，很可能发现问题就出在他自己身上。

哪些婚姻咨询后效果持久？哪些婚姻还有救？

其实有一个很简单的诀窍，就是要看人，你要看这对夫妻是不是懂得付出，如果是一个懂得为丈夫/妻子付出、看得到别人付出的人，这种人，你给他做咨询才会有比较好的效果。

我所在的婚姻登记处平均一天办理几十对离婚，看看他们的离婚协议，或者听听他们谈一谈他们的感情基础、为彼此付出了多少，总能发现这个规律。

不懂得感恩的夫妻，你帮助了他们，他们的关系可能会暂时缓解，但是长远的效果并不好，还会出现问题，这样的夫妻不容易走远；同等条件下，懂得感恩、懂得为他人考虑的夫妻，做一两次或者几次咨询后，效果就会相对稳定。

当然，我们都知道，没有人想变成祥林嫂，没有人想做一个心理幼稚的人，但对有这种特质的人追溯下去，他们一定或多或少受到了原生家庭的影响，甚至有可能遭遇过或轻或重的心理创伤（多半是长期、慢性的创伤）。

就像《金锁记》里的曹七巧一样，命运给她压迫，她回报给世界敌对；命运给她指责，她回报给世界抱怨；命运给她苦难，她向世界倒苦水。

心中有伤的人，会积压很多情绪：愤怒、抱怨、等等，继而变得爱发牢骚、爱吐苦水，甚至对身边的人实施攻击、语言虐待、心理虐待。不过，这些方式都是"自掘坟墓"式：既破坏了人际关系，又没能得到身边人的理解，对伤口的愈合也没有帮助。因此祥林嫂式的"吐槽"是比较糟糕的排解方法，既破坏人际关系，又对心灵伤口的治疗无益。

不断地吐槽、抱怨，刚开始会使别人产生同情心，三番五次后，别人就无感甚至反感了，再久一点，在家成为弃夫弃妇，在外遭人蔑视与嘲笑——这就是他们命运的脚本。

所以，为了自己和身边人的幸福，还是尽早寻找改善之道。

咨询感言：有人问泰戈尔三个问题：第一，世界上什么最容易？第二，世界上什么最难？第三，世界上什么最伟大？

泰戈尔回答：指责别人最容易，认识自己最难，爱最伟大。

附：解决方案

1. 提高自我认识：认识到自己有这样的特质，并且给身边人带来烦恼或痛苦，损害重要的人际关系，需要寻求亲友的理解与支持，积极寻求专业的帮助，积极地提升自我。

2. 长程个人心理治疗/EMDR创伤治疗：研究发现，指责打压贬低等行为特质多数是后天培养出来的，跟生活环境以及文化或心理创伤有关，所以能够被调整和矫正。临床中常用的方法有"正强化"以及各种行为训练，经过一段时间的专业训练后，这类行为会得到明显改善。

3. 长程团体心理治疗：通常情况下，团体里的成员会不断地给出有利于自我认识与调整的真实反馈，所以说，团体治疗对于指责特质的人的矫正非常有利。

4. 婚姻治疗/家庭治疗：如果自己的这种特质已损害婚姻家庭关系、亲子关系，给周围人带来巨大的烦恼与痛苦，建议进行婚姻治疗/家庭治疗。

5. 自助方法：长期与高情商的朋友相处，刻意改善自己的表达能力与方法。

6. 推荐书籍：指责型人格最适合的书籍为由著名的马歇尔·卢森堡博士所著的《非暴力沟通》，并且要在生活当中刻意练习使用。

第十二节　焦虑发作

精神与心理异常会影响婚姻家庭关系，并且，有些精神心理异常已被社会大众熟知，如抑郁症等；但有些类型则很陌生，例如双相障碍发作、精神分裂症、各种成瘾症，等等。

下面我来说一个社会大众不是很熟悉、容易误解，但又非常常见的心理异常：广泛性焦虑+性成瘾症。

案例：找小姐成瘾的二婚丈夫

有一天，朋友介绍了一对特别"高颜值"的夫妻过来咨询，丈夫是某市科技园区一家IT公司的创始人，身高一米八，女方是企业高管，一米七，双方都是二婚，结婚才一年半。

女方先来到咨询室里，用极其厌恶的口气和我说：他（丈夫）找"小姐"上瘾，到什么程度呢——中午12点至2点这个空当都要出去找"小姐"，她已经受不了了，觉得他太脏、太龌龊了，想离婚，并且说丈夫脾气也很不好，很容易激动，很容易发脾气。

女方一边叹气一边说："我怎么运气这么不好，第一次婚姻，前夫是大学同学，前两年我们俩赌气离了婚，当时我还年轻，一怄气就离了。离婚后我想自己条件这么好，要找一个更好的，就去网上找，没想到在二手婚姻市场'淘'到这样的次品，现在肠子都悔青了！"

这是她的原话。

我说："谁没儿点毛病啊？有毛病没关系，大部分毛病是可以'修理'的，我们正是专业搞'婚姻修理'的。如果不是有点瑕疵，你丈夫各方面条件这么优秀，怎么会落到二手婚姻市场里，还在网上等着你来捡呢？你看你的第一段婚姻其实稍微'修理'一下就好了，当时你冲动离婚，现在后悔了吧？这次不要这么冲动又离了，先让我们'检修检

修',找找问题所在再做决定吧。"

既然是朋友介绍的,我就直来直去了。

老实说,在我们这种心理知识普及度不高的发展中国家,往往下定决心能坚持做婚姻咨询以及心理咨询的,通常都是那些在婚恋感情上屡次碰壁的人,这些人曾经为失败的婚姻和感情付出过巨大的代价,他们已经有了这方面的意识,也做好了心理准备,愿意付出一定的时间和精力'修缮'自己的感情。

而在婚姻感情上吃过的苦头、栽过的跟头不多的人,大多喜欢观望、喜欢拖延,往往改善的动力不足。

我让丈夫单独进来咨询,丈夫反映:自己不但有这方面的苦恼,在人际关系上也有很大的问题,总是容易发火,脾气很不好,情绪容易激动,别人多说几句话,他就不耐烦,晚上睡眠也不怎么好,入睡困难,总是心烦意乱,现在和股东、和妻子的关系都十分紧张。

其实他从第一次离婚后就一直不停地参加各种身心灵、心理方面五花八门的培训课程,前前后后一共花费了几十万元。参加课程的时候感觉效果很好,课程结束后就又"打回原形"。躯体上也比较频繁地感受到濒死感——感觉胸口闷,喘不过气来,还为此去了两次西藏。

我和他交流的时候,发现他一会儿皱眉,一会儿叹气,呼吸也很短促,他说这样的状态已经持续了好多年。

我假设他是广泛性焦虑伴性成瘾,让他做了简单的量表测试,显示焦虑度偏高。最后他接受我的建议:一边在精神科医生那里接受药物治疗(调节焦虑),一边去所在城市的计生中心做性心理治疗,还要坚持做心理咨询,慢慢地修复婚姻关系、人际关系。

半年后,他各方面的状况得到了明显的改善,第二年,这对夫妻还生了一个女儿,公司也盈利丰厚,夫妻俩都非常高兴。

说到性成瘾,很容易让人联想起《红楼梦》里可悲可叹的贾瑞,可惜他生在古代,不受大脑控制的欲望葬送了他的性命,若是生在现代,也许会有不一样的结局。

焦虑症是一个共病率非常高的疾病，有 2/3 的概率会伴发其他疾病，焦虑症和抑郁症几乎是孪生兄弟，有焦虑症的人往往也有抑郁症，有抑郁症的人往往也很容易有焦虑症。其他还会伴发社交焦虑、强迫障碍等。患焦虑症时间长了，身体容易出现胃肠道疾病、高血压、糖尿病等。

焦虑症的发病率在 1.9%~5.1%，在一线城市里很常见。而且焦虑患者中有部分人通常是企业家、私营业主、创客、销售员等。

一位刚刚摆脱焦虑困扰并把企业扭亏为盈的企业家一脸轻松地和我说："人的焦虑一高啊，特麻烦，本来要做十件事情，一焦虑了，心静不下来，A 事做到三成，又担心 B 事了，去搞搞 B 事，做到四成，又焦虑 C 事了，C 事还没搞好，又着急其他事情了……静不下心做好哪怕一件事情，结果十件事情一个都没做好。这个项目黄了，结果没有拿到，因为这个结果没有拿到，没有成绩，又影响下一个项目，陷入恶性循环。工作不好，心情也不好，同事和妻子说你摆着个臭脸，和他们关系也不好了，关系不好，更心烦，更没耐心做事……哎，运气几年都不好！"

"但这焦虑要是一低了呢，人一放松了，我就不着急了，该开会开会、该画图画图、该打字打字，心平气和地把十件事情不声不响全做完了。项目成了，结果就拿到了，然后人家看你活儿干得好，又有新的合作机会，拿到新的项目，公司业绩就蒸蒸日上了，压力也小了，心情也好了，回到家里和妻子、孩子关系也好了……就是这么简单！"

附 1：相关标准

根据《美国精神障碍诊断与统计手册》第 5 版（简称 DSM-5）第 106~107 页中，有关广泛性焦虑发作的诊断标准如下：

A. 在至少 6 个月的日子里，对诸多事件或活动（例如工作或学校表现）表现出过分的焦虑和担心（焦虑性期待）。

B. 个体难以控制这种担心。

C. 这种焦虑和担心与下列6种症状中的至少3种有关（在过去6个月中，至少一些症状在多数日子里存在）。

注：儿童只需1项。

1. 坐立不安或感到激动或紧张。

2. 容易疲倦。

3. 注意力难以集中或一片空白。

4. 易怒。

5. 肌肉紧张。

6. 睡眠障碍（难以入睡或保持睡眠状态，或休息不充分、睡眠质量不满意）。

D. 这种焦虑、担心或躯体症状引起有临床意义的痛苦，或导致社交、职业或其他重要功能方面的损害。

E. 这种障碍不能归因于某种物质（例如，滥用的毒品、药物）的生理效应，或其他躯体疾病（如甲状腺功能亢进）。

F. 这种障碍不能用其他精神障碍来更好地解释（例如，像惊恐障碍中的焦虑或担心惊恐发作，像社交焦虑障碍（社交恐怖症）中的负性评价，像强迫症中的被污染或其他强迫思维，像分离焦虑障碍中的与依恋对象的离别，像创伤后应激障碍中的与依恋对象的离别，像创伤后应激障碍中的创伤性事件的提示物，像神经性厌食症中的体重增加，像躯体症状障碍中的躯体不适，像躯体变形障碍中的感到外貌存在瑕疵，像疾病焦虑障碍中的感到有严重的疾病，或像精神分裂症或妄想障碍中的妄想信念的内容）。

附2：解决方案

1. 自我认识与成长：焦虑者一般都伴随内心的痛苦或躯体的不适，所以，大多数人会主动寻找解决之道。

2. 轻度焦虑调节方法有：正念冥想、休闲、散步散心、旅游、与配偶或好友谈心、推拿按摩、看风趣搞笑节目、喝红茶、午睡、参加宗教仪式活动与慈善活动、播放轻柔舒缓的催眠音乐，各种休闲放松方法以及温暖幸福的婚姻感情均可有效降低皮质醇激素水平。另外，补充富含镁离子的食物也有助于降低焦虑，如榛子、南瓜籽等。

如焦虑较为严重，务必在精神科医生的指导下进行专业治疗。

3. 个人心理咨询：个人咨询可以从两方面入手，一是身心的放松训练，对于压力的释放较有利。二是心理分析与支持，均可在一定程度上从不同的侧面改善心理状态。

4. EMDR 创伤治疗：在临床中，很多患者表现出或焦虑、或抑郁、或躯体化障碍等症状，这些都是表层现象，其根源多与心理创伤有关，但这些心理创伤患者自己常常并无意识，未受过心理创伤培训的医生、心理治疗师也意识不到，建议前往专业的创伤治疗师处进行筛查或就诊。

5. 寻求专业帮助如婚姻治疗、夫妻性治疗：大量的研究表明，催产素能减压、有令人安宁的作用，而稳定幸福的夫妻关系、愉悦的性生活均可促进人分泌催产素，从而舒缓人的压力。因为幸福的夫妻相互触碰就会刺激催产素的释放，尤其在性高潮时会释放大量的催产素，催产素可能正是夫妻在做爱之后会感到放松和嗜睡的原因之一。

所以，焦虑越高，越需要和谐的夫妻关系，无论是生理上还是心理上。

6. 以下资料来自卫计委（国家卫生和计划生育委员会）：

研究发现，实际上很多焦虑障碍的患者表现为躯体的不适或者躯体疾病的症状。到综合医院或者其他别的躯体疾病的科室反复就诊，也查不出器质性的变化，在此过程中消耗了医疗服务资源，往往还造成误诊。

所以在日常的工作中要有意识地关注自己的焦虑情绪，并且积极主动地学会一些调适情绪困扰和心理压力的方法，这样能够及早地缓解焦虑情绪，避免产生焦虑障碍的问题。

一切顽固沉重的忧郁和焦虑，足以给各种疾病大开方便之门。

——俄国生理学家　巴甫洛夫

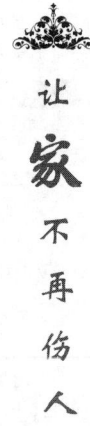

咨询感言：在婚姻咨询门诊、心理门诊可以看到形形色色焦虑的人。大部分的中国人为现实的问题焦虑：买房、结婚、被催婚、性焦虑、考试、升迁、创业压力、婚姻家庭矛盾，等等，还有些人焦虑自己的身份，焦虑自己的阶层。

我们处在一个焦虑的时代，中国改革开放以来的经济发展的速度，在世界经济史上，都是绝无仅有的。中国用了仅30年的时间，完成了西方国家几百年的工业化、都市化的进程，而付出的代价之一，则是公民们负重（焦虑）前行。随着社会竞争的加剧，焦虑正逐渐成为一种普遍的状态，公民们都处在埋头苦干、你追我赶的状态，整个国家要拼命往前跑，具体落实到每一个公司、每一个单位、每一个人都要拼尽全力往前跑，稍微歇息一下，就有可能被落下，公民们都很辛苦，辛苦的同时再加上选择的多样化、社会转型、利益重新分配、价值与信仰的虚空等各种因素的叠加，焦虑就随之而来。[1]

第十三节　抑郁发作

抑郁和婚姻不幸的那些事儿

案例：不离婚我就死给你看

有一天，我连续接待两对夫妻，前后一共三个多小时没有休息，结束后拿起手机一看，发现有个同学拨打我的电话三十多次、发信息二十多条，原来是她的弟媳产后抑郁，歇斯底里地发作，甚至要带着孩子从窗户往下跳。

我同学还是有一定的心理常识的，知道这种急迫的症状要马上送患

---

[1] 来源：中国广播网《中国步入全民焦虑时代 专家称是现代化必经过程》，2011年9月14日。

者去就医而不是找婚姻心理咨询师，但是她的弟媳死活不肯去，认为自己没问题，都是丈夫和婆婆的错；而专业医院也不会来人上门接患者，因此她急得发疯了，就想找我这个唯一的婚姻心理咨询行业的老同学看看有什么办法救急。

最后我找了一个朋友——专科医院的危机干预师一起赶过去帮忙，利用情绪调节的谈话技术，让那位同学的弟媳逐步冷静下来。阻止了她的自杀行为后，我们后续还花了几个月的时间给她做科普，她才接受了自己是抑郁发作的事实，开始一边服药，一边做婚姻心理咨询。

根据相关资料显示，产后抑郁发病率为10%～15%，也就是说一百个产妇，有10～15个会患有产后抑郁，这个比例还是蛮高的。在婚姻登记部门的离婚窗口，这样的案例屡见不鲜。常常见到患有抑郁症的一方指着另一方（通常是丈夫）的鼻子在大厅里呵斥逼迫道："你不签字，我现在就跑出去让车撞死！"

有一天，我一共接待了6对产后抑郁的夫妻，送走她们以后，领导过来找我谈点离婚率的事情，我"吐槽"说今天怎么这么奇怪，碰到6对都是产后抑郁的案例，而且这些人对此也没有认识，只是整天闹离婚，孩子成长在这么恶劣的家庭环境里可怎么办？和严重的边缘特质的人一样让人头痛的地方是这些人如果没有治疗好，再次组建家庭，要是再复发，又将会给新家庭、新的下一代带来痛苦！

领导感叹：要是大众的认识提高些，离婚率至少降一两成！我们能力有限，那就加大宣传与科普吧，尽量帮助更多的人提高认识！

说一说抑郁的药物治疗

过去精神科专科医院例如康宁医院，就诊的患者十分稀少，精神科医院几乎可以说是门可罗雀，患者一去就可以挂到号。这几年社会大众的求助意识持续提升，现在就诊量越来越大，市民经常是半个月、一个月甚至几个月都挂不到号，精神科医生成了"香饽饽"。

前几年碰到家人可能患有产后抑郁的人来咨询，我说你妻子可能有

抑郁倾向，建议去专科医院看一下，他们听到会很不高兴，有些人脸都拉了下来，那时我们提一些专业的建议都要很小心，先要铺垫和试探。现在社会大众对精神卫生的认识提高了不少，我曾接待过一对因女方情绪不稳闹离婚的小夫妻，女方说自己总是很疲惫，而且脑子像生了锈，很迟钝，睡眠紊乱，吃不下东西，心悸，她怀疑是婚姻不好引起身体不适。

我说："你可能有抑郁倾向，应该去医院看一下，吃点药，再结合心理咨询。"

女方马上说："我们上周去了康宁医院，医生确实说我是中度抑郁，买了药，但是我没吃。"

我问："为什么不吃？"

她说了一连串的担心，什么"是药三分毒"怕有副作用啊，怕变笨啊，怕有激素会长胖啊，怕复发、怕依赖啊，等等。

接下来我又向他们科普："第一，抗抑郁药物确实有一些对中枢神经系统的副作用，但经过几十年的研发，目前此类药物的安全性较高，现在技术都比较成熟，副作用微乎其微，即使有一点也在可接受、可承受的范围内。而且药物有很多种类，副作用各不相同，可以和医生商量调整。打个比方，吃药的副作用是1，而不吃药的'副作用'是整天折腾、闹离婚，工作也干不好，家庭关系一团糟，等等，这个'副作用'导致的各方面的损失可能是8，你选择哪一个呢？两害相权取其轻嘛！关于复发，药物只是作用于大脑中神经递质，属于现象学的治疗，确实需要配合有效的心理治疗才会降低复发率。"

看来我们还是要继续科普。

真心希望在各方的努力下，社会大众对药物的认识与接受度越来越高，那么婚姻家庭情感的悲剧又会少一些。只要大众的认识提高，可以说，1/4～1/3 的婚姻问题，使用或者配合药物治疗（生物学治疗）+心理治疗可获得不同程度的改善，吵吵闹闹的夫妻们或许就能过上太平日子,有些婚姻也不至于闹到分崩离析、家破人散。

说一说抑郁者的悲哀

中国有句古语:庸人自扰。其实,这句话也像在嘲笑和歧视抑郁的人,认为他们是自寻烦恼。我经常在心理门诊或者婚姻咨询室里看到没有心理学常识的亲人开导规劝抑郁发作的亲友,不停地讲一堆大道理:"我感觉你这个人就是想太多了,不要去想那么多就好了,开心也是一天,不开心也是一天,再重的担子,笑着也是挑,哭着也是挑,再苦再累也要学会笑一笑!你想开一点就没事了,其实,人只要生活在这个世界上,就有很多的烦恼,痛苦或是快乐取决于你的内心……"

用这些话去劝导抑郁症患者其实非常幼稚!

这些话的潜台词就是在说:你看,我明白这个简单的道理,但是你不明白;我做得到,但是你做不到;是你蠢,才整天沉浸在痛苦中不肯出来!

看到大众对抑郁的认识处于这种水平,我感到很悲哀,这会让抑郁的人感到更加孤独、不被理解。曾经有一位抑郁发作且丈夫有外遇的女士十分痛苦地和我说:"我的朋友们买了很多乱七八糟的不专业的书,例如讲怎么快乐、快乐如何好、如何做一个幸福快乐精致的女人之类的非常肤浅的书给我,让我明白人只要一开心快乐了,就什么都好了,什么事都顺了,丈夫也就回头了。我真的好悲哀!"

我理解她的悲哀。

我说:"我相信你,如果一个人可以选择开心快乐,没有谁会选择抑郁痛苦;如果一个人可以平心静气,没有谁喜欢自寻烦恼;如果一个女人可以温柔如水,没有谁会选择做一只"母老虎";如果一个人可以选择宽容豁达,没有谁会选择心胸狭隘、钻牛角尖、事事想不开!"

她流泪了。

如果仅靠自我意识去控制自己,想快乐就能快乐,那这个世界岂不是太简单了!那为什么还会有那么多人在承受痛苦,那么多人婚姻不幸?

来讲一点点专业

大家都知道抑郁、产后抑郁的"鼎鼎大名",在媒体上也常常见到。这类情况导致的婚姻危机占到了两三成。

抑郁的形成有生理、心理、社会各方面的原因。

在生理上表现为:大脑中的无羟色胺水平偏低,或者某些人天生神经系统的调控功能较弱。

在心理上表现为:抑郁的家庭、抑郁的父母易有较多的负性认知(对人、对事的看法比较负面),这样的家庭里往往人际关系紧张、冲突较多、压力水平较高,孩子也易传承父母的负性认知。

社会方面:较高压力水平的社会环境、工作环境也易诱发抑郁。

我们着重讲跟抑郁相关的婚姻家庭矛盾。

我们看到,有很大一部分婆媳矛盾其实跟产后抑郁有关:媳妇一抑郁,无名火多了,脾气不好了,家庭关系紧张了,心胸也就不开阔了,凡事也想不开了,只觉得公公婆婆很多事情都针对自己,本来婆婆并不重男轻女,但如果自己生的是个女儿,总感觉婆婆想要抱孙子,不喜欢孙女,你说她想多了,她又很委屈。

经常会有人说,他/她变得抑郁,我看就是妻子/丈夫对他/她不好,被这个破婚姻刺激成这样了。这种说法有一定的道理,但不完全正确,如果按照这个推理,那么所有婚姻不幸福的人都会抑郁。

当然不是!

人的心理基础就像屋子的地基,大部分是在小时候打造的,成年以后的这些不顺利,在专业上来说,只是一个个"扳机事件",即诱发因素而已,而抑郁的种子多是在童年埋下的。

卡伦·霍妮指出,童年经历、父母教养关系到基本安全感与信任感的形成,一个人人格不够健康是抑郁发生的基础。

所以,大家的认识要改变。

在我们接手的抑郁导致婚姻矛盾的案例里,我通常都会问:"他/她小时候的成长环境怎么样?"八九成以上的回答都是：不好,父母整天吵架、冷战、父母已分居或离婚,父母不爱他/她、父母很苛责、从小被送养,等等。

在我国,在父母关系不好的家庭里生活的孩子,长大后患抑郁症以及其他心理疾病的比例高达40%~60%。如果把孩子当成一个产品,父母就是孩子的"生产厂家",如果这个厂家是华为公司或者苹果公司,那么产品的质量不会差到哪里去；如果生产厂家是山寨工厂,品质就不好说了。

也就是说你们的夫妻关系、家庭氛围在慢慢制造孩子的心理质量！

因此,为了你的孩子不会走上婚姻与人生的绝路,不会因为心理障碍而沦为社会底层,为了你的孩子将来不要坐在心理医生的椅子上声泪俱下地讲述童年因父母关系恶劣而导致抑郁、轻生的故事,请改善你的婚姻关系、家庭关系！

最后祝愿每个人、每个孩子都有一个幸福的家！愿抑郁远离我们及我们挚爱的亲友！

附1：抑郁症的诊断标准

中国精神障碍分类与诊断标准（CCMD-3）[1] 有关抑郁障碍的诊断标准主要有以下9条：

1. 兴趣丧失、无愉快感。
2. 精力减退或有疲乏感。
3. 精神运动性迟滞或激越。
4. 自我评价过低、自责,或有内疚感。
5. 联想困难或自觉思考能力下降。
6. 反复出现想死的念头或有自杀、自伤行为。

---

[1] 《中国精神障碍分类与诊断标准》（第三版）,中华医学会精神科分会编,山东科学技术出版社。

7. 睡眠障碍，如失眠、早醒，或睡眠过多。

8. 食欲降低或体重明显减轻。

9. 性欲减退。

只要同时满足心境低落和以上任意 4 种症状，并且抑郁症发作持续两周以上，即可能被诊断为抑郁症。请及时寻找专业帮助！

附 2：相关知识及解决方案：

1. 正确认识（以下资料来自武汉市心理医院）：不是只有有自杀倾向的抑郁才叫抑郁，并不是所有的抑郁症患者都有自杀的意念或行为，多数轻中度抑郁患者往往表现为各种不明原因的躯体症状，如果不加以治疗，发展为重度抑郁，才会有少数患者出现自杀的意念或者行为。

在综合医院就诊的抑郁患者有以下特点：多因为各种躯体症状主诉前来就诊，其中，最为常见的主诉有睡眠紊乱、头晕、疼痛、乏力、食欲改变等。有些患者反复就诊于各科室，接受各种检查和治疗，有些则长年接受中医调理，但疗效欠佳。

很多人在婚姻咨询室或婚姻门诊咨询时，会说自己由于婚姻感情不好导致身体不好、胃口不好、睡眠不好，其实从专业角度来说，一般不是婚姻感情不好导致身体情绪不好，而是身体情绪不好导致婚姻感情不好的可能性更高。当您的躯体症状数量≥4 种时，诊断抑郁的敏感性为 76.3%，所以应先去心理门诊进行抑郁的自评筛查，再视情况结合个人心理治疗或婚姻心理治疗。

2. 为什么会得抑郁症？

A. 遗传因素：40%~70% 的患者具有遗传倾向。

B. 生化因素：大脑内的单胺类神经递质如 5 羟色胺水平下降。

C. 心理——社会因素：工作压力大、家庭事件、生活事件等应激因素。

D. 躯体疾病：内分泌疾病、心血管疾病等[①]。

3. 轻度抑郁的调节方法有：正念冥想、休闲、散步散心、旅游、与配偶或好友谈心、倾诉等，如抑郁较为严重，务必在精神科医生的指导下治疗。一线治疗方案为药物合并心理治疗。

4. 个人心理治疗：推荐心身医学科、认知行为治疗、创伤治疗、长程精力动力学等心理治疗方法。

5. EMDR创伤治疗：在临床中，很多患者表现出或焦虑、或抑郁、或躯体化障碍等症状，这些都是表层现象，其根源多与心理创伤有关，但对这些心理创伤，患者自己常常并无意识，未受过心理创伤培训的医生、心理治疗师也意识不到，建议前往专业的创伤治疗师处进行筛查或就诊。

6. 婚姻治疗/家庭治疗：争取得到家人的理解与支持，并让他们与你共同面对心灵的困境。

咨询感言：曾看到一篇文章《刘烨抑郁失眠五年被法国妻子"治愈"》，没错，若说抑郁会让人陷入人间地狱、生不如死的话，那么温暖的家庭关系、夫妻关系则可以带你脱离苦海、告别抑郁、走向幸福！

第十四节　狂躁发作

案例：我那浮躁的"凤凰男"丈夫

一天，一对夫妻来到咨询室，丈夫讲话滔滔不绝，说自己虽然是大专毕业，但是能力不比博士差，还说自己是个经营天才，在一家证券公司做项目经理，运作的都是几千万元、上亿元的项目，而且自己认识很多有头有脸的"大人物"……

[①] 抑郁障碍防治指南（2006年中华医学会）。

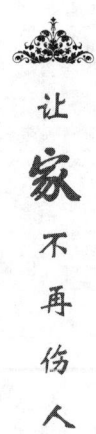

言谈中我发现这位丈夫不断地夸大自我效能感、思维奔逸，每天睡眠五个多小时精力也十分旺盛"自带鸡血"。他说话的语速很快，我都没有办法打断他。

他一边说，我一边观察他的妻子，我看到他虽然说得唾沫横飞，但是他妻子却在一边翻白眼，显得很不耐烦。

此时，丈夫的手机响了，他推门出去接电话。

在这个间隙，他的妻子压低声音偷偷和我说："老师，我丈夫这个人人品有问题，整天吹牛，捣鼓些不着调的东西。刚结婚的一两年还比较本分踏实，从事技术工作，最近一年不知怎么变得越来越浮躁，还搞什么'成功学'，每天像打了鸡血，在外人面前牛哄哄，其实家里连水电费都付不起了，更不要说孩子的奶粉钱了。我都不知道找了多少人劝他，大家都劝他要脚踏实地，好好找一份工作，不要整天瞎想，但是口水都说干了也没用。我担心他这个人的人品有问题，我特别怕孩子的性格会受到他的影响。老师，您也再帮我劝劝他，如果还没用，我想跟他离了算了。"

像这种人怎么办呢？

他妻子真的去找了很多人求助，甚至是"专家"，给她丈夫做思想工作，但是都没有用。

相信很多人看到这种情况，第一反应就是撸上袖子、清清嗓子上去劝他，和他摆事实、讲道理——但是这些方法是无效的。他这是一种典型的燥狂发作，需要服用情绪稳定剂一类的药物才可以帮助他稳定下来，靠调整他浅层的认知（劝和、调解、说教、指导，甚至灌"鸡汤"）是没有用的，因为这是他体内的去甲肾上腺素持续上升——体内神经递质的紊乱——造成他产生一系列的狂躁现象，而狂躁是没有办法靠意识、靠大脑控制的，也没有办法靠说教矫正过来。

有读者会问："他是不是受了什么心理刺激引起体内生化物质紊乱继而狂躁、发白日梦呢？"

形成一种特殊的心理现象，通常是由生理、心理、社会三组因素共同作用而成，每个因素各占多少并不容易区分。

这个案例中的丈夫服药稳定后在我们这里继续做了系统的心理咨询，说起来又是一个让人觉得很悲惨的故事：他出生在一个男尊女卑的家庭里，有两个妹妹，就他一个男孩，到他这里已是三代单传。他的母亲和一个妹妹都有羊癫疯，基本不能工作，另外一个妹妹为了供他上大学，初中就辍学去外面打工赚钱。前两年他的父亲查出患了胃癌……从那以后，他就不对劲儿了，整个人性情大变。

我们从专业的角度不会只简单地和他讲大道理，调整他的行为和认知（教育他应该这样做那样做），一定要深入了解他异常行为背后的各方面原因（生理＋心理＋社会）并且进行专业的调整，方可真正帮助他。

这也是为什么我认为作为一个婚姻家庭咨询师和医生一样，这样的职业，无论是道德还是技术水平都没有天花板，一生都要勤学苦练。掌握世界上最前沿的科学技术是我们职业使命的一部分，不是应该，而是必须！因为，你轻描淡写的一句话、一个小小的知识点即会影响一个人、一个孩子、一对夫妻、一个家庭，甚至一个家族的命运！

附1：诊断标准

根据《美国精神障碍诊断与统计手册》第5版（简称DSM-5）第55~56页中，有关狂躁发作的诊断标准如下：

A. 在持续至少一周的时间内，几乎每一天的大部分时间里有明显异常的、持续性的高涨、扩张或心境易激惹，或异常的、持续性的活动增多或精力旺盛（如有必要住院治疗，则可短于一周）。

B. 在心境障碍、精力旺盛或活动增加的时期内，存在3项（或更多）以下的症状（如果心境仅仅是易激惹，则为4项），并达到显著的程度，且表现出与平常行为相比明显的变化。

1. 自尊心膨胀或夸大。

2. 睡眠的需求减少（例如，仅仅睡了三小时，就感到休息好了）。

3. 比平时更健谈或有持续讲话的压力感。

4. 意念飘忽或主观感受到思维奔逸。

5. 自我报告或被观察到的随境转移（注意力太容易被不重要或无关的外界刺激所吸引）。

6. 有目标的活动增多（工作或上学时的社交或性活动）或精神运动性激越（无目的、无目标的活动）。

7. 过度的参与那些结果痛苦的可能性高的活动（例如，无节制的购物、轻率的性行为、愚蠢的商业投资等）。

C. 这种心境障碍严重到足以导致显著的社交或职业功能的损害，或必须住院以防止伤害自己或他人，或存在精神病性特征。

D. 这种发作不能归因于某种物质（例如，滥用的毒品、药物、其他治疗）的生理效应或其他身体疾病。

若有以上3～4项的症状，请及时寻找专业帮助！

附2：解决方案

1. 宗旨：药物＋心理联合治疗。

2. 心理治疗：推荐心身医学科、婚姻家庭治疗、认知行为治疗、创伤治疗、长程精力动力学等心理治疗方法。

3. EMDR创伤治疗：在临床中，很多患者表现出或焦虑、或抑郁、或躯体化障碍等症状，这些都是表层现象，其根源多与心理创伤有关。但对这些心理创伤，患者自己常常并无意识，未受过心理创伤培训的医生、心理治疗师也意识不到，建议前往专业的创伤治疗师处进行筛查或就诊。

咨询感言：有一次讲课，我把这个案例的前半部分讲完后问台下的听众，像这样的案例大家怎么办？

听课的人里有不少是创客,大家纷纷支招说:"要和他好好讲道理,踏踏实实工作,不要这么浮躁。"

其中,一位文质彬彬的男士站起来十分心痛地说:"老师,再劝劝他的妻子,再给他一次机会吧,我觉得他很不容易,他一定是很想成功,想承担更多的责任。表面上看他在吹牛,实际上他是在维护他的自尊,他变成这样也不是自己愿意的,我觉得他应该是压力太大了,再相信他一次吧!"

听后,大家唏嘘不已,不少听众纷纷觉得如果自己是咨询师,会建议妻子再给这位丈夫一些机会,多去理解他、开导他、帮助他,不要放弃他、不要离开他。

我也非常感动。现代婚姻中不乏能够深深理解、包容对方、站到对方的立场为对方着想的爱人,但是,如果这么努力,还不能经营好婚姻的时候,或许专业的力量可以帮助到你!

第十五节　小结与声明

第一,本章节相关标准请参考:

1. 美国《精神障碍诊断与统计手册》——DSM-5。

2. 《精神病学》第7版。

3. 《ICD-10精神与行为障碍分类》。

4. 《中国精神障碍分类与诊断标准 第三版 CCMD 3》。

第二,科学研究发现,有特殊性的一面并不会引起婚姻矛盾,关键是能够找到接受自己的人,只要对方理解、接纳,一样会有高质量的婚姻。就像抑郁敏感的林黛玉,她的小性儿在深爱她、包容她的贾宝玉那里根本不是事儿。

因此我在解决方案中有时候会写上:建议找一个爱你、包容你、理解你的人,对方无条件的宽容与爱会让你逐步变得成熟健康。

爱人是这个世界上最好的心理医生！

我们在咨询中、在生活中也碰到很多一方是"奇葩"性格，但另一半对他们疼爱有加，因此也过得十分幸福的例子，但我想说的是：不管有没有碰到这样的爱人，我们都有必要好好学习心理知识，努力改善自己的人际关系、情绪情感，不断提高自己，让自己变得优秀，来回报爱人对我们的理解、宽容和爱。

第三，不要有"医科大学综合征"。不少人会有这样的现象，学到偏执特质的时候，感觉自己或者爱人好偏执；看到自恋特质的时候，感觉自己或者老妈自恋爆棚；学到依赖特质的时候，感觉自己是个软骨头……这种现象类似"医科大学综合征"——很多医学院的学生学到胆囊炎的时候，会感觉自己的胆囊好像也有点发炎；学到阑尾炎的时候，又感觉自己的阑尾好像也在发炎。

所以，初次接触这些概念，往自己身上联系，有反省能力是件好事，但是由于非专业人士接触的样本量太小，很多尺度把握不准，本来自己是一头犟驴，倔强得不得了，偏执得分都到了9分，但是总觉得自己还蛮通情达理的，认为自己的偏执只有3分；有些人的自恋得分只有3分，但担心自己是不是病得很严重，是不是太臭美、太爱面子、太喜欢装模作样了，因此感觉自己的自恋是9分，担心自己"病"得太重、担心另一半是不是忍自己好久了。

如果真的很想获取这方面较为准确的信息，建议还是找专业人员进行评估、评测，勿轻易标定自己，更不可无端标定他人。

第四，关于改善。由于中国的心理治疗/咨询行业正处在发展期，专业水平、职业伦理等各方面还亟待完善，如果你所在的城市没有好的心理治疗环境，建议去条件较好的城市物色合格的、德艺双馨的治疗师。如果不具备这些条件，建议从人际关系（与家人、亲友的关系）经营开始，一步一个脚印，争取得到家人、朋友的理解，在人际关系中慢慢矫正自己的认知、行为、情绪情感偏差，慢慢磨合。切不可指望什么灵丹妙药一次见效，也不要指望上一堂课、看一本书、听几句话，自己的特质、情绪情感反应模式就得到了矫正，那是不现实的。

有人刚开始咨询就和我说："老师，你把解决方案、方法都告诉我吧，我要改变我的性格！"这样的人做咨询一般效果不会太好。与人的相处能力、沟通能力是一种技能，需要扎扎实实、一句一句地训练。想学会游泳，必须跳进游泳池，没有一个人是在岸上学会了游泳。

记住，踏踏实实地经营人际关系，除此外没有什么捷径可走（心理咨询也是一种人际关系）。

第五，认清性质、改变相处方式。对于不是很严重的特质/情况，我们的建议是：夫妻不是相互改造，而是相互适应。比如你的丈夫不会嘘寒问暖，你想把他改造成一个很高情商的人——一看你皱眉，就知道你需要安慰了，你一不说话，就知道刚才哪句话你不爱听，他马上改说你爱听的……如果你要把他改造成这样才顺心，才能停止挑剔抱怨他，那是工程量很大而且成功率非常低的一件事情，还不如调低你对他的期望，接纳他、适应他就是这个样子，这样更现实。

婚姻家庭矛盾如果能够通过努力改善的，就用努力改善，如果有些确实是不可以改变的，那么调整自己的期望值，扬长避短。

想要改变他人，首先得自己付出、自己改变，然后才有可能得到对方的付出和改变。

比如妻子是一个很情绪化的人，你可以学习如何适应妻子反反复复的情绪，当妻子感觉你在包容理解她的情绪的时候，自然会感受到你的努力与包容，这样才会换来她的付出与改变。

第六，声明：我们讨论的目的是了解人性，而非判断人性，是为了了解他人，而非标定他人。

在中国的文化中缺乏批判性思维，很多问题鲜被直接指出并拿到桌面上来探讨，何况我们讨论的是人的特质，更使我担心这种讨论容易给人贴上"标签"而惹来非议，而且即使在心理行业发达的欧美国

家，心理咨询的主流文化也是资源取向，而非病理取向，所以，我职业伦理的罗盘一直摇摆不定，是否把这些讨论写进本书里也迟迟不能决定。

直到我请教了业内一位德艺双馨的泰斗，他说："关键不在于你说，而在于你说的目的是什么。你说的目的是为了奚落他、标定他，还是帮助他形成正确的自我认识、减少悲剧的发生、让周围的人加深对他的了解、让社会大众有更科学的认知……如果是基于这样目的，当然可以说。"

有了他这句话，我终于下笔了。

人的特质是把双刃剑，像硬币的两面，负面与正面的影响力是均等的。比如偏执的人可能在人际关系上容易出问题，但这种人一旦认准了事业方向，就非常容易成功。英特尔公司创始人、董事会主席格鲁夫曾写过《只有偏执狂才能生存》一书，他指出很多成功的企业家、技术牛人都有偏执的特质，各行各业的顶尖人才，要么有明显的自恋特质，要么有明显的偏执、强迫、表演特质，在快节奏的现代社会，事业的成功往往属于那些有点个性的人。

我们甚至可以说，现代社会的进步、科技的飞速发展、经济的繁荣，大多是这类人的努力而产生的结果。

边缘型、表演、抑郁、躁狂特质者，则有可能用自己的生命为我们奉上各种不朽的艺术作品，例如梵高，例如尼采。

我们无意标定谁，只希望探讨其规律，加以趋避。

例如偏执特质明显的人如果能够及早、正确地认识到这一特质，把偏执的劲头用在工作上获得事业的成功，在择偶时找到一个能够包容自己特殊性的爱人，利用科学的沟通方式、表达方式，削减偏执带来的负面影响，这样的人比起一般人会更容易走向成功、造福社会。

物无美恶，过则为灾。

第七，对关系伤害最大的、排名第一的，不是其中一方或双方有心理偏差，而是已经给身边的人造成痛苦，而自己还没有意识、没有认识、没有愧疚，也不打算改善，这才是让人绝望的。

问题不是问题，不去面对问题，才是最大的问题。

在中国，大部分人刚刚迈入小康生活，心思全都花在搞经济建设上，而在我们的文化中，对婚姻问题的处理也多是逃避、忽视或转移，最后就这样马马虎虎、扫兴无趣地过完一生。很多人即使有意识去寻找专业咨询，也是等婚姻走到尽头才去"抱佛脚"，这样的现象令人既惋惜又心痛。

随着经济水平的提升，个人心理健康、家庭婚姻质量将日益受到人们的重视。想要搞好婚姻家庭情感关系的人越来越多，而现在的解决方法也越来越科学和深入，这是可喜之处，希望社会大众都能从现代科学中受益。

第二章 现代婚姻问题及解决方案

第一节 婚外情及其防治

现代社会婚外情早已不罕见，甚至愈演愈烈，成为一个重要的社会现象。且不说我们周边的熟人，就看媒体接二连三报道的明星"出轨"事件，就知道婚外情有多频发了，有些婚外情甚至非常冲击大众的价值观。我在婚姻登记工作中发现因为婚外情而离婚的夫妻约占离婚数的50%（数据仅限深圳市某区）。

一、婚外情为何如此吸引人

婚外情从宋朝以来，即是个大大的禁忌，而人的特点是越禁忌，越好奇。宋明之后，"存天理，灭人欲"的程朱理学大行其道，婚外情（性）的行为在那种社会环境下，是绝对不被允许的，如被发现会受到严惩。虽然现代社会婚外情数量越来越多，但是在人们的潜意识里，这仍然是个禁忌，在我们的文化中、传统观念里，以及主流价值观里，婚外情还是不被接受的，人们也不接受开放式的婚姻。如果谁"搞"了一个婚外情，自己一般是不会公之于众的，因为会冲击很多人的价值观而遭到批判。

然而婚外情之所以吸引人，是因为它可以大大满足人们被文明压抑下的对性和爱的渴望。性和爱对人的吸引力有时候是致命的，所以，婚外情像春药一样，一谈到这个话题，很多人都比较有兴趣。

几千年来，我国的封建社会奉行一夫一妻多妾制，男人历来过着纳妾嫖娼较为开放的生活，而到了现代社会，封建文化的遗毒、沉渣又时而泛起，男尊女卑的文化潜意识还残留在民间，找"小三""包二奶"等现象即是隐形的、变相的一妻多妾制的男权思想的体现。

我们接触的婚外情案例多如牛毛，尤其是过了情人节、五一假期、十一长假以后，有婚外情问题的夫妻就开始扎堆儿办理离婚或者前来咨询。

我最多一天接待过七对有婚外情问题的夫妻前来咨询，其中大部分（80%以上）是丈夫出轨，妻子是受害者。

婚外情的发生有其社会、伦理、法律、经济、文化、心理等诸多方面因素，本章主要从心理学的角度做一些分析及讨论。

二、婚外情高发家庭及解决方案

1. 夫妻其中一方或双方有心理、沟通、情绪方面的偏差

有这些方面偏差的人，配偶和他/她在一起会感到不舒服甚至痛苦，所以，在现代婚姻里，这种偏差容易影响婚姻质量，使感情越来越冷淡、疏远，直至破裂，继而为婚外情的发生提供了基础。这些方面的案例请参考第一章。

2. 长期分居的夫妻

夫妻长期分居易导致婚外情，这些都是显见的婚外情诱因，不再赘叙。

简易分析及解决方案：长期分居的夫妻，要么感情基础十分牢固，要么关系十分疏远，抑或分居就是分手的前兆。现代社会，夫妻要结束两地分居并不是很难。分居的夫妻中，通常有一方或者双方是回避型依恋[①]性格，或者因为经济、感情原因或其他原因导致分居。回避型依恋

---

① 回避型依恋：由于小时候和抚养者的关系过于疏离，长大后易逃避亲密关系，和爱人要保持一定的心理距离，认为亲密关系使他们失去自由，因而总避免与恋人过于亲密。

性格反而适合分居生活,因为他们不喜欢太过于紧密的关系,不喜欢和人走得太近;而其他原因导致的分居,夫妻应及早沟通,共同商议改善现有状况,保障感情的安全与稳定。

3. 性冷淡或性生活障碍

有近一半以上有婚外情问题的夫妻来咨询是因为丈夫反应妻子性冷淡,尤其在生完孩子以后,妻子把精力全放在照顾孩子上,丈夫向妻子表达爱意,妻子不理解甚至嗤之以鼻,或者双方还有积累的矛盾没有处理,妻子要么推三阻四,要么心不甘情不愿(心因性的性冷淡,而非生理原因引起的性冷淡),丈夫长期在性生活上得不到满足,受挫感很强,有些也没办法开口,离婚又不现实或者离不起,转而去婚外寻找满足,这种现象也较常见。

当然也有其他方面的原因,例如性生活障碍、性欲低下、对方性吸引力下降等,都容易导致婚外情的发生。

国外相关研究显示,平均而言,男性比女性有着更高的性驱力(sex drive),他们比女性体验到更频繁、更强烈的性欲望,通常他们的性活动有着更强烈的动机激励(Vohs et al.,2004)。对年轻人的研究发现,男性有每周体验到37次性欲望的经历,而女性体验到的只有9次(Regan & Atkins,2006,P283)。

简易分析及解决方案:了解及重视对方的性需求,与对方坦诚沟通。大部分的性生活障碍是心因性的而非生理性的,夫妻应从改善二人的感情与沟通着手,才会有比较好的效果。现代生殖科学和性科学已十分发达,可求助专业的性治疗师、婚姻咨询师帮助解决。

4. 孕期出轨

孕期出轨在我工作的婚姻登记处的婚外情咨询案件中占1/3左右。孕期出轨对婚姻的伤害当属最大,也最残忍,对夫妻二人间的信任损伤非常严重。在妻子最脆弱、最需要关心的时候,遭到丈夫的背叛,妻子会觉得自己为家庭的付出非常不值,不但信任完全破灭,而且还易产生无尽的憎恨、不安全感和对人性的绝望，等等。如果要修复孕期出轨的创伤，需要丈夫的配合与加倍的努力做出大量的修复工作。

孕期出轨的原因有夫妻性生活的间断、女方性吸引力的下降、夫妻情感的变化等多种因素。

孕期出轨的伤害到底有多大？

根据地域文化的不同，孕期出轨对女性产生的心理冲击也不同。例如，在允许一夫多妻的国家，伦理上不存在所谓的丈夫"不忠""出轨"，社会允许男人的这种行为，在理论上这种行为并不会"伤害妻子、背叛妻子"。在这样的社会文化背景下，女性也会相应地淡化丈夫这种行为给自己带来的伤害，情绪反应会小一些，甚至没有反应。而在一夫一妻制的国家，孕期出轨带来的伤害则要视夫妻二人的感情基础、女性的自尊水平、对创伤的敏感度等多种因素而定。

现代女性与传统女性：有些经济与精神独立的女性，丈夫孕期出轨，出了月子二话不说就办理离婚，没有任何商量的余地，这在一线城市非常多见。尤其是夫妻双方都在双职工家庭长大，女方小时候在男女平等的家庭环境中浸染，自尊水平高，较少容忍这种行为。例如，上海、北京一带的现代女性与广东某些地区的传统女性，对孕期出轨的态度相差很远。

而有些传统女性欠缺独立意识，或认同男权思想，或自尊水平较低，或经济能力欠佳，则有可能因各种原因离不了婚或没有勇气离开婚姻。不少女性因此选择隐忍，睁一只眼闭一只眼。但孕期婚外情的发生常常导致夫妻关系疏远，成为陈旧性的创伤，严重影响婚姻质量。

孕期出轨有哪些结局？

有些女性可以宽恕背叛，重新开始生活，有些则不能，还有些虽然内心没办法宽恕，但又不得不把日子过下去，离不了婚，这种是最折磨双方的结局。

总体来说，在现代社会，无论是在发达国家，还是在发展中国家，孕期出轨都会带来严重的婚姻/心理创伤。

简易分析及解决方案：世界知名婚姻治疗师刘婷老师[①]认为，婚姻的两大疑难杂症就是孕期出轨及长年无沟通。普通的婚姻矛盾只要咨询 5~12 次即有明显的效果，甚至完全修复，但是有孕期出轨问题或长年无沟通的夫妻，咨询修复次数要拉长到 20 次甚至更多。

5. 一方高攀，差距太大

有些人在选择伴侣时喜欢追求在家世、外貌或者工作等方面比自己高很多的人，在恋爱时拼命表现，甚至用尽手段，但是"到手"后发现对方不在乎自己的感受，自己在感情上、在关系里虽然一直付出，但是并不入对方的"法眼"，心理上就容易低人一等。这种人由于各种原因有了婚外情后，一般愧疚感也不多。

简易分析及解决方案：公平理论指出，当人们发现自己进入一种不平等关系时，他们会因此而愤怒。所以，不论是获取太多还是备受剥削都意味着不平等，都会引起人们对这种关系的不满（Berscheid and Walster，1969）。

多提升自己的价值，增加与对方各方面的匹配程度，不要一味攀附。婚姻需要现实中的门当户对，更需要精神上的门当户对。现实中的门当户对让你们走到一起，精神上的门当户对让你们走远、走好。

6. 跟不上对方成长的脚步

常见于中年夫妻。刚开始两个人还门当户对、势均力敌，但之后一方工作持续发展，职位成就或社会地位越来越高（通常是丈夫），另一方因为把中心放在照顾孩子、老人上，事业停滞（通常是妻子），与社会越来越脱节，双方在家庭中的地位越来越不平等，共同语言越来越少，此时对家庭经济贡献较多的一方易产生不平衡心理，各种原因叠加，易

---

① 刘婷博士，世界著名婚姻治疗师，在美国从事婚姻治疗 25 年。美国马里兰大学家庭研究所硕士，美国普渡大学婚姻与家族治疗博士。领有婚姻与家族治疗师的临床执照（Licensed Marriage & Family Therapist），也是美国婚姻与家族治疗协会（American Association of Marriage & Family Therapy）核准的临床督导（AAMFT Approved Supervisor）。

促使婚外情的发生。

夫妻俩如果不共同进步，在旧时代婚姻或许还可以继续，但是在现代社会却危险丛生。你会看到丈夫在餐桌上大谈股票基金，妻子则在计算萝卜白菜的价格；丈夫喜欢看美剧，妻子喜欢打麻将；丈夫在谈沃顿商学院的妹子，妻子在谈隔壁老王家的土鸡蛋……共同语言变少、交流沟通变少、感情疏远，然后发生婚外情，这种现象非常多。

解决方案同上。

7. 一方位高权重

部分社会地位较高的人利用权威便利、工作便利发生婚外情，比如领导和下属、教授与学生等，这种情况约占婚外情总数里70%以上的比例。

有些经商家庭需要逢场作戏，特别是生意场上，有人主动投怀送抱就会觉得送上门来的"便宜"不捡白不捡。有时大家会遵守一个"潜规则"，不过多纠缠，不破坏彼此的家庭，这种情况也不少。

对于有外遇的成功商人或官员家庭，当今社会上有时也会出现"小三逼宫"的情况，这里有经济因素，也有情感因素，还有封建的男尊女卑思想在作祟。

简易分析及解决方案：不是所有位高权重或者经商家庭都有婚外情，这与当事人的道德水平、责任心、忠诚度、观念以及夫妻感情基础等多种因素有关。如果是因为夫妻感情不好引发，则需要多多注重夫妻感情的培养，多提升自己的价值，增加与配偶各方面的匹配程度。

8. "妈宝男"／"妈宝女"

有一种案例很常见，就是小夫妻俩本来关系不错，但是自从接了其中一方的父母过来住（或帮忙带孩子）后，双方越来越疏远，最后有一方甚至发生了婚外情。这种情况通常容易发生在"妈宝男"／"妈宝女"的家庭里。

简易分析及解决方案：现代婚姻应该是夫妻感情第一，而"妈宝

男"/"妈宝女"通常把这个顺序搞错了，变成了和父母的关系第一。和父母关系太黏，要么闹出婆媳矛盾、翁婿矛盾，要么导致夫妻关系越来越疏远。夫妻关系一疏远，就容易给婚外情提供基础。情商高的人看到另一半越来越疏远自己，话越来越少，回家越来越晚，性生活越来越不热情，就会感到异常了，多半都会采取积极的措施，例如和对方主动沟通改善、调整家庭关系或寻求专业咨询。

9. 心理年龄幼稚，承担不了责任或者满足不了对方的期望

这种情况有可能是一方的期望过高，也有可能是一方的期望只是社会平均水平，但是另一方的承担力不够。比如妻子希望丈夫为自己买房买车还宠爱自己，这算是比较高的期望，可以说这个期望高出社会平均水平；但如果一个妻子期望丈夫有一份正常稳定的工作，不要拖累家庭，这就是正常的期望。

案例：我可以和你在自行车上哭，但孩子不可以！

有一位妻子，她的父母在她很小的时候离异，使她较没有安全感，特别爱折腾，焦虑水平偏高。她辞去普通文员的工作，跳槽去证券公司里做业务员，拼命工作赚钱，买了两套房。在她的观念里，觉得有了房子才有一定的安全感。而丈夫是一名电工，自我情绪管理有些异常，常常和同事及领导发生冲突，工作也极不稳定，经常换工作，妻子觉得他的职业前景及承担能力有限，对他越来越不满。妻子爱混创业圈，跟一位年长的创客擦出了火花。

发现妻子出轨后，丈夫情绪波动很大，辞工去妻子的公司跟踪她，并且还去妻子的公司闹过一回。

他们在咨询室里吵架，丈夫气愤地说妻子嫌贫爱富。妻子冷冷地说了一句："不是所有的女人都想在宝马车里笑。你现在没有承担家庭的能力可以，但你要么有计划，要么有行动，即使你行动了没有结果，那我也认了，而你现在连一份稳定的工作都没有，两三年了，也没有什么行

动，连个计划都没有。我可以和你在自行车上哭，但是我不能让我的孩子也在自行车上哭。"

虽然一方承担不了自己的期望并不能成为要去搞婚外情的理由，但是这次婚外情确实暴露了夫妻之间积累的很多问题。

简易分析及解决方案：现代婚姻里，如想婚姻幸福顺利，建议把"三观相近"作为择偶"标配"，没有这个基础，婚姻较难幸福，甚至走下去都很难（除非有其他因素维系）。以上案例中的这对"冤家"在择偶时就应该看出双方的价值观（对人生的追求与规划、对金钱的态度）截然不同，双方的结合并不理智，这样的关系即使勉强维系，婚姻质量也堪忧。

这样的婚姻想要改善，丈夫需要提高自己的情绪管理能力，变得更为理性，加速自身成长，承担起应有的责任；女方也需适当调降自己的期望。

10. 夫妻缺乏沟通，导致一方精神出轨，婚外寻找知己

长期沟通不好，夫妻感情易出问题。今天来说一说家庭妇女出轨（精神出轨）的现象。

自从网络聊天工具开始流行以后，家庭妇女在网络上精神出轨的现象多起来，因为"聊天"闹矛盾的夫妻也逐年多起来。例如丈夫常常加班或者长年和丈夫的关系冷淡、疏远，逐步形成"伪单亲"的家庭，当妻子的情感需求、倾诉沟通需求比较大时，通常会觉得空虚无聊，因此轻则在网上向陌生人寄托情感，吐露心声，重则情感把持不住，红杏出墙。

前几年微博比较"火"的时候，有些人在网上暧昧，对其他异性关注度较高，惹得配偶一肚子气。有的丈夫在咨询时抱怨说："你在家里不上班，我辛辛苦苦累死累活养家，你还在微博上、QQ上跟别人打得一片火热，整天抱着手机和别人聊，我能不生气吗？"

最近几年微信又很"火"，就有丈夫抱怨："你发朋友圈，他第一个

点赞，他发朋友圈，你第一个点赞，你以前从来不用美图软件，现在突然变得这么爱臭美，爱自拍，你这不是在搞暧昧是什么？"

妻子则气呼呼地说："我在家里就是'守活寡'，还不让我跟别人有交流，不把我闷死吗？"

女人肉体出轨的也有，但相对来说，愿意搞暧昧的会更多一些，因为如果女性肉体出轨，多半无勇气也无机会（丈夫难以接受）来到咨询室里倾诉。

案例1：妻子网聊被发现，丈夫执意要用离婚"惩罚"她

妻子从事红枣批发生意，婆婆较强势，夫妻二人因为婆婆介入太多经常吵架，伤了感情，一直没有修复。丈夫认为妻子不孝敬婆婆，心里一直有气，他把工作调到外地，周末才回家。

妻子在家里很闷，也找不到合适的途径去排解，于是和一个男客户经常在网上聊天。她在微信里向男客户"吐槽"了对丈夫、对婚姻、对婆婆的不满意，并且还见面吃了一次饭。被丈夫发现后，丈夫觉得自尊受不了，闹到要离婚，想用离婚来"惩罚"妻子，心里才解恨、才平衡。

经咨询后，丈夫意识到自己反应过度，对妻子要求太多，而且疏于对她的关心；妻子也感觉到自己在网上找人倾诉有一定的风险。

案例2：妻子整天把精力花在网络上，不顾家庭和孩子，我好痛苦

有一个朋友的哥哥二婚找了一个小自己10多岁的妻子，婚后才发现二人基本没有共同语言。他自己开公司，妻子在他的公司里上班。妻子喜欢看韩剧、逛淘宝，这倒还好，他都能接受，难以接受的就是妻子沉迷于网络，喜欢在QQ上和微信里与陌生人聊天，常常晚上十一二点还捧着手机和网友聊。好几次他进到卧室里，看到妻子和网友在视频通话，十分生气。说她搞外遇吧，也没有，但是整天把精力都花在网络聊天上，

花在不切实际的肥皂剧上，不做饭，不爱带孩子，自己像长不大的孩子。说到离婚，他又不敢再离了，因为离过一次，所以现在很痛苦。

简易分析及解决方案：人是社会性的动物，需要沟通，需要情感上的互动，这是人之常情，但配偶不可能满足自己所有的精神需求。如果配偶因为各种原因无法满足自己的沟通需求，应当把自己的精神需求转移到对夫妻关系没有损伤的地方，例如向"闺蜜"倾诉、发展健康的兴趣爱好等。另一半也不能以工作为由，忽视配偶的情感需求。

11. 生活环境发生变化

有些人小时候因为条件限制，例如过于贫苦、自卑、被过度打压等，在感情上放不开，非常拘谨，一旦"翻身"后，出于补偿、虚荣等心理，观念逐步松动，行为逐渐变得放浪。也有人因为更换了生活圈，身边的朋友对婚姻的忠诚度与投入度都低，参照对比影响之下，将自己对婚姻的忠诚度与投入度也调低，随波逐流。

案例：自从做了公司采购后，他就夜夜笙歌

李先生在一家公司创办不久后即加入该公司，担任仓库管理的相关工作。公司发展迅速，创办十二年后上市。李先生凭借他的勤勉连连晋升，有幸担任公司的原材料采购，掌握着几千万元的采购业务，十几家供应商对他毕恭毕敬。但自从担任采购后，李先生夜夜笙歌，甚至夜不归宿。妻子曾发现他和KTV小姐搂抱的照片，也曾发现他和供应商的女业务员开房，还发现过他开着供应商借给他的宝马车陪女大学生去购物，妻子感到他完全变了。

妻子是职业女性，经济独立、精神独立，向他提出抗议，他振振有词地说："我为人已经算可以的了，我比他们（指新结交的'朋友们'）对家庭负责任多了。"

妻子无语，感觉他像一个陌生人一样，最为担心的就是害怕他把性病带回家。

简易分析及解决方案： 作为个体的人，其社会性的一面决定了人喜欢与周围的人参照对比，并且保持大致协调。如果身边的人对婚姻的忠诚度都很高、责任心都很强，自己也较容易洁身自好，反之亦然。如果配偶确实发生了较大的变化，有些人自知，有些人则不自知，有些人自知但不愿自醒，请及时提醒，也可请亲人朋友长辈帮忙劝诫，引导另一半走入正途，甚至考虑改变工作及交际环境甚至搬迁。如对方还执迷不悟，可权衡各方利弊，如确实无法继续生活，也无改善可能，痛苦大于幸福，离婚也是一种明智的选择。

有些人确实需要遭遇抛弃甚至屡次被抛弃才能醒来。

12. 对方忠诚度低、用情不专、自己太软弱等

我们不得不承认，这世界上人与人的差距是很大的，柳下惠与西门大官人这两种类型的人不只是在小说中有，在现实生活中也是大有人在。有些人即使被众星捧月，也守身如玉；而有些人，不管跟谁结婚，都很难安定下来，今天沾花、明天惹草。这后一种人一般在婚前就有迹象，在男女关系方面比较开放，或在男女关系上持双重标准，比如婚前就有好几个交往对象，婚后也是一样，和夫妻的感情好坏并无太大关系，天性如此。

案例：想要钱，想做"少奶奶"，还想让我把你当宝供着，现实吗？

妻子生完孩子后，抱怨丈夫待在家的时间越来越少了，闹情绪。咨询时，丈夫一拍桌子，气呼呼地说："你结婚前就已经知道，我天性就是这样。我是爱玩，我是还有其他女人，怎么了？烦死了！我的房子价值都一千多万元，保姆也给你请了三个，你看看你手上的包都一万多块钱，身上的衣服几千块钱一件，还要我怎么样？想要钱，想做'少奶奶'，还想让我把你当宝供着，现实吗？你每天叽叽歪歪烦死了，再吵我就不回家了！"

丈夫的意思是：你想要钱，又想要我一直陪着你，我不想给。

于是妻子就不抱怨了。最后她压低声音、吞吞吐吐地说道:"那你可不可以答应我一个月里至少有一个晚上和我们一起吃饭?"

丈夫的脸色还有些不悦,扭过头去,鼻孔里冷冷哼了一声:"行了行了,一次就一次,我答应你,不要再烦我就行了!"

似乎这样的婚姻在告诉我们:你享了不该享的福,就要受不该受的罪。

这到底是女方判断力弱、眼光不够,还是她的才华与人品配不上她的"阔太"梦,抑或是自己过于贪婪(想要太多)或者过于软弱(离不开)呢?或许都有吧。

简易分析及解决方案:现代婚姻要想幸福,基本的忠诚是必要的。这个世界上有人对感情负责专一,也有人三心二意。如果你的配偶用情不专,或者易把自己的情欲放在第一位,不重视你的感受,我倒觉得你应该自省,也许他/她本来就是那样。可能是你的眼光或者判断力不够,也可能是你过于贪婪或过于软弱,离不开。还是从自身找原因吧,因为我们很难改变他人。

13. 落后观念

(1) 为了传宗接代:在一些观念比较传统、重男轻女的地区常出现这种情况:妻子生了一个女儿或者接连两三个都是女儿,不肯再继续生了或者因为各种原因无法继续生育,有些丈夫为了要一个儿子而搞起了"外室",其中还有些是由于婆家的意愿或要求,他们认为一定要生出一个儿子才算给家族继了香火。我曾听好几个当事人亲口说过:"我一定要生儿子,不能让自己成为断了家族香火的罪人,不然以后哪有脸面对列祖列宗!"听到这种话,现代化城市里的人们可能觉得有些匪夷所思,但是在这些人的心里,这样的观念根深蒂固——不生出儿子来,就无脸见人,家族的香火就此断了。

简易分析及解决方案:没有一个方案适用于所有此类型的家庭。有些传统温顺的女性选择屈从、接受;有些女性比较独立自主,对这种观念和风俗容忍度低，可能会选择离开；还有些女性则较有耐性，给婆家/丈夫慢慢科普，逐步沟通教育，让对方的落后观念慢慢松动。

但不得不说，这种现象随着经济的发展、观念的开放、社会的进步，总体来讲会逐渐变少。

（2）认为结婚就是凑合过日子，婚姻到最后就是亲情：婚姻到最后就只是亲情、结婚就是凑合过日子、家家有本难念的经……这些话其实是在自我催眠、调降对婚姻的期望，也是对美好婚姻绝望后的一种合理化的托词。这些话在过去封闭传统的社会背景下可以用来安慰一下自己，但是在现代社会，还把这些话挂在嘴边，还秉持这样的信念和观点，并且也是这样对待婚姻的话，婚姻经营起来风险就会比较大。随着社会的进步、经济的发展，现代婚姻里只有亲情、责任还不够，还要刻意地经营爱、经营友谊；即使你在婚姻里不需要这些、不追求这些，但并不代表对方不需要这些、不追求这些。

案例：这样的"僵尸婚姻"我过不下去了！

夫妻二人生活十分平淡，丈夫自营企业，妻子是公务员，经济基础较好。妻子在外有了婚外情，被丈夫发现了，丈夫的自尊受不了，闹着要离婚。女方在咨询中吐露：丈夫很传统，大男子主义，认为婚姻就是吃饱穿暖，能打60分就行了，家家户户都是这样过。丈夫跟她也很少沟通，吃完饭就自己看电视，她想和丈夫说说话、沟通交流一下，丈夫眼睛仍是一直盯着电视，没有太多反应，偶尔"嗯""哦"一声。妻子想和丈夫分享一点文学艺术类、生活情趣类的东西，丈夫要么打压，要么盯着手机不吭声或不接话……她越说越气，感觉丈夫对她连基本的礼貌与尊重都没有，用她的话说，就是"僵尸婚姻"。她一想到这种"僵尸婚姻"就很丧气，这一辈子就这样死水一潭地过下去真的不甘心！这样的人生不是她想要的，她感觉自己很孤单，感觉自己快要憋死了，多次和丈夫沟通，丈夫都觉得她多事、无聊。由于她负责孩子的学业，经常去学校，渐渐地和孩子一个同学的爸爸有很多共同语言、聊不完的话题，后来二人发展到相互欣赏，情投意合，最后出轨了。

妻子是一个比较独立的女性，有勇气也有资本挑战传统、追求幸福，她离得起这个婚。她的父母都是大学教师，观念较为开放和民主，认为只要女儿过得幸福就行。还有最关键的一点——父母是她坚强的后盾，可以帮她带孩子，给她的第二段婚姻减轻负担。

我们目前看到更多困在不幸婚姻中的人们是没有勇气也没有经济能力打破枷锁，离不起婚，而且离婚以后孩子的抚养也是很难负担的。而眼前的婚姻又没法改善，对方要么没有意识，要么在婚姻里不作为、不努力，最后自己一边抱怨、一边哀叹，甚至搞起了婚外情，就这样浑浑噩噩地过一生。那些为了有高一点的感情质量而离婚的人，是需要一定的勇气和资本的。

我仔细评估了这位妻子各方面的情况（观念、认知、自尊水平、经济水平等），发现她是一个典型的现代女性，经济与精神独立，不依赖丈夫，自尊水平、认知水平较高，她的父母观念民主而开放，把女儿的幸福放在第一，而不是把传统的"面子"放在第一，她有勇气也有资本挑战传统婚姻。综合评估完以后，我告诉她："你丈夫可以接受这样不痛不痒的婚姻，但你可以告诉他你不接受这样的婚姻。他在婚姻里对情感沟通的需求低，不太追求情感共鸣，但并不代表你不需要这些、不追求这些。婚姻不是一个人做决定，而是两个人做决定。你要正式地和他谈谈，告诉他你不接受僵尸一般的婚姻，假设你对婚姻的期望是 90 分，那么他对婚姻的期望是 60 分，要么两个一起努力调整到 90 分，要么他在某一方面把握绝对的优势，让你能够安安心心、死心塌地把 60 分的婚姻过下去，否则两人至少要一起努力调整到 75 分。如果他不和你一起调整、你也无法让步，那你们的婚姻就要往其他的方向商量了。

简易分析及解决方案：现在社会越来越进步，一般来说，经济基础比较好的人，在婚姻中有精神上的追求是比较常见的。你要和对方开诚

布公地谈，告诉对方你在婚姻里的真实感受，以及你对婚姻更高的期望。如果对方爱你，重视你，会重视你在婚内的感受，会和你一起想办法改进；如果对方并不爱你，不重视你的感受，那么，你要么调降期望、接受现状，要么趁早作其他打算。现代婚姻大多已经解决温饱，我们需要与时俱进，正视对方在婚姻中的各种需求。

让家人过得幸福是成年人的基本责任。

(3) 男权思想，隐形的一夫多妻、一夫多妾制的思想作祟

案例：摆脱男权思想禁锢的女人

夫妻双方都是广东本地人，经营一家中型企业，女方大专文化，男方高中文化。二人自小青梅竹马，在丈夫创业最艰难的时候，女方用自己的工资支持他创业。后来丈夫的事业越来越好，按丈夫的要求，她生完女儿后就辞职在家成为一名家庭主妇。

丈夫是个典型的大男人主义，妻子则是一个被传统文化驯服的典型的贤妻良母，践行着"三从四德"，丈夫不管多晚回家都能吃上煮好的饭菜、热腾腾的汤、切好的水果，随时都有干净平整熨好的衣服，妻子每晚都为他留灯。

因为自己生的是女儿，妻子还学着讨好重男轻女的婆婆。

有钱后，丈夫第一件事情就是去买一辆奔驰车，并开始流连于花街柳巷。妻子的观念较为传统，虽然内心痛苦，但没有勇气叫板（当地的文化里认为离婚是耻辱），多年睁一只眼闭一只眼，直到2012年发现丈夫不再是婚外性，而是发展了稳定的婚外情，并且丈夫和"小三"以男女朋友的名义已经同居在一起半年多。妻子知道后情绪十分激动，找了侦探公司调查，还去"小三"的公司里大闹，并且开始焦虑，彻夜难眠。丈夫知道后竟然气急败坏地说，如果她不吵不闹，日子就这样过下去，如果再闹就离婚。

妻子在咨询了律师关于起诉离婚、重婚取证、财产保全方面的问题

后，六神无主地赶来做个人咨询。

交流中我发现妻子是一位尘封已久、未经世故的家庭主妇，她穿着松散邋遢的居家服和拖鞋，并且有轻微的抑郁，睡眠、情绪都不稳定。

我问她："你老公出轨的对象是什么样的类型？"她流露出深深的怨恨和嫉妒以及羡慕，说："她在一个金融公司里工作，很现代，很会打扮自己，穿的衣服都很有设计感，涂着浅粉色的指甲。她休闲的时候常常穿着露大腿的热裤，感觉好有活力，虽然身材也不是很好，但是穿得很得体……"

她说到对方身材的时候，我不由自主地望向她的腹部，她也低下头去，捏起自己肚皮上的一堆赘肉，然后无奈地笑笑说自己是"土肥圆"。

咨询的目标变来变去，离开婚姻她又十分恐惧，不能面对单身生活，而保全这样的婚姻，她又觉得心不甘、情不愿，有种屈辱感，非常迷茫。

其实很明显在她前面有三条路，一、维持婚姻并想办法改善；二、分开；三、继续"装傻"。但是哪一条路她都没有坚定的信心走下去。

在老家生活的父母、姐妹们都劝她能不离就别离，忍一忍就过去了，她听后一肚子的委屈，更觉得孤单。

有一次，她压制不住情绪，鼓起勇气和丈夫来到婚姻登记处想办理离婚，但是到签字的时候又没了勇气，最后她和丈夫一起来到咨询室。

在这对夫妻的咨询过程中，妻子一直在期期艾艾地控诉这些年来的隐忍，但是丈夫却不停地翻看手机，没有一丁点儿表情，似乎她的这些牺牲是应该的，她为家庭的付出是这么廉价，她的这些情绪都是小题大做。特别是妻子说到孕期就发现丈夫有婚外性而放声痛哭、泪流不止时，丈夫却厌恶地走了。

她的痛苦被丈夫漠视，在丈夫那里似乎她是廉价的，甚至是被厌弃的，这对她感情的伤害是巨大的，尤其是这种痛苦是丈夫带给她的。

她受过高等教育，在传统与现代的观念中徘徊。在这个婚姻中待下去，肯定精神上会受到更多的折磨，因为丈夫完全漠视自己的感受；离

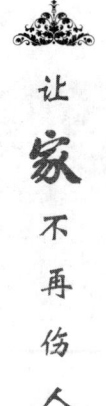

婚，她又没有勇气。她说现在自己已经站在悬崖边上，很恐惧，回头是火坑，跳下去又是万丈深渊……

我拿起两张纸巾捏成小纸团，放在桌沿边，说："这个是你，你现在就在悬崖边上，害怕得两腿发抖"。说完，我伸出手指把纸团推了一下，纸团随即掉到了地上。

我问她："现在你掉到地上了，你感觉怎么样？"

她环顾了一下，说："啊，掉到地上也没怎么样，好像更宽广了，更安全稳当了。"

她似乎明白了什么。

当然，认知上接受一个道理很容易，但是要把这个道理做到，并非一时之功，要克服内心的恐惧，生出勇气面对以后的生活，甚至是脱胎换骨，这不是一天两天的事情。

在之后的咨询里，我给她的建议是：因为你的丈夫是不可控的，谁也不知道他会回头还是变本加厉，不如我们调整为切实可行的咨询目标：让你自己过好，无论是在婚姻内还是婚姻外。等你变好了，再来看看这个婚姻、这种生活是不是你想要的。

这个"改造工程"对于传统的她来说，不是一般的大。重要的不是外显行为的调整，而是她头脑中思想观念的刷新，不打破思想的禁锢，做再多的咨询效果也有限。

而刷新思想观念是目前提高我国婚姻质量最重要、最关键的工作。

这些思想观念的刷新例如：

❖ 把和父母的关系第一改成夫妻关系第一，就能免去或者降低大量的婆媳矛盾、翁婿矛盾。

❖ 从禁欲主义、认为性是羞耻的、忽视对方的性需求走向重视对方的性需求，婚外性的发生概率会降低不少。

❖ 从认为婚姻就是凑合过日子、忽视对方的感受走向重视对方的心理感受，婚姻的满意度会大大提升，婚外情甚至离婚的概率会降低很多。

❖ 认识到被接纳、被鼓励、被欣赏、被认可是每个生命的需要，大量有指责贬低打压特质的人的婚姻质量就会提升。

❖ 从认为对方的情绪、性格、行为偏差是自我意识可控的、不可理解，到理解对方对自己的行为是不自知或不可控，理解对方的难处与成长背景，社会的各种矛盾与纠纷会大大减少……

她说她也在看婚姻关系、两性关系的一些书，我问她是些什么书，她和我说了一些具体书名，但这些书籍虽然贴近生活，却是一些放之四海而皆准的"鸡汤"作品，对读者有没有实质性的帮助尚未可知。我说："这类书分为三个层次，第一层是'鸡汤'类的，第二层是学术类的，第三层是思想类的，你应该读点科普、学术类的书，这样对你的问题能有些实质性的帮助，然后再结合思想类的书籍，帮助你理顺人生。"

我向她推荐了两性关系的著名学术著作：罗兰·米勒的《亲密关系》以及李银河的一些书，她看了以后大受影响，决定踏上自我蜕变的道路。

她重拾自己的专业，开始工作、减肥，她还学习化妆、报了英语兴趣班、交了很多白领朋友并融入她们的生活圈……她的生活开始变得多姿多彩起来，除了外表的美容，也有大量的心理美容。

"折腾"一年后，一个枯萎、卑微的生命变得丰满、鲜活起来。

她传统老旧的婚姻成为新"闺蜜"们的笑料，经济与精神独立的"闺蜜"们嘲笑说她还活在古代，这么老掉牙的婚姻、这么卑微的日子还过什么过？"闺蜜"们也说了一些公道话，说过去的她也太落伍了，穿衣打扮、思想、品位都让人提不起兴趣，别说丈夫会轻视她，其实她自己都不重视自己。虽然她这个丈夫太不像话，但她自身也需要大大升级。

不断地接触到新的人、新的思想，她的人生方向渐渐明朗，她说终于找到了自己，对生活逐渐有了掌控感。回头看看这个大男子主义的丈夫，多年来他一直忽视她的感受与存在，对婚姻没有基本的忠诚，她感觉自己好可笑，这么多年来一直压抑自己的权益与自由，怎么就和这样的一个人过了十几年？

现在她觉得有没有他、有没有这个婚姻也不重要了。

家人看她过得好，也逐渐闭嘴了。

两年后，丈夫对她也另眼相看，他说其实不需要她像保姆一样为他做这做那，只希望她能够和自己聊到一块儿、玩到一块儿。

她重新打量了一下在情感上曾经忽视自己的丈夫：现在她在经济上不需要他，感情上也不需要他，性生活吧，他也可有可无，那这个男人对她的生活还有什么意义？能够让自己的生活更美好还是让自己的精神生活更丰富？好像都没有！

她有时候想，在这一段婚姻里，自己对于丈夫来说，无论是精神上、经济上还是生理上都没有什么吸引力，但他还算比较有责任心，看在她是孩子妈的份儿上，坚守一纸婚约，没有抛弃她——但似乎也不能这么想，因为有些男人就是想"家里红旗不倒，外面彩旗飘飘"，这无关责任心，而是他的如意算盘。

虽然还不能接受丈夫的过错，但是，她可以更客观地看待过去，看待丈夫曾经对自己的忽视与冷漠。

这次，她又来到了咨询室，咨询的目标变成了：我要不要和这个男人共度余生？如果离婚，以后人生怎么过？如果继续下去，怎样去改善这段婚姻？

简易分析及解决方案：由于工作原因，我曾去过一些比较传统的地区做过婚外情的咨询案例，在私人工作室里的收费案例中，我还接过大量的广东某些偏远地区（该地区有深刻的男尊女卑思想）的婚外情咨询案例。有一个朋友在一家互联网公司从事婚姻挽救工作，求助的对象大多是因为婚外情而陷入婚姻危机的当事人，不少受害者（大多数是女性）遭遇婚外情后，没有将矛头指向自己的男人，反而指向第三者，或者把自己的身份降得更低，低到把男人的出轨全部归咎于自己做得不好、不贤惠等，甚至还在不停地讨好出轨的丈夫，让人唏嘘。

最可怕的是，这些男人根本没有感到伤害到妻子，对她们的痛苦麻木不仁，甚至厌烦她们，觉得她们小题大做。因为这些男人认为妻子是自己的附属品而不是一个独立的存在，而且他们身边的朋友也大都如此，男人在外拈花惹草是理所当然的，别人的妻子都睁一只眼闭一只眼，她为什么要求这么多？我没有把女人带回家已经很不错了！

老一辈的女性有些对此默默接受，并且进行合理化地自我安慰：古代男人都有三妻四妾，外面这些莺莺燕燕，就权当是丈夫的"妾"吧，只要他拿钱回家，还把自己当正室，别把其他女人带回家就行了；也有些传统的女性内心无法平息，选择默默吞下这些伤害，可能引起身心疾病（如慢性抑郁、肠胃疾病或者偏头痛等）或者夫妻关系变得疏远冷漠；还有些徘徊在现代与传统之间的女人，这苦果吞不下去，又吐不出来，于是变成心理上的折磨，继而扩散到家庭里，影响到下一代；而典型的现代女性，似乎很难卡在糟糕的婚姻里，要么改善，要么再见。

前几种女性的命运和婚姻表面上看是被所谓的"婚外情""小三"所害，背后的"元凶"实为封建的男尊女卑的思想。她们大多是传统的贤妻良母，嫁鸡随鸡、嫁狗随狗，和丈夫是经济和精神上的依赖与控制的关系，而非平等的合作关系，脖子上还戴着一个"离婚可耻"的枷锁，被封建思想所戕害、禁锢而不自知。或者即使有感知，也跳脱不出来，因为大部分的传统女性人格不够独立，有些女性为了追求社会地位和经济保障而把婚姻作为依靠，而感情因素被她们无意识地自动忽略了。

也有些女性确实是为了感情而结婚，但却没有勇气跳脱出来，毕竟在她们的生存环境中，各种资源大多掌握在男性手里，她们的环境中也鲜有女人跳出这些男权牢笼后还过得鲜活自在的例子，不像发达城市，女性的自我发展机会稍微多一些，社会包容性也强一些。

所以，即使受到家庭成员的虐待、受到丈夫的忽视与伤害、为社会所轻视、受到种种不平等待遇，她们仍选择屈从生活、屈从现实，压抑和阉割自己的人格，做一个符合传统标准的软弱无能的小女人。

在做这些婚姻的咨询的时候，面对着没有女权意识、没有独立能力的她们，在出轨男人前面还唯唯诺诺的她们，我的心是滴血的。

在现阶段的中国，婚姻家庭治疗的工作中，并不主张将所有的女人都往女权、自我解放的道路上引导，而要具体情况具体分析，第一，因为文化的惯性，两千多年的文化镣铐不可能说摘就摘，需要一些外部条件来支撑，例如经济的繁荣、文化的迭代、精神的独立等；第二，男权主义也是很多柔弱、传统、依赖型女人的最佳归宿。

14. 婚内遇到真爱或旧爱

婚姻没有责任不行，光有责任也不够。婚姻里只有责任没有感情、感情与婚姻脱节是大量婚外情的元凶之一。

案例：婚内遇到真爱的我，应该怎么办？

有一个朋友的远房亲戚在北京，他的婚姻特别的"奇葩"。他妻子是一个有些边缘型特质的人，忽冷忽热、脾气很大。他说有几次妻子发起飙来，他被逼得都想往楼下跳，但是他还是坚持维持婚姻，因为他们是青梅竹马一起长大的，在21岁那年，妻子的妈妈因癌症去世，临终前将她女儿的手放在他手上，把女儿交给他，他就觉得怎么样都不能够抛弃妻子。他的工作很特殊，社会地位非常高，但他的观念非常传统，认为婚姻都是要靠"忍"才能够过下去，每次妻子大吵大闹，他都咬紧牙坚持不离婚。他妻子结婚后没有工作过，他的工资、奖金都交给妻子。然而对于他的婚姻，他说过，完全只剩下责任。他出差从来不想家，也不想妻子，觉得离开家更轻松。

这样的家庭、这样低质量的婚姻在我国非常普遍。

这位丈夫毕竟是一个高级知识分子，有意识想过要改善，听过我们的公开课以后，就给我们打过一次咨询电话，想看看有什么办法可以和妻子相处，缓解或者调降妻子的情绪，免得家里整天大吼大叫、鸡飞狗跳，他觉得那样对孩子不好。他了解了情况后说下次来我所在的城市面对面咨询。

过了一年多我们才见面，他和他的哥哥一起来咨询，然而这次来咨询的目标跟一年以前已经不一样了，一年前的咨询目标是想改善和妻子的沟通方式，吵架的时候让妻子的火气小一点，让家庭安宁一点，而今年的情况是他有了婚外情，这段婚外情让他很焦虑，开始重新审视自己的人生意义、婚姻和生活。

他婚外情的对象是他大学时候暗恋的鹿小姐。他和鹿小姐的工作常常有交集，鹿小姐告诉他，其实当时也喜欢他的，还暗示过他好几次，但是他都愣头愣脑地没反应。他一听说鹿小姐当年也是喜欢自己的，感觉肠子都悔青了。他说由于自己当时对感情不懂，人又自卑，觉得自己是小城镇上来的，而她是大城市里的姑娘，不敢表白，不敢抓住机会。而且重要的是这个鹿小姐现在是单身，离婚两年了。他说自从和鹿小姐在一起后，他这才感觉到了爱是什么：每天工作之余，头脑里就会浮现出鹿小姐的身影；他有什么开心或者不开心的事情，第一个想到的就是和她分享；鹿小姐出差，他心里就会牵肠挂肚，他觉得自己真的心甘情愿想为鹿小姐付出。他感觉有了真爱以后，人生变得更有意义，但是这又和他的传统观念相冲突，他非常矛盾，也很痛苦，不能抉择，于是过来咨询。

在咨询中，婚内遇到真爱的情况也很常见，这种情况下，可以说他们发生了婚外情，也可以说是对爱的绝望与渴望，然后陷入两难，一边是责任，一边是天性，婚姻就这样走下去不甘心，和第三者重新组建家庭又有很多现实的困难。他们也担心这一时的迷恋与激情很难使两个人携手走到人生终点。由于各种原因没有勇气再向前一步，他们就此卡在这里动不了。

我问他，你对现在的婚姻打多少分；和鹿小姐在一起打多少分？他

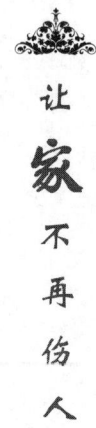

想了想说:"现在的婚姻没有分数,因为我见到我老婆都害怕,都想躲。如果硬是要打分,可能打出来的是负分,因为和她在一起就是精神上的折磨,没有任何精神上的享受。我和她也几乎没有性生活,我对家庭现在只剩下责任,要说爱或者感情,我也只会付出父亲的爱,不会付出丈夫的爱。如果加上孩子,分数会上来。而和鹿小姐在一起的话,90分吧。"

他的哥哥在一旁有些担心地劝诫他:"我们感觉你和她再组成家庭伤筋动骨,第一是伤害到孩子,第二伤害到弟妹,婚姻是契约,要履行责任……"他哥哥还在找各种理由和证据告诉他离婚重新组建家庭代价太大,但我看到悲伤的他似乎没有听进去,他喃喃自语地说:"我知道婚姻是契约,但是爱不是契约啊!"一连串的泪水无声地滚落下来。

简易分析及解决方案:根据社会交换理论(social change)中的相互依赖理论①,我们会发现婚姻痛苦这一个因素并不足以让人做出离婚的决定,促使一个人做决定的通常是经过各方面权衡,发现离开对方以后,可以面对各方面的压力、承担各方面的损失(精神上与经济上都离得起这个婚),或确定单身生活会更好,或有更安全、更好的替代配偶(有更优秀、情投意合并且稳定的第三者)——这也是经济学中的常理。

我建议当事人与妻子进行深度沟通及相关的科普,将自己在婚姻中承受的痛苦坦诚告诉对方,并强烈要求对方与自己一起改善婚姻质量、沟通质量(也许成功率不高,但这是对对方的尊重)。如果在屡次的努力及邀请都无果的情况下,权衡各方面的利弊(经济上、精神上的承受能力、孩子、舆论、替代配偶的安全性与可得性等各种因素)再做出最妥善、最适合自己的决定。

我们目前看到更多的人在婚姻中痛苦不堪,而在精神与经济上又离

---

① 社会交换理论有各种版本,这里使用的是人际关系学家使用最多的、由约翰·蒂博和哈罗德·凯利(John Thibaut & Harold Kelley, 1959;Kelley & Thibaut, 1978)提出的观点——相互依赖理论。

不起婚（没有勇气或没有足够的经济支撑），现有婚姻又没法改善，对方要么没有改善意识，要么在婚姻感情上不作为、不努力，最后自己一边抱怨、一边哀叹或者搞婚外情，就这样浑浑噩噩地过一生。

那些为了有高一点的感情质量而冒着风险冲出"围城"或者一直坚持单身的人，我想他们内心必是有莫大的勇气，敢于面对舆论及各方面的压力，面对亲友的误解，敢于做真实的自己——不误人，不负己。

三、现代婚外情中一些常见的现象及原因

常见现象

1. 经济条件不好的夫妻，妻子有外遇的较多；经济条件比较好的夫妻，丈夫有外遇的较多。

2. 男性出轨一般来说是为了性欲；女性出轨一般是为了感情，动真感情的比较多。

3. 在继发性的婚外情（即之前没有先例）中，有两种情况导致出现婚外情：一是逃避痛苦，比如夫妻关系质量不高，在家里得不到心理的慰藉，生理上也得不到满足，转而向外寻求；二是追求幸福，比如有些人确实在婚外情里得到了心理与生理上的极大满足与愉悦，甚至甘愿顶着压力、冒着风险与第三者重新组建家庭。

4. 现在社会对于婚外情越来越宽容，越来越多的人是从人性的角度去看待和理解，而不再一味地从传统道德的角度去理解。

发生婚外情的原因

1. 道德观的变迁

发生婚外情的人们愧疚感、羞耻感慢慢变少。在咨询中，我们发现，很多人对于自己的婚外情行为会产生轻、中、重不同程度的负罪感，但丝毫没有负罪感、羞耻感的也大有人在。

案例：丈夫性生活混乱还没有羞耻感，到底是我病了，还是社会病了？

这位妻子是卫生系统的公务员，她的丈夫十年前辞职来到沿海城市

做点小生意，但很少寄钱回家，总说生意不好，妻子在内地照顾女儿，几乎是一个人负担女儿的生活和教育，夫妻偶尔团聚。

有人提醒她说，你丈夫一个人在灯红酒绿的沿海城市，你不担心吗？她当时觉得这些提醒很多余，然而有一次女儿放暑假，她陪女儿来丈夫所在的城市住了一段时间，女儿在玩爸爸手机的时候，发现了爸爸的秘密。妻子看了以后几乎昏倒——二三十个女人都和他丈夫发生过关系！她丈夫还带这些女人去不同的国家游玩。她在咨询室说到这里的时候，觉得非常恶心，两手深深地钳住自己的头皮，不停地摇头，甚至用头去撞墙。

发泄完了，她很伤心，两眼发直，愣愣地看着我，问："老师，可以告诉我这是为什么？为什么一个人可以变成这样？为什么这些人没有一点点道德上的愧疚，没有羞耻感？老师，到底是我病了，还是这个社会病了？"

我也很难过，我看着她，问她："假如是你病了，病在哪里？假如是这个社会病了呢？你怎么办？"

她突然哭得像孩子一样，说："我不知道是我病了还是社会病了，我……我……"她哭得说不出话来。

最后，由于她和家人都不解恨，她不同意协议离婚，于是在法院起诉离婚，虽然对方没有什么财产可分，但是她为了宣泄心中的怒火，还是坚持走法律程序，说是要让这个男人的名誉受点损，心里才平衡。

道德是最高的法律，法律是最低的道德。这位妻子选择拿起法律的武器平衡愤怒的内心。从起诉到判决是一条很长的路，后果对己是否有利也未可知。在心理上，建议寻找亲友或专业的咨询师，做一些心理创伤平复的工作，以便更好地面对孩子、面对未来的生活。

道德观的变迁有社会、文化、法律、伦理、生理、心理等原因。在唐朝，婚外恋一度较为盛行，很多人把婚外恋看作一种风尚，社会接纳度较高。而宋明之后，"存天理，灭人欲"的程朱理学大行其道，贞操、忠诚等观念被抬到了制高点，出轨行为在那种社会环境下是绝对不被允许的，如果被发现会被严惩，这种观念一直沿袭至改革开放前。之后婚外情的发生率又开始增加，并且有愈演愈烈的趋势。除了生理与心理因素，凭我们的努力可以做一些调整外，其他方面社会大众较难调整。

我记得婚姻登记处有一次来了个蓬头垢面的中年女性，她丈夫在外包"二奶"，她气得逢人就开骂，说现在社会风气越来越差，为什么社会对"通奸"的男人、对破坏别人婚姻的"二奶""小三"没有任何惩罚？如果她从生理与心理的视角来看待和解决问题的话，事态或者还能够有些转机；而如果要从社会、文化、法律、伦理这些层面来解决的话，其实困难将加大。

2. 社会约束与惩罚降低

婚外情从其行为本身来说，是一种非道德的、蔑视婚姻契约的行为，那为什么还有这么多人对这种行为乐此不疲呢？历史上的非道德主义往往出现在社会大动荡的时代。我们国家目前正处于社会转型期，多种思潮的出现使传统价值观纷纷瓦解，市场经济还没有形成自身的形态，社会也缺乏有力的文化价值支持，加上宗教信仰的缺失，种种因素导致人的行为变得相对无序。

3. 社会流动性与社会约束

过去人们生活在一个流动性较小的圈子，张家长、李家短，大家互相知根知底，一个人发生婚外情，通常会很快在生活圈、朋友圈、社区内扩散，很容易导致他名声受损，损坏他的人际关系，影响他的发展前景；而现代社会流动性增大，社区里人与人之间都是陌生人，约束力很薄弱，一个人如果发生婚外情，需要付出的代价、受到的惩罚太小。如果说婚姻是契约、发生婚外情是违约的话，那现在违约的成本比以前大大降低了。研究发现，经常迁居的人比那些定居扎根的人更容易发生离婚（Magdol & Bessel，2003）、信用问题、婚外情等现象。

4. 态度变化、认识变化

不同时代的人对婚外情的认识、态度与反应不一样，处理的方式也不一样。

> **案例：老爷爷老奶奶和 85 后小夫妻对婚外情的态度天差地别！**

有一对 85 后的小夫妻被父母催婚，结婚一个月后，发现不合适准备分手。去办理离婚的时候，他们后面还跟着一男一女，工作人员问这二位是干什么的，是亲属吗？丈夫把后面女生的腰一搂说，这是我女朋友；妻子把后面男生的手一拉说，这是我男朋友，吓得工作人员眼珠子差点儿掉下来。办完离婚，四人高高兴兴地走出大厅，又变成另外两对新人，各奔东西。

又有一天来了一对儿刚刚过金婚头发花白的老人，老爷爷还拄着拐杖，嘴唇发紫，颤颤巍巍地说要离婚，因为老伴和一个舞伴好上了，太丢人！趁着孩子不注意，他把户口本拿了出来，要和老伴了断，给她自由。老伴委屈地说："我没有做什么出格的事情啊！"老爷爷气得一下把拐杖扔到地上，从兜里掏出一副望远镜来，气愤地说："你想蒙我，没门儿，我什么都看到了！"

这两代人对于婚外情的态度真是天差地别。很多年轻人对婚外情的态度越来越宽容和接纳，而传统观念的人大部分认为婚外情是家丑，并且伴有深深的羞耻感。

5. 男女婚外情结果不一

若丈夫出现婚外情，传统女性通常会容忍或者求助，现代女性则会谋求改善婚姻关系、求助咨询机构或者干脆分手。

若女性出现婚外情，丈夫通常较少求助，较少容忍，选择离婚的居多；我国社会对于女性的婚外情态度更为严厉，容忍度更低。

事实上，在许多国家和地区，也包括在现今中国的大部分地区，在性行为与观念上对男女持双重标准。男人常常"只准州官放火，不许百姓点灯"，自己可以有婚外情/性的行为，但对于女人，婚外情则是绝对的禁忌。

6. 态度更加积极

国内有一位家庭治疗界的泰斗，从 20 世纪 80 年代开始从事婚姻门诊，他有很深的体会。八九十年代，女同志来咨询，会斩钉截铁地说："要是我老公外面有人，我是绝对不能容忍的，无论如何一定要跟他离婚。"到了 21 世纪初，女性来咨询会说："他要是外面有人了，不要让我知道"。而现在的女同胞来咨询会说："他外面有人了，我们想一起咨询一下，看看到底是怎么回事，我们的感情哪里出了问题，有什么可以一起改善的，是不是我也有责任。"

社会和文化的变迁使人们对婚外情的态度也发生了很大的变化，总体来说，是更为积极与接纳了。

四、婚外情暴露了夫妻间哪些问题

1. 婚外情其实在诉说着对爱的绝望与渴望

如果婚姻里没有爱、没有感情、只剩下责任的话，现代婚姻经营起来比几十年前要困难多了。

2. 婚外情暴露了夫妻间没有被满足的需求

人在婚姻里有生理、心理、审美等各方面需求，碰到女性咨客，我们常常会问："他是婚外情还是婚外性啊"？她们会一愣："还分婚外情与婚外性啊？我哪个都接受不了！"

男人出轨是为了寻求生理满足者较为多见，而女性出轨一般是在外寻找情感的慰藉，诸如寻找安慰、关怀、被爱、关心、温暖，等等；也有部分女性在婚外情中寻找经济支持。

有些女强男弱的家庭，丈夫会在外面找各方面条件比妻子差很多的"小鸟依人"型的女孩子，因为在这种关系中才能满足自己男人的自尊。也有一些婆婆很强势，丈夫一直很压抑，于是也找了一个强势的妻子，而发迹后，心理二次发育，开始想尝试做大男人的感觉，于是抛弃强势的妻子，找一个各方面都依赖自己的年轻妻子。

还有一些女强男弱的家庭，女方发生了婚外情，她们对丈夫总是各种不满意，觉得丈夫不上进，想找一个更强有力的肩膀依偎过去，找回做小女人的感觉。

在外寻找知己也常常是为了获得一些在家庭里没有被满足的心理需要，例如宗教、信仰，不能被理解的伤痛、创伤，需要被深深地理解，需要大量的倾听，需要大量的精神陪伴，等等。

所以，我们要正视对方在婚姻里的各种需求。除了肉眼可见的物质上的需求，还要尽量在婚姻的框架内满足对方生理、心理上的各种需求。

3. 大部分婚外情是夫妻感情不好在前，婚外情发生在后

各种原因引起的夫妻关系的疏离均易滋生婚外情，大部分婚外情是婚姻关系本身就不牢固的结果。

比如妻子觉得丈夫把婆婆看得最重，自己在家里被边缘化，而又没有改善的希望，于是慢慢死心，和丈夫的感情也越来越淡，这时如果在外面碰到能够理解和倾听自己的人，就很容易出轨；再比如有的丈夫认为妻子性冷淡，对自己爱搭不理，他提出过要改善的意见，表达过不满，但对方总是没反应，慢慢丈夫也就死心了，一旦在外面遇到更合适的女性，就发展出婚外情了。

所以我们会和当事人说，大部分婚外情夫妻双方都有责任。

家必自毁，而后人毁之。

五、婚外情的三种结局

1. 离婚

在我所了解的某区婚姻登记处办理离婚的业务中，有 50% 是因为婚外情。婚外情对婚姻的打击还是很致命的，尤其是孕期出轨。

女性出轨结局以离婚告终的居多，因为在封建的男权社会中，男性对女性的占有具有排他性，这对当今社会仍有深远的影响。但在同行们私下的交流中也发现，妻子出轨导致一些丈夫开始反省，并且积极挽救与修复婚姻，这一现象也有缓慢增多的趋势。

2. 维持婚姻，纠缠到底

睁一只眼闭一只眼，或者相互折磨，夫妻关系可能疏远或恶化，这是比较传统的人或者老一辈人喜欢采取的方式，熬到老，忍到老，一辈子就过去了。然而屈辱、愤怒的情绪是消化不了的，于是常常翻旧账或者大爆发，最后受到负面影响最大的、为夫妻二人的错误决定埋单的，恐怕就是家庭里的孩子了。

案例：不好的婚姻影响三代人

我去一家婚恋公司里走动，她们有一个40多岁的女会员，离了婚，有些神神叨叨，每次见到我都会和我说很多遍，说他爸爸在30多年前出轨，此后，对妈妈各种看不顺眼、嫌弃她妈妈，有时候还动手。全单位的人都知道。妈妈为了孩子强忍，有时候爆发，有时候父母在家用最恶毒的语言对骂或者对打，大部分时候打完架，爸爸就走人，妈妈待在家里，再把怒火发泄在自己兄妹身上。有几次和爸爸打完架，妈妈连夜出走，几天以后才回来。

我去那个婚恋公司串门3年一共20多次，她像"祥林嫂"一样，见人就说这些事，人们见到都像躲瘟神一样躲着她，每次她和我说这些的时候，我都建议她去找专业的心理咨询，这种要做特殊的深度的心理创伤的治疗，而且要选择受过严格训练的老师才有效果保证。类似这样的人很多，因为童年时候家庭环境恶劣，留下严重的心理创伤，那个时候又离不了婚，父母的关系恶劣，最终孩子埋单，又不知道去找专业的心理咨询，到处干扰别人、成为万人嫌，人际关系、婚姻关系一团糟。

不好的婚姻影响三代人，他们家两姐妹都离婚了、他的弟弟也是和弟媳分居；真不知道已离世多年的父母在九泉之下，看到自己的子女命运如斯、婚姻如斯，是否会生起一丝愧疚？

看到这些现象你会感叹：现在我国这么高的离婚率，与当时那么低

的离婚率不无关系，好多人在不幸福的家庭中憋出内伤继而影响到现在的婚姻。如果那时候婚姻自由，婚姻不好可以自由离婚，不会给这些人带来这么重的心理创伤而导致这一代人的婚姻问题频发。而且因我国心理科普水平不如欧美发达，心理咨询技术尚在发展中，这些人就只能够这样浑浑噩噩变成一个即可怜又让人生厌的精神瘟神，真的是可悲又可叹！

现在的年轻人或者经济水平较高的人不会用这种笨办法，婚姻质量过低，或者出现婚外情，只要低于60分就会想办法解决，要么断了要么改善，自己改善不了，就找专业咨询改善，没有谁会待在不好的婚姻里一直煎熬，是在浪费生命，尤其对孩子极不负责。

3. 夫妻逐步修复至正常状态，甚至更加恩爱

并不是所有的婚外情都会走向离婚，也有不少家庭出现婚外情后，另外一方或双方积极地应对处理，理性分析，认识到婚外情只是一个刺激源，了解到婚姻本来就存在的问题，然后开始反省自己，体会对方在婚姻中的感受，积极应对，调整改善。

案例：及时挽回发生婚外情的丈夫

有一个朋友的姐姐，前几年发现丈夫回家越来越晚，遂开始警觉起来，证实了丈夫有婚外情后，刚开始她感觉像天塌下来了一样，人几乎要崩溃，她一直以为丈夫这么正直、这么负责，绝对不会发生这种事情，太令她意外了。

人在婚姻关系中往往就是这样，如果对方为人不佳，双方关系一般，对方有了婚外情，你的痛苦是不太大的，因为你已经不在乎他，不在乎这个关系；那种痛得深、伤得深、舍不得的，往往是夫妻感情好或者对方人品好的，这种爱人如果发生背叛，产生的伤害才是最大、最深的。

等她冷静下来，找了咨询师来认真分析这段婚姻，分析结果是我们认为她丈夫为人不错，很有责任感，值得挽留。

她丈夫发生婚外情的原因主要是：她生完孩子后，接她母亲过来带孩子，而她母亲是一个非常难相处的人，多年来和家人、同事、朋友的关系都处不好，爱抱怨爱指责，既是个"怨妇"，又管得多，还有洁癖，整天打扫卫生，住进来第一天，就把小俩口落在沙发底下的安全套都给扫了出来。而且这位岳母进门后，丝毫没有客居的姿态，动不动就请小区里的老人家们过来串门、喝茶、聊天；总唠叨说这个女婿不疼爱自己的女儿，洗个碗也洗不干净，鞋子也不放进鞋柜；女婿买了新衣服，说他买贵了，说他不会过日子。岳母就这样每天唠叨，她丈夫在家里说话越来越少，有时候一个星期只说一两句话。慢慢地，丈夫越来越疏远这个家，总说自己要加班、要出差。

分析完后，她马上行动，赶紧把母亲请回老家，找丈夫深入地谈了几次，并且做了很多后续的努力，现在他们夫妻感情比之前还要好。

六、婚外情后遗症

婚外情发生后，由于很多原因，例如考虑到孩子、经济因素、传统观念、夫妻感情，以及对于再婚没有勇气等，很多夫妻即使遭遇婚外情也不离婚，这种情况在我国可谓司空见惯。但是没有被彻底修复和治疗的夫妻，此时信任关系已被破坏，坏情绪没得到合理释放，常常会引发家庭战争。

很多夫妻"这一页"翻不过去，有外遇一方刚开始是有愧疚的，但是发现受害方经常拿这件事发作，慢慢就会非常不耐烦，久而久之会有"事情都过去了，你为什么还耿耿于怀，为什么不能向前看，我不是都回来了吗，你还要我怎么样"这样的情绪。

但是受害方心口还在流血，伤口还没复原，理智上知道要控制情绪，不能发作，否则对婚姻和孩子都不好，而且离婚也不现实，最好的做法是既往不咎，从今天起好好过日子；但这些有建设性的想法只是在头脑冷静的时候，一旦有一些事件刺激的时候，又会翻出来发作，让对方觉得不厌其烦，久而久之双方都会特别累。

夫妻间的信任一旦破坏，就像没有地基的房子，经不起任何风雨。

裂痕需要修复，需要双方加倍的努力，尤其是外遇方，需要分外地付出，才会感化另外一方，重建信任。

七、预防以及解决办法

1. 早期择偶看人要准

提高自己的判断力，多积累一些婚姻、家庭、社会方面的基础知识。看人要准，社会上的人有很多种，有些人的婚恋观天生就非主流，天生就不稳定，和谁结婚他/她都稳定不下来，这个跟你的为人、跟夫妻的感情质量没有太大关系，夫妻感情好或不好，配偶待他/她好或不好，他/她都难在两性关系上稳定下来。

有些人在感情上、在家庭的经营上就是不太投入，比较游离，价值观非主流，把自己的欲望放在第一位，如果你选择了这样的人，而又不能够接受这样的行为，那只能是自找苦吃。如果你在精神上、经济上都支撑得住，劝你早一点离开或者亮出自己的底线，要求他改善，让他付出一定的代价并且保证下次不要再犯。

如果他选择再犯，你可以选择不再原谅，选择离开。

2. 刻意经营夫妻间的感情

大多数婚外情的发生都与夫妻关系本来就不融洽有关。目前在我国，婚姻里没有爱、不重视感情经营的家庭非常多。听到很多没有感情基础而结婚的人说："我这一生一定要爱一次，哪怕是飞蛾扑火，我也要来一次。"

我问："那你有没有考虑你丈夫/妻子的感受？"

他们面无表情地说："没想过，因为我不爱他/她。我对他/她只有责任和义务，没有爱、没有感情"。

这种没有感情基础而结合的婚姻在发达国家较少，而在发展中国家比较多见，除了传统文化的关系，也和经济水平有关。

3. 提高认知、调整观念、疏而不堵、正视双方的需求

现代社会对婚外情要像大禹治水疏而不堵，我们中国传统的文化对待性、对待情，多像大禹的父亲治水。大禹的父亲名字叫作鲧［gǔn］，他治水堵而不疏，所以最终治水失败。

我们要向大禹学习，提高认知，调整观念，在婚姻关系中正视人的正常生理及心理需求，要和丈夫或者妻子一起讨论这个问题，和对方一起面对这些需求，一起想办法改善婚姻关系；而不是装聋作哑拖延问题，或者只要求对方、不要求自己，不妥协、不协商，这对对方是不公平的，也有损双方的利益。

婚姻就像在限速120迈的高速路上开车，你开80迈，挡住想开100迈的，别人一直按喇叭，你仍然充耳不闻，别人能不憋屈能不窝火吗？

当然，如果对方要开130迈（违章超速），你也是要和他商量甚至说不的。

案例：妻子对我的性需求充耳不闻，我只有找小姐

有一位丈夫多次发生婚外性，但他也很痛苦，觉得这样不对，道德上有压力，然而妻子对性很保守、放不开，甚至还有些抗拒，丈夫向她暗示过好多次，都没有用，妻子觉得婚姻就应该平平淡淡过日子，一个月、半个月一次性生活都不太情愿，像完成任务，还每次像条"死鱼"一样。

这位丈夫来咨询的时候一脸憋闷相，我和他说："你可以和妻子公开谈，和她说：'你对我们的性生活好像完全没有热情，是不是我哪里做得不够好？还是你天性就是这样？还是你认为性是羞耻的、肮脏的？但是我对这样的夫妻生活质量感觉很挫败、很难接受，也很不满意，建议我们一起改进。'"

如果她对你在婚姻里的需求不闻不问，你要再告诉她："你对我在婚

姻里的感受不闻不问，我在婚姻里过得不满意你也不上心、不重视，这对我是不公平的，是损伤我的利益的，我感觉很伤心。做夫妻有责任和义务让对方在婚姻里感到幸福，要在乎对方这段婚姻里过得好不好。"

如果你都没有直接表达不满，就直接找"小姐"，这样的做法并不理智。因为从你提供的信息来看，你妻子的性冷淡并不是因为夫妻感情不好，而是与她从小家教过严、成长环境过于保守有关。她在禁欲主义的文化中长大，导致对性的认识比较陈旧，认为性生活是肮脏的、羞耻的，所以，建议你和她一起更新这方面的观念与认知，和她一起看一看、读一读性心理、性教育方面的经典书籍，她的认识改变了，内心不抗拒了，对于你这些正常的心理和生理需求，她就有可能愿意和你一起谈一谈，一起面对和改进了。

最后，我向他推荐了一本夫妻性治疗的必读书籍：渡边淳一的名著《男人这东西》，这本书也是女性了解男性性心理的启蒙书籍。

很多丈夫不重视感情的质量、妻子不重视性生活的质量，是受传统观念的影响，并非不爱对方，我们有责任与爱人一起学习新观念，教会爱人如何爱自己，如何满足我们在婚姻中正常的心理和生理需求。

4. 如果发现蛛丝马迹就要警觉、要反省

在婚姻中，如果发现夫妻性生活无理由地减少、对方不再负担家庭的经济支出（比如不再向家里交工资）、回家越来越晚、加班越来越多，或者变得爱美、爱打扮，又或者无缘无故突然对你很好（这有可能是一种补偿心理，因为如果婚姻关系正常，他发生了婚外情会对你有愧疚感），建议你找对方开诚布公地谈谈或者找专业的咨询师介入。

切记不可整天疑神疑鬼，也不可简单粗暴地指责批评，否则只会让关系进一步恶化。

5. 婚外情已发生，如何解决

以丈夫发生婚外情为例，通常来说，如果婚外情败露，事态发展会有三个方向：离开、修复、凑合。有人选择离开，有人竭力挽回，积极重建夫妻关系,其实这两种选择都不太难;最难也是最普遍发生的一种情况是:分又分不开,在一起又过不好,分开也痛,在一起也痛——分开,对未来没有信心或者比较恐惧,或者还依恋这段感情,放不下感情或者放不下孩子,而在一起情绪又难以平复,重建信任又面临很多困难。

我想说的是:由于现代心理咨询技术、婚姻咨询技术的发达,离婚不是婚外情唯一的结局。

我们重点来讲想要挽回、想要修复婚姻关系的这种情况:修复的重点是恢复理智、夫妻一起重建信任。

研究发现(我工作中也有同样的发现),全世界婚外情案例中,通常有这样一种普遍的现象(以男方外遇为例):外遇方刚开始出轨时,多半并没有打算舍弃家庭,甚至很多人想尽快结束外遇行为回归家庭,但是一段感情不是说断就断的,所以有可能反反复复,于是丈夫在妻子和第三者两边徘徊,三方都很煎熬。更有甚者,丈夫的婚外情一旦暴露,大部分妻子情绪不能自控,理智上明白离婚对双方、对孩子都不利,想挽救婚姻既往不咎,但心理那个结就是过不去,总免不了控制不住,情绪大爆发,怨恨、委屈、羞辱等各种非理性情绪不停往外冒,常常发生向丈夫查岗等不信任行为,其实是一只手在拉丈夫,一只手又把他往外推。

丈夫刚开始是坚定信心要回归家庭,但看到这种情况后害怕回到家里不会再有清静日子,甚至像个千古罪人,于是越来越游离,而妻子也会越来越觉得丈夫不值得再次透支她的信任,于是情绪越不稳定、越敌对、越不信任,丈夫越逃离——最终双方的关系陷入恶性循环之中,两个人在无休止的怀疑、争吵、撕扯中消耗掉所有的感情,夫妻关系元气大伤,就算双方努力修复,感情也变了味。

能彻底割舍或彻底原谅的都是比较好的情况,最折磨人的就是因为各种原因离不开又修复不了,所以陷入两难、陷入痛苦之中。

通常夫妻来找专业咨询的时候,都已经是"婚姻癌症"的晚期,他

们也尝试过很多办法，比如在书籍和网络中寻找改善的方法、提升自己的外表、参加婚姻家庭课程之类，效果因人而异。婚外情只是婚内出现问题一方所呈现的外显、表浅的行为，而引发一个人不当行为的原因有多种因素，例如经济、情感、价值观、认知等，在婚姻家庭关系中，情绪、情感是引发一个人行为的重要因素之一，那么，婚外情深层的原因、所隐藏的情绪、情感是什么呢？

是对爱的绝望与渴望，是没有被满足的生理或者心理的需求。如果我们只是去调整外显的行为，教导人们不要搞婚外情、要回归家庭、要对家庭忠诚，我相信这些道理人们都懂，但并不解决问题，不能触动人的内心，因此无法改变他们的行为。更何况如果我们只是从表面上做调整，堵而不疏，那就是头痛医头、脚痛医脚，病根不在婚外情，而是在底层的原因上。

所以调整的重点还是在改善夫妻的关系上！

6. 提高自己的情商

我们认识到婚外情是夫妻关系不良的预警，反应了婚姻里很多积累的问题，如果我们愿意亡羊补牢——对方在婚姻里缺什么，我就重点补什么，就要和对方坐下来一起好好谈一谈，听一听对方对婚姻的失望与绝望，一条一条落实，一点一点修复，提高对方对婚姻的满意度，尽量在婚姻的框架内满足对方的生理与心理需求。

贼走以后要记得关门，要不这次"小三"走了，下次"小四""小五"又来了。

总结一下：前三点讲的是预防，其实这三点做到了，甚至只要做到了第一点——在恋爱的时候看对人，后面很多的麻烦就没有了，甚至几代人的麻烦都没有了。因此不要盲目进入婚姻生活，在婚前要对未来的配偶进行充分了解。此外，在中国，目前人们的求助意识还没有提高，总是闹到鸡飞狗跳日子过不下去的时候才想到来找专业咨询，这其实是我们咨询师最不愿意看到的，因为闹到晚期，夫妻的感情都伤透了，有些甚至还成了仇人。陌生人之间没有爱也没有恨，但是爱人之间一旦被伤、一旦翻脸，比陌生人之间发生矛盾后的关系更难处理，修复起来很困难、成功率也很低。

那些谈恋爱时就会看人，婚后又非常注意保养维护夫妻关系的人，那些能够将夫妻问题化解在摇篮中的人，才是真正的高手。

很多人问，老师，我丈夫有婚外情了，我到底离还是不离啊？这个问题要具体情况具体分析：有些人离了可以再婚，甚至能够找到更好的；有些人离了婚就是要了命，过不下去，最后孤独终老；有些人离了婚就是及时止损，就是跳出火坑。因此发生了婚外情该不该离婚没有统一的答案。

从解决问题的角度来看，婚外情通常来说是果不是因。因为婚外情来咨询的夫妻，我会问他们这样的问题：

"你觉得出现婚外情，是果还是因？"

一种人会说："都是他/她的错，是他/她出轨造成了我的痛苦。"

另外一种人会说："我感觉这个痛苦是果不是因，出现这样的局面，我也要负一定的责任。"

是的，第一种人是外部归因，而第二种人善于自省。第一，不管对方是为了逃避痛苦或者寻找幸福，都有可能说明你没有给别人带来幸福的能力，或者这方面的能力还是不够，所以对方要去外面寻找；第二，如果是对方的人品问题，一贯用情不专，那么这是你的眼光与判断力不够，偏偏选择了这种人，再加上如果你自身太过软弱，更无法逃离这段关系。

总之，不管外部环境如何，我们首先能做的，就是努力做好自己，做一个有价值、能够给他人带来幸福的人。

第二节　婆媳矛盾及解决方案

我们这里讲的婆媳矛盾，也包括翁婿矛盾，即女婿与岳丈家的矛盾。

虽然翁婿矛盾数量很少（约占本处咨询量的5%），但是在学术上还是跟婆媳矛盾划分到同一大类里，而且解决的方法也是类似的。

婆媳矛盾可谓我国的"国粹"，也是中国婚姻家庭里的一道"魔咒"，拆散了无数鸳鸯，摧毁了无数的婚姻；同时，婆媳问题也是中国最重要的社会话题之一。

婆媳矛盾扎堆咨询以及由此产生的离婚案件，一般发生在春节或者元宵节后。有一年春节过后，我曾一天接待了七八对因为婆媳矛盾来咨询的夫妻。有的妻子一进门就和丈夫说："你说，你到底是和我过还是和你妈过？"把这对送走了，我还没来得及喝口水，又来一对，妻子训斥道："你这是愚孝，你知道吗？"把这对送走，我还没来得及上厕所，又来一对，妻子跳起脚来骂丈夫："你妈就是慈禧太后，你妈的话就是圣旨！"我们的工作人员真是拉都拉不住。

那一天我忙得没有时间吃午饭。

工作上的繁忙还好，最令人沮丧和绝望的是无数人都在重复相似的命运，而我们却无能为力。

他们婚姻不幸甚至破裂大都是同样的原因——没有把夫妻关系放在第一位，而是机械刻板地保有传统的婚姻观，男方把妈妈放在第一位，或用上尊下卑的观念来经营现代婚姻，即用过去的观念来经营现在的婚姻。

由于婆媳矛盾导致夫妻感情破裂而办理离婚的占两三成，若按2016年全国离婚数据346.8万对来计算，每年至少有几十万个家庭，因为相同的原因而破碎。这还只是解除了法律关系的破碎家庭的数据，更多的则是因为婆媳矛盾损伤了夫妻感情，但忍着不离婚或者离不了婚的家庭。

婆媳矛盾是中国社会的顽疾、家庭关系的恶性肿瘤。解决婆媳矛盾不仅能降低离婚率，而且能够大幅度提高婚姻的质量。

关于如何解决婆媳矛盾，各种书籍和互联网上到处都有方法和小窍门，街坊邻里、亲朋同事之间也到处都有人在议论出招儿，归纳总结一下，大概有两种风格：

第一种：各打五十大板。提倡婆媳之间相互尊重、相互谅解、将心比心、换位思考，等等。

第二种：把传统的孝道文化放在第一的老生常谈，提倡媳妇要把婆婆当妈、孝顺婆婆、掌握与婆婆沟通的技巧之类。

我们的专业视角与上述方法有些不同。

我们提倡具体问题具体分析、具体对待。

婆媳矛盾高发家庭

我们先说一说婆媳矛盾有哪些高发家庭。在专业咨询中以及在婚姻登记中，有如下几种家庭容易出现婆媳矛盾。

1. 观念落后的家庭

（1）现代的媳妇、过去的婆婆、保守的丈夫

婆婆秉持传统的婚姻观，认为长辈在家庭中享有绝对或较大的权威，晚辈需要屈从自己，自己在家里是第一位的，而且儿子儿媳要把自己放在最重要的位置，无条件地顺从、孝顺。形成这个观念的原因一般和婆婆的经历有关，因为她成长于传统家长制的环境中，婚后践行传统孝道，用这样的方式伺候她的婆婆，所以她也用传统的方式要求媳妇。

其实这样周而复始的"媳妇熬成婆"形成了一种妇女压迫妇女的恶性循环。

婆婆有这样的观念情有可缘，但最可悲的就是丈夫还刻板地将这种上尊下卑的传统婚恋观带进 21 世纪的现代婚姻里，并要求现代的媳妇做到，这才是悲剧发生的最根本的原因。

家有传统的婆婆并不可怕，可怕的是丈夫的闭塞保守。

（2）重男轻女的观念

重男轻女对婚姻家庭关系的破坏性最大。在这些家庭中，女性地位普遍偏低，要求媳妇无条件地包揽所有家务并且伺候丈夫，等等。

更严重的则是要求媳妇生儿子，认为生了儿子才能传宗接代，生了

女儿以后是泼出去的水。更有甚者，婆家或者丈夫对妻子说，生出男孩他养，生了女孩妻子自己养。

最严重的是婆婆主动破坏夫妻二人的关系，例如怂恿儿子离婚或婚内就在外面找别人生子等，这些都是较为常见的恶劣现象。

以上种种现象会让媳妇感觉不到尊重，心理地位低下，或感觉自己只是个生育工具。经济与精神独立的现代女性，在这样的婚姻里不会坚持太久。

（3）阔太梦想、依赖观念

有些女性对婚姻有不切实际的期望，认为嫁人就是重新投胎，结婚就要"咸鱼翻身"，生了孩子就要做"母后"，嫁了人就应该让丈夫或婆家无条件地供养自己的一切，甚至把娘家人全部的命运都押在婆家身上，肆意挥霍婆家人的付出而不懂得回报，也不注重提升自己的价值。

（4）其他落后观念

这些落后观念在发达的城市里比较少，在比较落后的城市、乡镇、农村较为多见，比如要大量彩礼（有些是风俗，有些则是落后观念，甚至买卖婚姻）、特殊的坐月子方法、生孩子要选时辰、特殊的育儿方法、非主流的消费观，等等。

观念的落后程度在农村、乡镇、小城市、大城市、一线城市、国际大都市呈逐步递减的趋势。

2. 婆婆/媳妇成长在有心理、情绪、行为偏差的家庭

有些人跟谁都处不好，比如抑郁发作的媳妇非常容易和丈夫、婆婆及其他家人发生矛盾，心胸怎么都开阔不起来、敏感多疑，不管婆婆怎么做，她都心里有刺。第一章讲过有14种特质会影响婚姻质量，婆婆或媳妇有一方情绪不稳定，或者有严重自恋、偏执、焦虑特质，再或爱指责、爱唠叨都不容易搞好家庭关系。

（1）最为常见的是婆媳一方或双方较为强迫、高度控制、高度强势

咨询片断：妻子："我婆婆特别宠爱他儿子，洗衣服不洗我的，只洗

他儿子的。还管得多，常常半夜起来跑到我们的房间，说是帮他丈夫盖被子，而且我丈夫也很配合她，只要婆婆在，他说就不能锁房门。"

同样的咨询片断，我们遇到好几例，传统的、顺从的媳妇可能只是轻微抱怨一下，也不敢公开表达不满，而现代女性对这种现象几乎不能容忍，容易诱发紧张的婆媳矛盾，甚至闹到离婚。

（2）第二常见的是挑剔、有"公主病"的媳妇

也有可能是孕产期情绪波动导致性格、情绪变化，例如爱挑剔、难相处等。

咨询片断：妻子："婆婆人太笨了，豆腐有点酸了还拿来炒，也舍不得扔掉，我说我每天要吃一点肉，昨晚上炒的豆角就没有放肉。今天中午又没有煮玉米给我吃，我每天要吃一个玉米的。我从小不吃蛋黄，她炒鸡蛋，从来不把蛋清蛋黄分开。这婆婆太难相处了。"

妻子走后，丈夫诉苦："老婆怀孕后情绪变化大，我妈妈以前中过风，手脚不方便，也刚从老家过来，对这里都不熟悉，我老婆很不明事理，不但让一个老人家伺候她，还常常数落老人家，我真的好难受！"

3. 独生子女家庭，父母容易卷入

20世纪80~90年代出生的独生子女结婚成家后，有些父母对孩子过于宠爱，导致孩子比较依赖父母，父母就越管越多，卷入孩子们的生活，小家庭的生活就闹起了矛盾，严重的会从夫妻间的口角演变成两个家庭的战争。

一方或者双方是独生子女而产生婆媳矛盾（翁婿矛盾）前来咨询的，占到我处咨询量的30%~50%（数据仅限我区），不容小觑。

4. 单亲独子家庭的婆媳矛盾

（1）寡母独子家庭

现在我们要谈一个让人揪心但又无法回避的群体——单亲家庭（尤其是独生子女家庭）。

谈到这个群体时，我的内心是复杂的，担心谈论这类家庭会让他们

有被歧视、被刺痛的感觉。这样的家庭本身就已经经历和承受了普通家庭没有的痛苦,但是等到孩子长大后,这样的家庭结构容易产生不良的家庭关系,影响孩子的婚姻,更加会使当事人感到命运的不公与残忍。因此我们必须要谈,这一特殊的群体在婆媳方面的问题非常突出,只有拿出来讨论,提前预防,积极应对,才有可能更好地去面对、去化解。如果我们有健康的心理状态,能够趁早发现这个问题,积极去面对与调整可能形成的不良家庭关系,会少走很多弯路,避免可能发生的婚姻悲剧——这是我们的初衷。

(2)愚孝是怎么"炼"成的

婆媳矛盾、翁婿矛盾引发很多的家庭矛盾,破坏婚姻家庭关系,道理都明白,可为什么还有许多人要把家庭关系搞成一团乱麻,上演相同的人生悲剧呢?

如果你深入了解一些单亲家庭背后的情感故事,也许会有不一样的视角。每个家庭都有他们的原因、他们的难处,每个不幸家庭里都一个母亲与孩子血肉相连的故事!

案例:高学历儿子被"愚孝"洗脑,对寡母无底线纵容

有一天,一对夫妻来咨询,妻子气愤得一巴掌抽在丈夫的脸上,丈夫手捂着热辣辣的脸,低下头去,不出声。

妻子是第一次结婚,而丈夫是第三次结婚,之前交往过六七个女朋友,都是对方提出分手。丈夫是一个海员,父母离婚十多年了,单亲妈妈和他一起生活。

这夫妻俩是在网上认识的,丈夫花了好多精力拼命追求,婚前妻子就怀孕了。结婚以后,丈夫因为工作的原因总是出差,于是让婆婆过来照顾妻子,结果婆媳二人相处不来,性格脾气、生活习惯不同到是其次,主要是婆婆还比较年轻,想要找个老伴,但是找的伴儿一个接一个,也不注意媳妇的感受,总把那些男人带回家。妻子经常跟丈夫抗议说:"我

们要分开住，再这样下去不行！"而丈夫总是支支吾吾、逃避回应。妻子越来越抓狂，有一天晚上，妻子洗完澡裹了浴巾在客厅吹头发，婆婆又带了新的男伴回来，谁知这人老不正经，竟然挑逗这位妻子。妻子这回忍受到了极限，提出离婚。对于离婚，反正丈夫也离了不止一次，死猪不怕开水烫，但是他提出一个条件——生下这五个月的孩子。

经过深入咨询，才搞清楚到底是怎么回事。这个丈夫其实心里完全知道他母亲和哪个媳妇相处都会出问题，因为之前无论是他的婚姻还是恋爱，都是因为婆媳关系闹到分手的。而他以前的妻子都没有生下孩子，他母亲怕断后，要他无论如何也要生一个孩子，他所做的这一切，都是为了孝顺他母亲，完成她的心愿。说到这里，妻子气炸了，又一个巴掌抽过去，说："你这种男人卑鄙、无耻！你只顾你妈的感受，这不是在耽误我吗？你这就是骗婚！"

我问丈夫："你也受过高等教育，为什么要用牺牲妻子的方式来孝顺你母亲？"

他泪眼婆娑地说："因为我妈太苦了，她为了供我上大学，跪着去求舅舅和叔叔他们借学费，但是借到的还不够，她就去卖血……"说到这里，他的眼泪滚了下来。他继续说："从那以后，我就想，我这一生就是要努力孝顺我妈，无论她要我做什么，我都会去做！"

他明白自己的母亲跟谁相处都很难，但是，他一定要坚持用这样的方式回报她，以表示对母亲的忠诚。

他用这种低级的笨办法"效忠"母亲，完全不知道变通，最终害人又害己！

我给夫妻双方做了简单的情绪处理以后，给丈夫讲了一个关于儒家孝道的典故：

春秋时期，孔子的弟子曾参因为种瓜误点被父亲毒打一顿，不省人事，醒来后还装作很高兴的样子。孔子听说后，非常气愤，半个月都不肯见他，其他弟子劝了好久，孔子才见他。

孔子说：当年舜对待父亲的责罚从来都是小受大走，也不失去对父亲的孝心。遇到这种事情，孩子应该小杖则受，大杖则逃，因为父母也有失控、不明智的时候，如果父母失控把孩子打死了，父母老无所依，也是不孝；而且，如果因此让父母落下杀人的罪名，也是不孝。

由此可见，愚忠愚孝是儒家所不提倡的，只是经宋明理学的发扬之后，忠孝的含义变得越来越刻板，造成无数人间悲剧。

在儒家的忠孝体系里，当父母做法有明显错误的时候，作为晚辈还有"三谏之义"，而不要盲目地服从与跟从。

我告诉这位丈夫，他母亲的行为显然对他的小家庭是有极大的破坏性作用的，而他一再逃避、默认，使婚姻一次又一次破裂，这个结果对所有人都是不利的，对他母亲的幸福和声誉也会产生很大影响，这并不是孝顺。而他母亲行为不妥，应该多加劝阻，而不应该打着"孝顺"的名义一味纵容。造成现在这样的局面，并不是真正的"孝"。

丈夫陷入沉思。

单亲家庭一路走来很不容易，背负的苦难比旁人想象的要更多，以至于母子关系常常过于紧密。现实生活中如果我们耐心了解一下愚孝的人，会发现他们家庭里不为人知的血脉相连的故事，我们要对此尊重，同时也衷心希望他们不要再重蹈覆辙。整个中国社会为"愚孝"付出的代价已经够高了。

（3）婆媳矛盾的重灾区——单亲家庭

我们之前说过，婆媳矛盾引发的婚姻问题占咨询总量的两三成，其中尤其以"单亲+独子"这种家庭结构为重灾区。每次家庭内部婆媳矛盾严重的夫妻来咨询，我都会问"你们家只有你一个儿子吗？"80%~90%的人回答"是"；我再问"可以说说你父母的关系吗？"这个时候大部分的丈夫会沉默，而由妻子来回答这个问题，50%以上的妻子会说"公公婆婆的关系不好"，还有10%~20%的妻子会说"我公公去世了"，或者"公公婆婆离婚了"，抑或"婆婆带着丈夫长大"。

通常，一个家庭发生变故后，比如说父母离婚，只剩下母子相依为命，那么他们之间的关系相对比较紧密，所以儿子长大后，婆婆对他的生活介入甚至掌控期望一般都会超过普通家庭。孩子背负着巨大的心理包袱（亲情债），也甘愿被母亲的"爱"控制，和母亲变成心理上的"连体婴"。

胡适的家庭就是这样的情况。他的父亲在他 3 岁的时候生病过世，母亲冯顺弟一手把他带大。胡适为报答母亲，选择牺牲自己的幸福而把对母亲的孝顺放在第一位，按母亲的意愿在 12 岁的时候和小脚女人江冬秀订婚。虽然后来和曹诚英热恋的时候，胡适这种自由主义者也动过离婚的念头，但最终还是把母亲大人的遗愿放在第一，没有离婚。

由于社会的发展、历史的变迁，中国女性的经济与精神越来越独立，接受这种把母子关系放在第一位的媳妇也越来越少，所以，这样的家庭往往成了离婚窗口的常客，无数人在此"踩坑"！

(4) 婆媳矛盾重灾区——农村家庭

在每天面对婆媳矛盾的夫妻时，除了上述两个问题外，我基本还会再问一个问题："你丈夫/妻子的家是农村的吗？"七成以上回答说："是的。"

农村家庭婆媳矛盾的问题比较突出，这已是一个普遍的社会现象、一个突出的社会问题。

近几十年来，为了支持中国的发展，广大农民作出了巨大的贡献和牺牲，工农业产品价格的剪刀差一直存在，粮食价格的低廉导致农民的收入低微。进城务工的农民为中国的城市化进程作出了巨大的贡献，却很难享受到城市的福利，农民在就业、医疗、住房、社保、教育等方面都处于劣势。

种种原因导致农村家庭在观念、生活方面都与城市相差很远。而直接影响婆媳关系的，则有愚孝、重男轻女、歧视妇女、买卖婚姻、经济依赖等封建残余思想。

①愚孝：农村是受封建残余思想影响的重地，农民普遍继承了孝道

思想，家庭观念浓厚。而农村的养老问题没有得到很好的解决，养老市场不发达，需要后代们在养老、医疗等问题上作出经济、精力上的各种牺牲。很多城市里的媳妇/女婿不能理解农村的丈夫/妻子对父母的愚孝，对父母兄弟作出的各种牺牲和支援而引发家庭矛盾，甚至闹到离婚。

②重男轻女、歧视妇女：在农耕社会男人有体力上的优势，但是在现代社会，这种差异会缩小。但受传统观念的影响，仍然能看到女方家庭大肆索要彩礼，也常看到农村婆婆强迫儿媳生儿子延续香火，更常见到婆婆贬低、挑剔媳妇的经济能力，认为女性就不应拥有平等的家庭地位，由此而引发各种家庭矛盾。

③农村父母的生活适应问题：农村父母常年生活在农村，一旦随子女到城市生活，通常会遇到许多问题。常常看到刚从农村过来的婆婆帮忙带孙辈，不仅身体受累，而且人生地不熟，有的还与老伴分开，在城市里也没有亲朋好友可以走动，普通话也说不好，做事效率低，做的饭菜不合儿媳/女婿味口而遭受挑剔，等等，真是一肚子的委屈。但是很多人为了孩子，选择默默承受；也有很多人会选择使矛盾爆发，甚至造成严重的家庭问题。

对此我建议：如果你来自农村，请尽可能寻找能够接受和包容你的家庭背景、能够和你一起面对这些困难的人组建家庭。

婆媳矛盾解决方案：

①预防

有一天，我去讲婚恋择偶的课程，还没有开讲，两个二十岁出头的女孩子跑到讲台边和我说："老师，我们听姐姐、婶婶们说，找丈夫无论如何不要找愚孝的，而且一定要看看他妈，是不是这样？"

这两个女孩子耳濡目染多了，在结婚前就有了一定的"防范意识"。

我常常和这些年轻人说，你们在结婚前要和对方多谈自己的价值观，其中包括与家人的关系，比如是妈妈第一还是夫妻关系第一。很多人生完孩子以后才发现彼此价值观不统一，悔不当初。如果配偶比较容易接受新观念，及时调整，仍可以维护家庭的和谐；如果他们固执地坚持父母第一，那么要么就是你妥协退步，要么家庭生活就会面临长期的矛盾。

②改变观念

中国传统社会的家庭关系是建立在宗法体系之上的，集中体现为儒家的"父为子纲、夫为妻纲"，夫妻之间的宗法关系甚至远远凌驾在感情之上。因此在我们传统的观念里，常常重视孝道而忽视夫妻感情，上尊下卑，父母地位高于夫妻关系。

正如著名社会学家费孝通先生所说，我们中国古代只有一部赞美与记录夫妻感情的文学作品《浮生六记》，夫妻感情在传统的观念中，是无关紧要的。冯友兰说："儒家论夫妇关系时，但言夫妇有别，从未言夫妇有爱。"

这种传统是与人的天性相悖的。人的天性需要爱与被爱，需要生活在亲密关系里，而婆媳矛盾的根本就是因为违背了人的天性，没有把爱人放在第一位，而是强迫自己把孝道放在第一位，其实就是把文化对我们的要求放在第一位。

由于历史变迁、工商业化程度提高，年轻人成年后即离开父母出外打工，在经济上与精神上对长辈的依赖越来越小，这使子女逐渐摆脱了家长的控制，家长也失去了话语权、惩戒权，传统孝道的基础即被冲击，传统儒家文化建立起来的人伦纲常逐渐松动，失去存在的基础。仍然接受上尊下卑、把父母关系凌驾于夫妻关系之上的人将会越来越少。

在现代婚姻里，我们提倡：夫妻关系第一、亲子关系第二、父母关系第三。这个关系一旦搞错了，家里的战火就无法停息。如果大家能够把这一点落实下去，很多夫妻的婚姻质量会立马一个大台阶。

③调降期望

很多妻子在和丈夫吵架的时候，会不自觉地把目标放到婆婆身上，认为婆婆如果能改变，自己的婚姻就顺了。一个人的习惯尚且难以调整，要改变一个人的性格岂不是难上加难，因此想改变别人这种想法通常是比较幼稚和不现实的，成功的概率微乎其微，实现起来也非常困难。

而且我们也没有权利要求一个老人为我们改变，怎可削别人的足适自己的履？

最现实的办法，就是调降对婆婆的期望，不要指望一个乡下的婆婆像一位有学养的高级知识分子那样知书达礼，也不要指望脾气大的婆婆突然哪天变得温言软语、善解人意。对于一些有特殊生活经历、特殊家庭背景的婆婆，比如有严重的心理创伤或行为偏差，要调降对她的期望，接受现实，和丈夫商量，尽量减少婆婆对夫妻二人的干扰。

同理：婆婆对媳妇也一样，调降期望。

没有期望，就没有失望。

④厘清边界，夫妻要有私人空间

家庭生活需要物理空间，更需要心理空间。他人过问或者干涉，最好经过夫妻二人的邀请或者同意。在临床心理学上，有个概念叫作人际关系中的"心理边界"。边界两边，你管你的，我管我的，未经对方的邀请，请勿打扰、勿越界。

落实到我们的生活中，就是落后观念的婆婆不可能改变，现代观念的媳妇也不可能改变，但是不要把自己的价值观强加到对方身上，做到生活自主，互不干涉。

大部分的婚姻家庭问题是无解的，更没有统一的答案，比如到底是应该外婆带孩子还是奶奶带孩子，钱应该交给丈夫管还是交给妻子管，过年去奶奶家还是去外婆家，谁做饭谁洗碗，窗帘用什么颜色该听谁的，谁该养家，谁该照顾孩子，等等。所以，和公公婆婆、岳父岳母的相处也是一样没有统一的答案，大家应该求同存异，互相尊重，互不干涉。

⑤夫妻二人统一战线：人是很难改变的，要使整个大家庭达到互相尊重、互不干涉、界限清晰的状态，不是一个人努力能做到的，需要夫妻二人统一战线。

以婆媳矛盾为例，其实破坏夫妻二人感情的重点不在于婆婆说了什么、做了什么，而在于每次发生矛盾时，丈夫站在哪一边、说了什么、做了什么。明智的儿子要先和父母打好预防针，如果你们和儿媳妇有摩擦了，甚至闹矛盾了，只要不是大是大非的问题，我是要站在妻子这一边的，因为我和她的关系需要经营，一旦受损或者破裂，没有回旋的余地，没有退路；但是我和你们是血缘关系，永远不会断，而且我其实也是为了大家好，所以请你们理解我。

案例：如何和不讲理的凶婆婆在同一个屋檐下过好？

在一个案例中，这位丈夫的家庭较为特殊，婆婆是出了名的凶，而且青年守寡。婆婆不但出身于重男轻女的家庭，成长的过程中社会的每一次动荡、饥荒、政治运动她都没落下。坚强的她跌跌撞撞活到暮年，无情的命运、岁月的磨砺逐渐把她打磨成一个极其没有安全感、牙尖嘴利的老太婆。

家里没有米了，婆婆会骂媳妇想饿死她；没有盐没有油了，她又开口骂，说是媳妇把油盐藏起来不给她用；看到媳妇不舔酸奶盖就说媳妇不会过日子。三天两头还和邻居吵架，因为她要去小区捡垃圾卖钱，常常为了捡瓶子、纸箱爆粗口。

丈夫从小就很懂事，学业优异，非常有责任心，妻子是他的大学同学，两个人感情非常深厚。结婚前，丈夫就把自己家里的情况和妻子说了，妻子由于非常欣赏丈夫，愿意一起面对，婚后即把婆婆接过来同住。

有一天，婆媳二人因为一点小事吵了起来，婆婆气得把她赶了出去，锁在门外，并且大骂她是个败家媳妇，说自己这么优秀的儿子怎么娶了这样的女人，在整个小区闹得沸沸扬扬。

夫妻二人来咨询，在简单的观察和访谈、评估之后，我了解到，夫妻双方均是高级知识分子，明白夫妻感情在家庭里是第一位的，并且二人感情深厚。我于是告诉这位丈夫一个原则："你和妻子统一战线就行了，这样既不伤害你们夫妻的感情，事情也能够得到平息，其他都可以灵活处理。另外老人家受过很多苦，不要和她争吵，和她吵，赢了也是输了。"

回到家后，丈夫主动和他母亲说："妈妈，这个事情是媳妇的错，我跟她一起认错，我和她一起做一个星期的早餐，可以吗？"

婆婆的气就消了，一撇嘴说："哎，算了算了。"

厉害的婆婆并不少见，但很多家庭并没有因此破碎，妻子也没有要闹离婚，反而愿意和丈夫一直过下去，而且日子过得还很不错。究其原因，是妻子知道丈夫会维护她、保护她，会站到她这一边，所以日子可以过下去。

现代婚姻中，对父母的孝既要有原则性，又要有灵活性。

通常闹到离婚的都是比较死脑筋（只有原则性、没有灵活性）的丈夫，他们遇到这种事情只会责备妻子说你刚才惹我妈不高兴了，你要好好对待老人家，应该给我妈道歉，等等。这种丈夫是站在妈妈一边，把妈妈的感受放在第一位，做妻子的听到这种话，立马就会感觉在丈夫的心里婆婆比自己重要多了，自己就是外人。这样的处理方式非常伤人。

这样的矛盾多了，日积月累，会严重伤害夫妻感情，甚至走到离婚的地步。

如果条件允许，和父母在比较邻近的区域各住一套房是比较好的选择，又称为"一碗汤"的距离；但是我们看到很多产生婆媳矛盾或翁婿矛盾的家庭就是因为经济条件不佳，两三代人只能共住一个屋檐下，在这种情况下就更需要夫妻二人和父母厘清边界，在解决问题时统一战线。

⑥不可轻易让父母、亲友卷入自己的婚姻矛盾，否则没有回头路

即使父母或亲友情商一流、身体健康，让他们卷入自己的婚姻家庭矛盾也要极其慎重，因为他们很难做到中立。事件的初期，他们多半还会为非亲方说说话，但是一旦夫妻二人关系紧张、发生暴力或者关系走到破裂边缘，亲友尤其是父母会本能地站在自己家孩子这一边，甚至与对方及对方亲友大打出手。

在不卷入父母、亲友方面，独生子女或依赖型的"妈宝男""妈宝女"最不容易做到，有些还因为使父母过分卷入而导致他们病倒甚至住院，这样的案例屡见不鲜。

我曾见过三个案例，年迈的父母因被卷入小夫妻的家庭矛盾而受到强烈刺激，最后病发去世。

卷入没有能力解决矛盾的家人、亲友是比较不明智的行为，也是幼稚的表现（自己没有化解夫妻矛盾的能力、又找不合适的人来帮忙），除非被卷入的人十分通情达理，否则多半让夫妻矛盾扩大，积重难返，由两个人的矛盾扩大为两家人的矛盾，从而极难修复。

⑦搞清楚什么是"孝"，什么是"顺"

"孝"可谓人类最美好的情感之一，但为什么有时看似一件好事的"孝"会演变成现代婚姻的杀手呢？到底问题出在哪儿？

A. 文化：谈到"孝"不得不提一下儒家文化。儒家思想在中国思想文化史上占据了重要的地位，也为中国的稳定作出了巨大的贡献。它产生的背景正处于春秋战国时期长达500多年的战乱时代，诸侯割据。据《太史公自序》载："春秋之中，弑君三十六，亡国五十二，诸侯奔走，不得保其社稷者，不可胜数。"在社会动荡无比、人民生活极其困苦、同胞之间相互杀戮不断的情况下，但凡有识之士最为忧虑的就是社会的安宁。此时，建立稳定的社会秩序、发展安宁和谐稳定的新社会是第一目标，是总的出发点。

儒家通过统一人的思想、通过三纲五常的教化来维护社会的伦理道德、政治制度，在漫长的封建社会中起到了极为重要的作用。关于三纲的含义，朱熹指出，"三纲者，君为臣纲，父为子纲，夫为妻纲"。三纲之中，"父为子纲"是基础，它所要求的社会规范就是孝顺，即子女对父母的服从，父母即使有过错，做子女的也只能柔声以谏，不能触怒父母，在父母面前，子女唯一明确的就是孝敬。

儒家以稳定社会为第一出发点，但它牺牲了个人自由，尤其牺牲了妇女的权益。

传统社会的演变、经济环境的变化、多种思潮的出现，使儒家思想的生存环境也发生了变化。农业社会转变为商业社会，生产资源重新分配，成年后的年轻人不再依赖家族、长辈获取生存资源，个人变得更加自由，对长辈的依赖和遵从、尊重更多是出于爱、出于感情，而非礼教。

但由于两千多年来的教化，中国人已经内化了"孝道"文化，文化的惯性仍然存在，不少人仍然坚持传统的"孝顺"，也造成大量的家庭矛盾、婚姻悲剧。可谓身体到了21世纪，思想还在"大清朝"。就像我们在冬天里为了御寒，穿上了羽绒服，到了夏天了，还没有及时换上T恤衫一样，不出问题就怪了。

现阶段的中国，我们倒也不提倡所有的婚姻都要追求"个人自由"，要看具体情况，毕竟中国还有庞大的农民、收入没有保障的群体，他们的养老问题尚未得到较好的解决，在这种家庭背景下成长的孩子对父母的"孝顺"可以分担社会养老的担子，让他们老有所依。

但即使在这种情况下，我们也只提倡有限度的"孝"，而非对父母绝对的服从。

B. 逻辑：一般来说，父母干涉儿女的目的是什么——是为了让儿女们过得幸福。如果儿女过得幸福，但是不顺着他们父母也不高兴的话，那么他们就是把控制儿女放在第一位，而不是把儿女的幸福放在第一位，这个时候是不是还要全盘都听父母的，儿女们就要好好考虑了。如果父母真的爱儿女，只要他们过得好，父母是不会介意孩子是不是顺从他们的；如果父母把控制儿女放在第一位，而不在乎儿女的幸福，那也没有必要事事都听父母的，即使先斩后奏，但是结果对大家都好，我相信通情达理的父母是不会介意的。

C. 方法：孝敬父母不止有一种方式，凡事顺着父母、满身奴性、事事听命于长辈，长辈在家享有绝对或较大的权威，晚辈只有屈从、不敢有丝毫违抗，这是传统儒家伦常中的过气思想（父为子纲）。所以为什么老百姓喜欢在孝前面加个"愚"字，就是这个道理。比较与时俱进的"孝"是机动性、有限的"孝"，对于父母的指令、期望，有些接纳有些拒绝，保持各自人格的独立与平等，父母的爱都可以收下，父母的干扰统统进不来，各有各的空间，各有各的自由，同时又能让父母放心，这是比较灵活、比较现代的相处方法。

D. 鉴别：即使父母确实是爱你，但是他们也受到了文化背景、生活背景、认知水平的限制，他们不是样样都精通。有句话说"甲之蜜糖，乙之砒霜"，一个人眼中的蜜糖，在另一个人那里有可能是毒药，父母的经验并不一定都适用于你，所以如果全盘接受，不是愚孝是什么呢？

认识到父母的局限性、认识到两代人的差异性。父母在他们那个时代、那种生活背景下摸索出的一套最适合自己的生存方式、学到的一些生活技能，有些适合你，但绝非全部。试问，父母是优秀的赛车手，而你现在开的是飞机，你全听他们的，能行吗？

E. 我在咨询的时候，用过一个最简单的概念，帮助过不少家庭厘清了婆媳（翁婿）之间的矛盾。

说实话，很多人非常欣赏丈夫/妻子对老人有"孝"心，认为"孝"表示丈夫/妻子人品好、懂得感恩，但是我们传统上所说的"孝顺"大多是把"顺"当作"孝"，这实则太过表浅了，有时候还是一种盲从。我们应当把"孝"与"顺"分开，孝是孝，顺是顺。父母的生活、观念、环境很多时候跟我们有很大的差距，在这种情况下，还是一根筋地事事都顺着父母的话，是很容易出问题的。所以，我们提倡的是大大的"孝"，但是要小小的"顺"！

F. 送给妈宝男/妈宝女：

在结婚前，甚至交往前，就要和对方申明：我家里由于特殊的原因，要把和妈妈（父母）的关系放在第一位的，你愿意接受吗？接受我们就在一起，不接受我们就不要在一起。就像周杰伦，约会都带着妈妈去，任性地把妈妈叶惠美当做生命中最重要的人。有的人因为非常爱你可以

接受，会跟你一起面对和承担，当然也有人不会接受。但你在婚前就要跟对方谈妥，让对方有心理准备，如果对方不接受，不要耽误别人。

如果对方愿意为你的父母付出，接受你家的特殊情况，那请多多珍惜。爱人因为爱你而爱屋及乌愿意孝敬你的父母，我们一定要看在眼里，记在心里，不要认为这是理所当然的，建议你要在其他地方多多补偿和回报对方，比如对对方更加的忠诚、更关心对方、孝敬对方的父母，等等。

G. 给天下的父母：

孩子们越恩爱，心情越好，越能更好地孝敬你。孩子们闹矛盾、感情出问题、心理出问题，你们也跟着受累。

真正爱孩子，是把孩子的幸福放在第一位，而不是把孩子听话放在第一位。真正爱孩子，是把孩子往他/她的爱人身边推，而不是往自己身边扯。

奉上一句心理学里的名言，适合有婆媳矛盾、翁婿矛盾的家庭：世界上所有的爱都是为了在一起，唯有一种爱是为了放手——父母对孩子的爱。

第三节 夫妻沟通障碍

沟通不良的婚姻占我处咨询量的20%～30%，约占离婚数量的1/3。沟通障碍就像婚姻"身上的虱子"，虽不致所有的婚姻破裂，但非常影响婚姻质量。现将易诱发沟通障碍的常见类型列举如下：

一、性格不合（典型的沟通障碍）

咨询片段："老师，我们俩其实没有什么大的矛盾，也没有什么原则性问题，就是日子过不好，整天为鸡毛蒜皮的小事吵，在一起又过不好，想分开又分不了！"

夫妻双方会争相举例说他们之间因为怎样的鸡毛蒜皮吵架、互掐。

大部分夫妻由于长年的争吵、折腾，会总结出一套结论：双方性格不合、价值观不同，对方不懂宽容、不懂包容，等等。

其实从专业上来说，大部分夫妻并非观念和处事方法不同，而是情感沟通技能需要提升，比如：

- ❖ 一方津津有味地分享，另一方当耳边风
- ❖ 一方想得到赞美，另一方说风凉话
- ❖ 一方想得到肯定，另一方使劲贬低
- ❖ 一方想表达懊悔，另一方一顿教训
- ❖ 一方想得到鼓励，另一方泼冷水
- ❖ 一方欢天喜地，另一方没有反应
- ❖ 一方痛心疾首，另一方面无表情
- ❖ 一方想得到安慰，另一方忙着出主意
- ❖ 一方想要吐槽，另一方忙着给建议
- ❖ 一方说感受，另一方忙着辩解
- ❖ 一方说观点，另一方忙着反驳
- ❖ 一方说冷暖，另一方说对错

人的心理需求总是不能被接收到或者不能被满足，甚至被忽视、转移、打压，就会心生不满，说话就开始带情绪，如果另外一方也带情绪回敬过去，双方矛盾就会升级，感情越伤越吵——陷入恶性循环。

表面上吵的是事情，实际上吵的是感情。

二、讲大道理的人（超理智型）

咨询片段1：妻子楚楚可怜地说："两个人闹矛盾了，你只要哄哄我，我就没事了，不要喋喋不休跟我讲一堆道理，我听不进去的。"

丈夫却理直气壮地怼回去，说："明明是你不对啊，你还有理了？"

咨询片段2：妻子委屈地说："他就是喜欢在我面前讲一大堆他认为

正确的道理，总说我很多想法不对，总打压我、否定我、不会心疼人，就算我哭了，他还是一句安慰的话都没有，甚至不会递半张纸巾。他不理解我的难处，跟他说也不会给我什么安慰的话，只会说我心态没放好，说我小题大做！他喋喋不休讲一堆道理，听了这些，我非但轻松不起来，反而觉得更累！难道真的是我心态没放好？是我不豁达？是我看不开？他还总说我不够坚强，我感觉我现在越来越不需要他了。"

只论事情对错，不顾人心冷暖，这类人多半出现在超理智型（讲理不讲情、对情感较麻木）的群体中，他们大多数为理工科背景，或者从事技术工作。

超理智的人，虽然对家庭呕心沥血、尽职尽责，经济上能使家庭达到小康水平，但是感情上经常处理不好，丈夫/妻子普遍幸福感偏低，感觉像是和一套社会标准或一部机器生活在一起，而不是一个有血有肉、知冷知热的爱人。

此类型的女人，相对来说婚姻会稳定一些，因为社会文化中，男人对妻子在情感表达、交流、互动上的要求较少。

超理智型的人是现代婚姻咨询里一个重要的专题，由于现代人对婚姻情感的质量要求越来越高，近年来，这类人"被离婚"的概率加大，是婚姻咨询门诊的常客（占本人咨询量的20%～25%）。

大部分超理智的人的原生家庭里都有一个情感较为麻木的养育者（通常是妈妈），或者他们小时候家规严格，经受刻板的教育，还有些则受过情感上的创伤。

为什么超理智的人的婚姻会出问题呢？请看下面的情境（以丈夫为超理智型为例）：

❖ 妻子要分享内心的感受，他忽视感受，开始讲道理
❖ 妻子需要柔情，他硬邦邦地开始讲大道理
❖ 妻子需要被鼓励，他冷静分析其中的道理
❖ 妻子想"吐槽"，他要么怼回去，要么说对错

- ❖ 妻子想获得安慰、抚慰，他漠视并讲大道理
- ❖ 妻子想获得同情，他落井下石并讲大道理
- ❖ 妻子想获得接纳与理解，他却讲大道理
- ❖ 妻子想获得支持，他却讲大道理
- ❖ 妻子一肚子委屈，他一本正经开始说教

……

这类人讲起道理来滴水不漏，但是请看看上面的对话情景，是不是很让对方挫败、窝火？对方会感觉没有被听到，没有被理解，没有被支持，这样说教还不如对牛弹琴。专业上形容这种沟通是有沟无通。我们常说的"家是讲情的地方，不是讲理的地方"多是针对这类人群。

鉴于现代心理学的发展与发达，只要夫妻不认命，不放弃对高质量婚姻的追求，都是可以改善提高的。

三、文化差异

文化差异体现在地域、风俗、家庭关系、观念、价值观、习惯等方面产生分歧，也非常考验夫妻的适应与协调能力。

案例：海归东北妻子和潮州本地丈夫

妻子是东北人，从澳大利亚留学回国，丈夫是潮州人，双方在广州相识相恋，结婚三年。妻子泪流满面地说："我生了两个女儿，带孩子真的很累，丈夫的家人还一定要我再生一个儿子。我妈心疼我，让我不要再生了，但是婆家人每次见到我就问什么时候生第三胎。我感觉自己在他们家就是个生育机器。而且他也是这种思想，我实在受不了。"

丈夫显得有些不耐烦，说："她就是太以自我为中心了，我们那里的女人都是这样。还有，她和我父母关系也不太好，不是很尊重家里的长辈。举个例子吧，我父母进门，她都不懂得拿拖鞋出来给老人换，吃东西也不懂得让我父母先吃，脸上也没什么笑容，很少主动和我父母打

招呼。"

妻子本来想再做一些努力，听丈夫这么一说，非但没有得到安慰和支持，反而挨了一堆指责。而丈夫不讲夫妻感情，把伺奉公婆摆在第一位，眼前这个男人既无情分，也无怜爱之心，妻子明白在他心中自己只是个生育工具和伺奉公婆的仆人，随即咬牙办理了离婚。

而文化教育上的差异，比如丈夫喜欢读书，妻子喜欢打麻将的现象，在传统婚姻中很常见，在现代婚姻中也有，但在趋势上是逐步减少的。

四、三观差异

每年高考过后，就有一波离婚潮，其中一部分夫妻既没有婚外情，也没有婆媳矛盾，就是两个人共同语言变少，渐行渐远，或者多年来由于三观不合累积了矛盾，就等孩子高考过后办离婚。

咨询片段1：妻子："我和丈夫观念相差太远了，他们单位有一个离婚的女同事和已婚男同事搞在一起，他竟然说那个女人单纯，跟这个男人在一起不图钱图感情。这个女人分明是在破坏别人的家庭，他怎么不觉得这人道德上有问题呢？他觉得女人应该受男人控制，不能穿着太性感的衣服，不能有夜生活，不能有男性朋友。他还认为男人出去应酬，找女人是正常的事情，是我想不开。我感觉自己选择错了，当年对待婚姻太草率。"

咨询片断2：丈夫：我们俩有很多想法不一样，我们现在房子还没买，她开店后赚到一点钱就买了一辆宝马车。我出门都是坐公交车、坐地铁，连出租车都很少打。她的衣服多得家里就像个服装店，整个房间都是她的衣服，我的衣服就放在衣柜的角落里，才几件。

科学显示，夫妻之间三观相近的人容易幸福长久[①]。

三观相近，也就是精神上的门当户对，两个人在很多方面不用沟通就能达成共识。而如果两个人三观不合，也许丈夫的人生目标是飞黄腾

[①] 幸福的婚姻中夫妻双方对人生有着共同的追求和理解。——Dr. Gottman

达，妻子的理想生活是粗茶淡饭；或者丈夫把人际关系、信誉、感情放在第一位，妻子把金钱放在第一位；又或者妻子的人生信条是艰苦奋斗，而丈夫的人生信条是走捷径；丈夫信奉阴谋论，妻子信奉人本主义，这样的夫妻在现代社会是不能长久的，迟早会越走越远。

我们在咨询中常常碰到的，因观念不同而影响婚姻质量，甚至引发婚姻危机的有如下几种情况：

- ❖ 有些人认为父母最重要，有些人认为夫妻感情最重要，这方面的认知差异极易引发婆媳矛盾，一定要在婚前讨论并解决。
- ❖ 有些人认为婚姻中责任最重要，没有感情、没有爱也可以在一起；有些人则认为感情最重要，没有感情就应分开。
- ❖ 性观念差异，极易引发婚姻危机。
- ❖ 人生哲学差异：有些人认为功名利禄最重要，有些人认为家庭关系、人际关系最重要；有些人认为金钱最重要，有些人认为道德最重要；有些人认为人生就是得过且过，有些人认为人生就要不断奋斗。
- ❖ 消费观念、消费方式的差异，累积起来也极易引发婚姻危机。

五、心理创伤

有严重心理创伤的人要么难以走进婚姻，要么容易离婚。

有轻微心理创伤的人，比如自尊受损、内心自卑，总想要用外在的成就证明自己的价值，或者需要很多人的关注。

常常被打压的人，会变得爱退缩、爱逃避。

例如，有些人小时候自尊受过刺激，他的自尊就可能很脆弱而且没有弹性，一分的刺激，他们就会有七八分的反应。比如丈夫小时候因为缺钱被人看不起，受到过刺激，如果妻子有一天和他说，你看某某家买了学区房呢，普通人听起来，知道是妻子爱谈八卦、爱"吐槽"，也能感觉到话里饱含了妻子的羡慕，但是在内心有创伤的人、自尊过于敏感的人听来可能就会理解为妻子是在攀比，是拿别人和自己比较，听到耳朵里的就是异常刺耳的羞辱，有可能就会拉下脸来，要么生闷气，要么就打断妻子的话，发出维护自尊的辩解，更有甚者会动怒，好几天都不开心。

一些常见的心理创伤：

- ❖ 如果你的丈夫/妻子自信心不足，那可能是因为他父母给他/她的建议多过鼓励、贬损多过支持。
- ❖ 如果你的丈夫/妻子听不进别人的意见，那可能是因为他父母也不怎么尊重他/她的意见。
- ❖ 如果你的丈夫/妻子很懦弱，不担当，缩手缩脚，那可能是他/她的父母要么大包大揽、宠溺过度，要么就是常常贬损他/她的能力。
- ❖ 如果你的丈夫/妻子嫉妒心强，那可能是因为他父母总是拿他/她跟别的孩子比较。
- ❖ 如果你的丈夫/妻子不懂得尊重别人的感受，那可能是因为他/她父母总是命令他/她，也不重视他/她的感受。
- ❖ 如果你的丈夫/妻子和你关系疏远冷淡，那可能是因为他/她的父母，特别是母亲，对他/她没有多少疼爱与关怀。
- ❖ 如果你的丈夫/妻子对婚姻有恐惧，那可能是因为他/她的父母关系不好甚至交恶，或互相伤害。
- ❖ 如果你的丈夫/妻子自尊敏感或没有安全感，对人不信任，有可能他/她曾遭受欺凌或羞辱。

案例1：男朋友特别忌讳别人说他做得不好

有个姑娘的男朋友自尊心特别强，有一次他们俩和同学一起去海边度假，男朋友开车，在高速公路上错过了一个路口，兜兜转转找错了路，而另外一对情侣已经到了海边，这个姑娘就在电话里说："我男朋友刚才错过了下高速的路口……现在距离你们那里有三十多公里呢……"她讲完电话就看到男朋友恶狠狠地看着她，青筋暴露，手捏拳头，关节咯吱咯吱作响。最后他俩吵了起来，男朋友竟然把她丢在高速公路上，自己开车走了，她一边哭一边等朋友来接她。

事后她男朋友说，自己当时感觉特别没面子，他特别讨厌别人说他做错了这个、做错了那个，因为从小他妈就这样批评他。这个姑娘确实也发现男朋友只要被批评、被否定，马上就会被"引爆"。

案例2：雄心壮志、一心想出人头地的妻子

女方婚外情，傍上了比自己大25岁的大款。咨询中发现女方打扮奢华、滔滔不绝、不切实际，嫌弃朴素的丈夫，说他赚钱慢（丈夫在著名的通信企业工作），这位妻子则一腔雄心壮志，想要出人头地。她说自己小时候备受缺钱的困扰，因为妈妈生病，家里十多年来一直在还债，受尽了歧视。

女方的这种不切实际的雄心壮志属于心理创伤反应的一种，需要接受专业的创伤治疗，否则容易急功近利，行为盲目。

案例3：嫁离婚男，做了后妈，还担心会被丈夫抛弃

有个姑娘才华横溢、精通日语、英语，外貌姣好，年龄28岁，但在婚恋市场上要求很低，相亲时总要找大自己很多的男人，甚至不介意对方是否离异，只要疼爱自己就好。虽有跟她很般配的男生追求她，但是她感觉配不上对方，害怕驾驭不了对方。最后她嫁给一个离异带孩子的男人，经济与相貌都很普通。婚后她还总担心丈夫不够爱她，担心自己不会讨孩子欢心，做不好妻子和后妈。她每天早上6点起来给孩子和家人做早餐，送孩子上学，下班回家后包揽所有家务，为此，还常常担心婚姻不稳。

访谈中发现她的自我评价、自我价值感非常低，后来了解到她有一

位指责打压型的母亲,在她儿时的记忆中,母亲几乎没有正面鼓励、肯定、赞美过她,父亲则重男轻女,一直不肯供她上大学,最后是班主任来她家帮助做思想工作,父亲才勉强同意,但只肯出学费,不出生活费。大学期间她每天都要做兼职,每天忙得要死,就为了给自己赚点生活费。

在这样的家庭氛围中长大,被父母"贱养"的姑娘,自信心和安全感被严重摧毁,别人真心地夸她,她也感觉不真实,无法接受。在她的潜意识里,自己是卑微的、没有价值的、没有人爱的,她拼命读书,讨好身边的每一个人,但还是有深深的恐惧。

六、不合理认知

不合理认知有以下几种共性

"可能"当成"绝对":比如丈夫回家越来越晚,妻子不分青红皂白认为丈夫一定出轨了。

"希望"当成"必须":希望丈夫一生都疼爱自己,变成丈夫必须始终疼爱自己。

希望妻子情绪稳定,变成要求妻子必须情绪稳定。

希望丈夫多陪自己,变成丈夫必须陪伴自己。

"有时"当成"总是":丈夫有时不带孩子,妻子会抱怨丈夫总是不带孩子,甚至从来不带孩子。

不合理认知的归类

1. 绝对化:把请求变成要求,要求家人必须/应该如何。

例如,要求妻子/丈夫/婆婆/孩子必须爱我、听我的话,等等。

2. 以偏概全:扩大打击面。

例如,天下没一个男人靠得住。

3. 主观放大:灾难化预期。

例如,无视丈夫的付出,骂丈夫没做过一件对得起她的事情,骂婆家没有一个好人。

影响婚姻关系的一些认知

❖ 出轨的男人（女人）一定都要受到惩罚。

❖ 女人都是贪图钱财的，世上没一个男人是可靠的。

❖ 当婚姻遇到问题时，选择离婚比面对更容易。

❖ 我的痛苦都是由于婆婆/丈夫/别人/外界环境造成的，只要婆婆/丈夫/别人/外界环境改变了，我的婚姻就好了，我的命运就好了。

❖ 男人一定要赚很多很多的钱，要功成名就，只有这样，才有人看得起，女人才会跟他过一生。

❖ 他从来都没有做过家务/带过孩子，从来都没有爱过我，他们家没一个好人。

❖ 女人应该时刻温柔如水，不应该愁眉苦脸，更不应该有脾气。

❖ 男人应该顶天立地，不能脆弱、不能流泪、不能被任何困难压倒。

❖ 妻子应该和我一样无条件孝顺我的父母，把我妈放在第一位。

❖ 我家的父母都是不花儿女钱的，所以你家的父母也应该是这样。

❖ 妻子/丈夫应该和我一样，无条件地疼爱我和前妻/前夫的孩子。

❖ 无论如何都不能离婚，一定要给孩子一个完整的家。

❖ 出轨是我不对，但我已经回归家庭了，你就应该知足了，不应该再发脾气。

❖ 道理和我一讲我就明白，你也应该可以；我可以做到的，你应该也可以做到。

❖ 我这样做了，所以你也应该这样做。

❖ 我的情绪可以自己控制，不翻旧账，你应该也可以。

❖ 离婚是奇耻大辱，离婚后的女人像根草，不会再有人要了。

❖ 女人不生儿子，在家就没有地位，就是耻辱。

❖ 女人一定要弱，要屈从于男权，女强人是没有好下场的。

- ❖ 女人必须依赖男人才能够获得力量与自尊，才能在这个社会上站稳脚跟。
- ❖ 丈夫应该无条件宠爱我，爱我一辈子、养我一辈子。
- ❖ 你既然嫁给/娶了我，就应该怎么样。

以上的认知要么没有弹性、缺乏灵活性，要么比较绝对或者夸大，要么对人性的认识比较负面/刻板，而现实生活中，情况会比这些绝对复杂得多，尤其是家庭内部的事情，要视情况而定。

七、对情绪的认识

大部分女性的情绪都易有波动，这其实是正常的现象，尤其有了刺激事件后，情绪波动而非压抑倒更有利于身心健康。比如受人欺负了，会产生一定的愤怒情绪，压力大了容易脾气暴躁，这是人的本能在提醒你要维护自己的权益、不要背负太多，要适当宣泄等，能够宣泄情绪是心理健康的一种表现。

然而在我们的社会文化中鼓励"正面情绪"，却对"负面情绪"否定或者不接受，这是不科学的。长期吞咽负面情绪而不宣泄，容易引起身心疾病，还会引爆更多的沟通问题。

从专业的意义上来说，情绪不分正面与负面，都有积极的价值。

我们来说一说对于情绪的错误认识。例如，在一些家庭中，丈夫把妈妈放在第一位，事事都让妈妈做主，于是妻子就会越来越郁闷，脸色也不会好，但是这样妻子反而被认为脾气不好；再如，有的丈夫是回避型，在家里不爱作声，不爱交流，妻子倾诉、沟通的欲望受阻，常常会感到心里不舒服，积压久了，失望逐渐积累，态度也不会太好，而丈夫非但不能理解，还为此生气，指责妻子脾气不好，此时妻子的情绪进一步被否定、被打压，心里会更难受。

情绪波动很大或者强度很大的人会给周围的人带来困扰，但是大部分人的情绪通常是在比较正常的范围内波动，因此我们应当鼓励和接纳情绪的表达。情绪波动并不可怕,可怕的是对正常情绪的打压、否认、忽视与不接纳。

对于情绪的第二个比较严重的错误认识就是,认为情绪可以任意调节,像水龙头一样,想关就关、想开就开。常常听到有人抱怨说:"我情绪从来都很平稳,遇到再大的事情都不生气、不发火,为什么你就这么没有涵养,遇到这点事情就不能平静下来?"

我想说的是,有些人可以自我调解,有些人不可以。有些人虽然不发火、不生气,但是习惯性地压抑,长此以往,损伤身心健康,虽然表面温和,是个老好人,但这样并不一定比让情绪宣泄出来好。

若我们对情绪有了正确的认识,在配偶或家人有情绪波动的时候,不去否定、打压、忽视,而是及时地识别对方的情绪、感受对方的情绪、接纳对方的情绪,及时地沟通,让对方能够得到宣泄,学会正确化解,将大大减少婚姻家庭的矛盾,甚至社会矛盾。

对情绪科学地认知与调节,目前仍是中国家庭的短板。

八、冷暴力

1. 原发性(常见于回避型依恋[①])

原发性的冷暴力,较容易发生在情感比较淡漠的回避型人格的人身上。这种人不逃避责任,但逃避情绪情感,跟配偶不亲近。如果双方都是回避型依恋人格,都比较习惯独处,矛盾还不会太尖锐;但是如果一方对感情很在乎,需要很多的倾诉与分享,需要爱人的分担,那么夫妻就容易滋生矛盾。有些人的原生家庭关系就十分冷漠,比如吃饭都不在一张饭桌上,也从来没有什么家庭共同的活动,不为他人祝福,不过生日,没有庆祝,没有节日,在这种环境中长大的人容易发展成回避型人格。

---

① 参考第三章,依恋理论

案例：丈夫是个工作狂，我就是守活寡！

有一位张女士反应丈夫就是一个工作狂，对自己关怀很少，自己过着寡妇一样的生活。只知道丈夫少小离家，很少谈起家里兄弟姐妹的事情，他们交往了一年后，才听他说起自己的兄弟姐妹都结婚了，各有两个小孩，而他半年或一年才和家中父母通一次电话。

案例中这位女士的丈夫和原生家庭的关系十分淡漠，也缺乏温情，从小没有发展出关心他人冷暖、与他人在感情上良好互动的能力，这种人的夫妻关系自然比较容易疏远。网络上形象地称这种婚姻为"丧偶式婚姻"。

2. 继发性

之前夫妻二人感情较密切，之后因为堆积的矛盾没有处理（例如婆媳矛盾、沟通矛盾、婚外情等，或者其中一方心理失衡、压力过大、精神变化），导致双方沟通越来越少。

案例：我为什么对你冷暴力！

曲先生，自由职业者："我这样一直付出，我累了。送她去进修，给她开了一家贸易公司，我每个月还给她一万五千块钱的家用。其实我对她要求不多，就希望在我累了的时候，她能够理解我，但是她一点都不会关心人。这么久了，她都没有给我做过早餐；回到家，衣服也都是我自己洗或者让保姆洗。可以说，在这个婚姻里，我一点儿精神上的收获都没有，越想心里越不平衡。比较早的时候，我会陪她去医院，有空还会陪她逛街，她来例假了我会给她煮红糖水，那是刚结婚的时候，现在我没动力去做了。我在想，爱一个人、为一个人付出，不是不可以，但是她这个人无才无貌也无德，精神上还不能够给我一点儿温暖，我凭什么要这样对她一直付出下去？还说我冷暴力，我为什么会离她远远的？哎，我怎么就找了个情商这么低的女人！"

咨询片断1：丈夫："她经常数落我的父母，我非常生气，为此我们经常吵架，如果她对我的父母有我对她父母一半好，我也不会冷淡她。"

咨询片断2：妻子："自从他妈来了以后，他就变了一个人，特别是我在坐月子的时候，他也不怎么关心我，什么都听妈妈的。从那以后，我的心就死了。"

咨询片断3：我丈夫就是部工作的机器，和他说开心的事情，他没反应；我难过了，他也没反应，和他说话就像和空气说话一样。一下班就对着电脑，我曾经问过他，电脑和我谁重要？他说，都重要啊。嫁给他不是被活活气死就是被活活闷死。

我们现在的情况是，我越难受、越生气，他就越躲得远远的，他日夜加班，越来越晚回；他越晚回，我就越难受、越生气……

九、"凤凰男"／"凤凰女"

"凤凰男"／"凤凰女"通常是指集全家之力于一身，死命读书十余年，终于成为"飞上枝头变凤凰"的那部分人。他们往往来自农村或中小型城市的低收入家庭，长期处于经济拮据的生活状态，同时背负着沉重的感情债和经济债，肩负着整个家族的希望。

案例：嫁给极品凤凰男，这些我都忍了，但是……

妻子："他是顾家，但是是顾他们的大家，不是我们的小家！他就是他们家的提款机，而且还都是无底洞，我们都不知道被多少八竿子打不着的亲戚骚扰过多少次了，好像他们家人，把他榨干了也不心疼他。他也没有什么娱乐活动，我有任何要求，比如看电影、出去吃饭都会让他暗自生气，觉得我不懂事儿，不会过日子。对我来说是正常的消费，也说我是拜金。这些倒也算了，我都忍了，最让我难受的是（流泪），我孩子生下来差不多8斤重，当时难产，宫缩几个小时生不下来，后来宫颈撕裂。生完后，我好久没有恢复，有时候痛得在床上打滚，他一点儿都不心疼我,感觉我太娇情,说他妈妈一生好几个,他奶奶都生了十一二个,还干农活,我气得说你生一个试试!"

成为凤凰男/女并不是他/她的错。找一个接纳、理解、适应自己的人组建家庭,并在婚姻中保持沟通,互相理解,才是幸福的基础。

十、落差太大

一方发展较快(通常为丈夫),一方停滞不前,共同语言越来越少

案例:和她过吧,我不幸福、不甘心;不和她过吧,又像是抛弃她,好烦!

陆先生,本科,生意人,42岁,妻子高中学历。他无奈地说:"我老婆'硬件'还行,就是'软件'太旧了,版本不够,需要升级。我在婚姻中需要的理解、支持,她这种人愣头愣脑给不了;让她去进修,我给她出学费,她也不去,没什么上进心。我也觉得后悔,当初找老婆就是光看脸,不看内涵。我当时是个穷小子,整天只想着解决经济问题,现在经济好起来了,我发现自己其实有很多文学、艺术、摄影方面的爱好。嘿,你还别说,不只是爱好,我还在这些方面有点儿天赋,但是她就完全没这根筋。跟她谈话就像鸡同鸭讲,我开心的事情,她体会不到,我难过的事情,她也懵懵懂懂。虽然也不全怪她,但是这样的婚姻我真的没法过下去了,好多没有共同语言的夫妻说自己的婚姻像是鸡肋,我感觉我的婚姻比鸡肋还鸡肋。要是在国外,大家没有共同语言了,好聚好散,各自寻找谈得来的人再婚,但是在中国,我要是提出离婚,好像是我无情无义,感觉像是我抛弃她,我好烦!"

陆先生感觉自己在婚姻中心理失衡。

十一、女强男弱型

案例:老婆为什么动不动把离婚挂嘴边?

外地的朋友介绍了一个电话咨询的案例,求助的人是丈夫。

第二章　现代婚姻问题及解决方案

"喂，唐老师，我的婚姻碰到了一些问题，我老婆提出离婚，我试着让她和我一起去做面对面的心理分析和咨询，她一直不肯，而且还很反感，她很坚决地和我说，她不想改变。我是老师，我老婆是企业家，管理着八百多人的企业，很强势，也很敏感。她说她现在想重新审视一下自己的人生、审视一下这段婚姻，看看自己到底需不需要婚姻，她还说自己心很累，说我不懂她，说我不够担当。我担心的是一旦把离婚证办了，就有很多事不可测了。但是这样一直下去，也不是个办法。我无论从感情上、家庭上还是责任上，都不想离婚，但是又不知道怎么办，唉！"

我说："你不想拖着她是吧？"

他说："对对对，我怕耽误了她，不想拖她。"

很多老实巴交的、负责任的爱人其实自己完全不想离婚，但是如果对方嚷嚷着要离婚，就会害怕耽误对方，认为对方真的是想离婚。殊不知，女人叫嚣着离婚大部分是假的、反的——她是没办法准确表达对婚姻的不满意，在婚姻中渴望的东西一直没有得到，或者表达了，对方也理解不到，其实说的大部分是气话，是在表达极度的失望与绝望。

接下来，丈夫说："我们已经几年没有夫妻生活了，她的重心全在事业上，生完孩子后她一直都住在工厂旁边。我感觉她太要强了，很偏执……"

我问："你妻子这么强，超出一般人，据我们的经验推测，很大程度上和她小时候的成长环境有关，比如她曾经遭遇家庭突变，或者成长于重男轻女的家庭里，再或者父母希望她是个男孩子，希望她挑大梁，长期下来，她的潜意识里就认同和背负了父母的期望……"

他说："对对，老师，她们家情况很特殊。她们家有三个女儿，她是第三个，而且是超生的，本来父母想把她送走，但是她母亲不舍得。她父亲是做生意的，因为没有生儿子，她母亲在家里一直没有地位，很受气。她从小就暗暗发誓，自己以后一定要做出成绩，让妈妈扬眉吐气。到她13岁那年，她父亲患上慢性青光眼，花光了所有的钱，但是没有治好，几年后，眼睛瞎了，不能再工作，家里的经济压力一下子变得很大，伯父、叔叔们也轻视他们家，因为他们家没有儿子。她母亲回娘家借钱给姐妹们读书，还要受舅舅的气，因为她外婆家也重男轻女，她母亲流着泪回来，两个姐姐决定马上退学到广东打工，在两个姐姐的努力下，这个家撑了起来，但是她也没有心思读书了，读到高二就偷偷溜出来，想打工赚钱，但一下火车，就遭遇抢劫，她看到电线杆上的招聘广告，就去一家包吃包住的工厂应聘，结果被一个黑工厂扣押了，吃饭干活都在地下室，三个月没领到一分钱，还过着猪狗不如的生活。有次工厂停电，她趁乱跑了出来，给姐姐打了电话，终于得救。后来她又再次南下打工，开始做业务，慢慢打拼出自己的一番事业。现在家里基本上都是她在负担，再也没有亲戚朋友敢嘲笑讽刺她家了。"

我说："感觉她真的很不容易啊，她是不是觉得这个世界上只能够靠自己，很多人靠不住？"

他说："对对对，她一直说，自己不能倒下，她不停地强调从小各种被压迫、被欺负、被嫌弃、被各种困难挡住，什么事情都要靠自己去张罗……"

大概收集了一些信息以后，我了解到女方是一个典型的逃避型依恋性格，而且心理的创伤不少，我和她丈夫说：

1. 人不管多强，都需要心灵的依靠和陪伴，需要爱人、亲人的温暖，这是人的本能。但是有些人因为一些特殊的经历，把自己的心封锁起来，表面上看起来强大无比，不需要依靠任何人，但实际上只是一个面具、一副铠甲。经历过多深的绝望、多大的苦难，面具就有多厚、多强。但是不管面具多厚，内心深处还是渴望有人懂她、能深深地理解她。她表面上强大，实际上内心很累、很孤独。

2. 有依恋创伤、心理创伤的人，对人性会有不信任和怀疑，潜意识里会怀疑甚至测试爱人的忠诚，需要爱人更多的耐心、加倍的爱护，以及不离不弃。你爱她的方式不是同意跟她办理离婚，而是要告诉她：你绝对不会离开她、永远不会离开她，在你心里，她是最重要的。

3. 和一个人生活在一起，除了理解她的面具，还要理解她面具下的灵魂。女强人只是一个面具，她的内心还是一个恐惧的、缺爱的小女孩，从深层心理学来说，想要彻底改善，就要让她内心隐藏起来的这个小女孩得到充分的怜爱，感受到温暖和安全，她整个人才能真正地长大。你知道一段婚姻关系最牢固的标志是什么吗？我想问一下她有没有在你面前撒过娇？

他说："对不起，老师，我不知道，反正我感觉很多事情她比我更有能耐，所以都是让她一个人去面对，我们也很少谈到这么深。她很少和我撒娇，一直都是硬邦邦的。"

我说："最牢固的标志，就是对方敢在你面前做真实的自己，敢袒露自己丑陋、弱小、脆弱、无助的一面，而不怕你因此抛弃她、嫌弃她，这也是人最原始的渴望和需要。因为她小时候是不能展现这些的，一旦展现这些，就会被抛弃、被嫌弃，所以这一面就藏了起来。她外表看起来很强，不需要别人的帮助，那是因为内心已经绝望，但是那个最原始的渴望和需要还是在的，如果没有得到理解，她内心会非常的孤独。这就是为什么很多女强人想要找一个更强的臂膀的原因，她希望在更强的人的胸膛里，可以毫无顾忌地展现自己的脆弱。也有些事业上的强人，在家里得不到最深的理解，而被外面懂他/她的第三者收服。可能第三者其实很简单很普通，但是更懂他/她，懂他/她的苦和累、懂他/她的孤独与恐惧、懂他/她背负的东西，并且接纳和包容这些生命的不容易，所以，这些人在家里得不到慰藉和理解，就容易和外面懂自己的人走得近，甚至发生婚外情。如果可以的话，你最好带她来做系统的婚姻咨询。如果不行，那么你在生活中要尽量让她感觉你是可以依靠的、永远不会离开她的，当她脆弱难过的时候，你永远都会陪在她身边"。

他说："老师，原理我大概明白了一些，但是怎么做还是不太懂，她要来咨询可能比较难，你可不可以远程指导我和她的对话？"

我说："最好的效果是面询，行为指导一般效果会打很大的折扣，但是也是没有办法的办法，那我就先给你电话咨询吧，一周两次，每次一小时，先做三个月看看。"

三个月后，他逐步掌握了和妻子的沟通技巧，妻子已经搬回家，在感情上偶尔会依赖一下他，他也感到自己有了做男人的感觉，能够被妻子依赖、被妻子需要。虽然妻子没有其他小女人的柔弱，但总体感觉两个人的关系还是比以前亲密多了。

并非所有的强人都是因为受到过严重的心理创伤，有些是基因所致，有些是心理创伤，有些则是经验上的传递，但不管如何，我们除了享受爱人的坚强，也有义务分担与接纳他的脆弱与不堪。

得意的时候有人分享，低落的时候有人分担——高质量的婚姻让灵魂不再孤独。

十二、不会为他人考虑或有不良习惯

咨询片断：妻子："他自己出去打牌不带钥匙（不止一次了），晚上一两点回来，打我手机叫我起来给他开门。之后我睡不着了，他自己竟然呼呼大睡，第二天我都没法上班。他常常这样干扰我的睡眠，我现在身体越来越差了。"

咨询片断：丈夫："她也不带孩子，爱看韩剧，爱打麻将，常常和一些不三不四的人打麻将，有时候夜里三四点才回来。"

不为他人考虑容易出现在独生子女身上，或者被父母过于溺爱的人身上。有不良习惯则是自律性差的表现。

十三、"公主病""王子病"

"公主病"是用来形容一些自信心过盛，要求获得公主般待遇的女性。公主病"患者"多数是年轻未婚女性，自少受家人呵护、伺候，依赖心态渐成病态，行为受娇纵，遇问题常归外因，缺乏责任感。男性具有这些特征的，则称为王子病。

这类人实际上是彼得潘症候群（不愿长大），他们有显著的自恋倾向，心理年龄小，对自我评价失衡，过度地膨胀自我角色，或超过现实地放大自己的优势，以自我为中心，意志力和耐受力弱，遇到困难往往选择逃避抱怨，动手能力差，眼高手低，缺乏责任感，感受他人情绪及控制自己情绪的能力弱，易导致人际关系紧张，环境适应、工作、婚姻问题多多。

"公主病"渴望有"男友＋奴仆＋爸爸"式的男人来宠爱，"王子病"渴望有"女友＋女仆＋妈妈"式的女人来宠爱，而这在现实生活中是几乎不可能的，因此公主（王子）们不仅择偶困难、沟通不良，即使勉强进入婚姻，也极易破裂，因为对方感觉太累了，他们大多数人都是普通人，无法供养一个公主或者王子。

十四、职业特征

有些人在职业上做得很出色，但回到家还沉浸在职业的角色中，给家人带来很多困扰。比如做教师、做领导的人容易把自己的工作面具戴回家，对另一半也端着架子，甚至颐指气使。作为爱人，没有不希望得到温情的，但对方总是调不到感情频道，脱不下那僵化的面具，很少表现亲昵、爱恋、温暖、温情的一面。没有感情的连接与滋润，另一半的心里会逐渐滋生挫败与失望。

案例：很烦我妻子，喜欢碎碎念、指手画脚

楼先生：很烦我妻子，她是政治老师，把我也当成她的学生，总是用教训学生的语气和我说话，而且还总是拿手指头，指着我说这说那。她一开口，就让我想起《大话西游》里面那个碎碎念的唐僧，我就是那个戴着紧箍咒的孙悟空，头痛死了。本来有兴致想亲热一下，她一摆出

老师的样子，我就什么兴趣都没有了，躲得远远的。她还总怪我对她冷暴力，不爱她——整天板着脸训我，怎么爱得起来？

其他夫妻沟通障碍的原因还包括各类特殊及偏差状况，如不良习惯，生育异常儿童，各类心理、情绪及行为偏差，成瘾症，精神异常，等等。

夫妻沟通障碍

1. 婚前应形成清楚的自我认识，学习相关的婚姻基础知识，了解自身的优缺点。

2. 婚前应坦诚交流，让对方全方位地了解自己，包括缺点，以免对方的期望过高。

3. 婚前多磨合，寻找能够接受彼此的爱人，多了解对方的三观、兴趣爱好、成长背景、家庭背景等。

4. 不要对婚姻有不切实际的期望：例如，希望通过婚姻改变自己及娘家的命运，或者希望找到一个完美的爱人。

5. 不要有不良的结婚动机，例如被父母催婚、逼婚，或因被他人干涉而走进婚姻，也不要因为年龄大，为完成任务与并不合适/不相爱/不了解的人结婚/闪婚。

6. 婚前婚后都应不停地提升自我，提高自己的沟通能力，提升理解他人的能力，提升自己的自尊水平，改善自己的形象，等等。

7. 妥协或和解方法：注意对方的感受，站到对方的立场、角色上替对方想一想；可以选择一方妥协、道歉、也可以双方都各退一步，达成共识。

8. 夫妻坦诚沟通、自我调适：多去理解对方的成长史，越深入理解，越能够理解和原谅对方的言行。

9. 交友法：与不同的朋友深入交流、相处、碰撞，融入其他文化的圈子，同时最好也能融入另一半的圈子，慢慢松动自己的固有观念，改善自己的沟通。

这一方法虽然朴素，但是非常实用。改善自己的沟通能力、提高自己的情商是一个长期的过程，不可能通过上几堂课、看几本书、做几次咨询就大大改善，需要长期的训练。为什么家庭关系复杂的人情商高、做人做事更有分寸，就是因为环境造就。想要提高自己的情商，就需要将自己浸泡在各种人际关系中，反复地训练。

10. 寻求专业帮助：可根据实际情况选择个人咨询、创伤治疗、认知行为治疗、行为矫正、精神分析、婚姻家庭治疗、焦点短程治疗等。

11. 团体心理治疗：可在团体中软化自己的一些固有观念，变得更灵活、更擅长沟通，训练自己的情绪、情感的沟通表达，提高感受能力，提高理解他人的能力。由于专业的团体治疗在我国尚未大规模发展，可以在社区党群服务中心发起互助小组，邀请有这方面意愿的人来定时参加成长小组，但建议有专业的老师指导，以保证效果。

第四节　再婚重组家庭

再婚重组家庭是家庭治疗里的一个专业名词，指夫妻双方至少有一人已经历过一次婚姻，并可在重新组建的家庭里与一个或多个前次婚姻的子女生活在一起。

再婚重组家庭在我国是一个新兴的社会现象和社会群体，随着离婚率越来越高，离婚以后很多人，尤其是男性还会再婚。离婚率越高，再婚重组家庭的人也就越多。早些年，我们咨询十几对夫妻里只有一两对是再婚的，而现在咨询十对夫妻，可能就有两三对是重组家庭。由于离婚率的持续攀升，我们将会看到越来越多的再婚重组家庭。

在美国，第一次结婚以离婚收场的比例占50%~67%（当然，这个比例在世界排名第一），第二段婚姻的离婚比例与第一段婚姻差不多，有研究甚至发现第二段婚姻比第一段婚姻还高出10%的离婚率。随着我国的经济发展、观念进步，因婚姻失败而离婚的现象越来越被人们接受，也越来越常见。

谈到重组家庭，必须要谈一谈再婚比例。在中国，据业内人士估计，男性离婚后，五年后再婚比例高达85%，而女性离婚以后再婚比例就少很多，五年内再婚的比例很低。主要原因是离婚时80%的妈妈舍不得孩子，要求把孩子带在身边，而在再婚和孩子两个选择中间，妈妈大部分是选择孩子的。

说一说世界上男女再婚的比例：在印度，男女再婚的比例是20万∶1，也就是说20万个离婚男人再婚，只有1个离婚女人再婚；在美国是3∶1；在中国台湾是10∶1；在中国大陆地区，目前没有相关权威的数据，但是可以拿中国台湾的数据作参考。因此，对于结婚对象的选择上，女性的慎重程度远远超过男性。

在临床咨询中发现，再婚重组家庭通常有以下几种现象：

1. 年龄集中在30~50岁。

2. 有些人第一次离婚是冲动离婚。

3. 有些人再婚后获得幸福，但也有很多人再婚组成家庭仍会发生严重矛盾，而自己已无再次解散家庭的勇气。

4. 重组家庭中，产生矛盾主要有两个原因：

第一种情况：第一次或者上次婚姻导致离婚的问题没有解决，带到这次婚姻里来。比如第一次婚姻中因为女方爱指责、爱抱怨，丈夫受不了因而离婚；这一次婚姻中她还是没有改，还是喜欢絮絮叨叨，结果再次诱发婚姻矛盾；再如第一次婚姻是因为情绪/心理/行为偏差而导致离婚，当事人没有经过成功的心理治疗，再婚还是因此而起矛盾。

第二种情况：和前妻/前夫的关系，以及与前妻/前夫所生的孩子的关系处理问题。常常见到一些重组夫妻这样吵架："你前妻的照片都还放在卧室，我们都睡在她的眼皮底下呢！"又或者对前妻/前夫的孩子太好、关心太多、来往太紧密而导致现任配偶吃醋，等等。

有些再婚的夫妻过得还不错，但有些重组家庭关系依旧搞不好，再次离婚又觉得没勇气、没面子，而且对第三次婚姻更没信心或欠缺经济能力,只能这样耗下去,很可悲,也很无奈。

案例:妻子和前夫关系扯不清楚,让我心寒

婚姻治疗案例中,丈夫沮丧地说:"我看到她有时候还在给前夫发信息,而且很多时候都是背着我发,钱包里还放着以前他们的全家福照片……唉,这倒也算了,只要没有什么原则性的问题,这些我也都可以接受。更过分的是,她现在还在用前夫的淘宝账号买东西,有几个周末,她没有告诉我就跑去前夫那里看孩子,而且待到晚上11点多才回来。当时我和前妻的孩子放假来我这里小住,家里冷锅冷灶的不说,我的孩子也很想和她相处一下,建立一些感情,我没有想到她会这样……"

女方没有处理好两边家庭的关系,导致与现任丈夫出现情感危机。与前段婚姻所生的孩子的关系问题常常成为再婚重组家庭中的雷区,来咨询的重组家庭中,至少有六成是由于这个原因导致感情出现危机。

附1:解决方案

① 再婚家庭组建后,需要更多的信任、更多的理解、更多的投入、更多的努力,既然选择重组家庭,就要承受它的复杂性。

② 婚姻治疗/家庭治疗:通过专业的咨询与治疗,加深彼此的理解与信任、化解危机。

③ 公平对待所有子女,勿偏爱其中一方。

④ 切勿拿前任与现任比较,谨慎处理与前任的关系。

⑤ 积极地融入现任的家庭,搞好亲友关系。

咨询感言:有人说聪明人在哪里跌倒,都会捡点儿有用的东西。可有些人并不如此,第二次又跌倒在同样的坑里。但我们同时也会看到,有些人第一次婚姻失败,吸取了教训,在第二次婚姻里最终过上了幸福平稳的生活。

第一次出错,可能是运气;屡次出错,就要反思了。

第五节 创业家庭

案例：董事长的泪与累

有一天，一位经朋友介绍的 K 先生打电话给我，说有个朋友夫妻关系很紧张，闹到要离婚，但是他太忙了，每天工作到夜里一两点，只好让我帮他咨询一下。

我说："婚姻咨询不适合别人代劳，就像我们不能替别人吃饭一样。而且你不是他本人，也没有受过心理咨询方面的专业训练，描述不了他们互动的细节，而且你的描述也会有偏差，不中立。如果他在这个城市，让他亲自来一趟吧，如果他不在这个城市，也不方便过来，让他亲自打电话来咨询，我们要观察当事人的言谈举止、情绪情感的表达才可以做出精确的判断。如果他连一个电话也不愿意打，更不愿意跑一趟，这点基本的努力也不愿意付出，别人替他咨询是起不到作用的。这样的人婚姻出现问题也是自然的，我们出主意是白费劲儿。"

他说："也对，实话告诉您吧，他是我们公司的董事长。"

过了几天，这位董事长给我打了个电话，聊了一些情况后，他问："老师，我妻子不来行吗？"

我说："最好一起来，这样咨询效果好很多，如果她实在是不肯来，你就录一段你们的吵架录音拿过来。"

过几天，他来了，是一个身形消瘦、面容枯槁的中年人，39 岁的年纪，却已有半头银发，隐隐透出小老头儿的疲惫感，穿着十分简朴。坐近了，我看到他眼睛里有红血丝，肤色晦暗，如中医描述的脾虚的状态。另外目测他神情慌张、呼吸粗浅短促，语速较快，胸中像压着巨石样，语调忽高忽低、不沉稳，整个人如负千斤般重担——他的焦虑水平不是一般的高。

第二章 现代婚姻问题及解决方案

他笔直地坐在凳子的前三分之一处，凄风楚雨地和我说："我和妻子去年办过一次离婚手续，三个月前又复婚，但还是过得不好，现在又在闹，看样子又过不下去了，唉……"

他录了好几个小时和妻子的吵架录音，我说："不用全听，听一两段或者几分钟就行了，吵架的内容不重要，重要是看怎么吵。有些人吵着吵着，就把事情解决了，还增进了感情；有些人越吵越伤感情，吵一次感情淡一次。"

从他们吵架的录音中可以听出来，和其他创业家庭并无两样，妻子感觉自己嫁了一部赚钱机器，在家备受冷落，同时也夹着杂婆媳矛盾。录音中听到妻子的各种抱怨与情绪发泄、各种指责，骂丈夫不关心自己、不关心孩子，等等；而他要么默不作声，要么用错误的方式去安抚妻子，仍然消解不了妻子高涨的情绪。可以看得出，吵闹已经成为他们的家常便饭，尽管他处处退让、压抑，妻子仍常常把离婚挂在嘴上。

听了几分钟的录音，我基本掌握了女方情绪情感反应的规律，找到了应对策略，并且拟定好了改善方案。我抬头问他："你咨询的目标是什么？"

他眨巴着带着红血丝的眼睛说："老师，她总是闹离婚，我想哪天带她过来，你帮我劝劝她，给她做做思想工作，不要闹离婚，您看行吗？顺便教教我怎么哄她。"

我叹了口气，为他的处境、他的咨询目标、他的想法叹息：这是一个很典型的缺乏基础心理学知识的人的一种目标，头痛医头、脚痛医脚，就像病人因为病毒性感冒发高烧了，来找医生，他的目标就是要医生帮他退烧。实际上，退烧是治标不治本，将屡治不愈；只有杀灭病毒，才可以标本兼治。

这也不怪他，不少国人对于婚姻问题的认知差不多如此。

我听后唏嘘不已，上下打量了干瘦的他，和他说：这样是治标不治本啊，我们可以利用女人的软肋——孩子，让女人降低离婚的冲动、减少

离婚的念头，但是，那不是长久之计，我不建议这样做，对你、对她、对孩子都不是最好的办法，还有可能都起到反作用。我也可以教你一些话术，快速安抚她的情绪，但是以我的经验，看到你整个人的状态——气色、肤色都不好，应该是消化和睡眠都不佳，我推测你个人承受的压力已接近极限，只不过一直靠自己的意志力在强撑着而已，我见过好多创业家庭的男人都是自己死扛。在这种情况下，我还让你去面对和处理妻子的各种怨气、指责，这对你很残忍也很危险。

你妻子这么大的情绪、这么大的怨气，专业人员和她谈一个小时都非常消耗心血，要很久才能恢复平静，心理素质一般的咨询师甚至都吃不消或者做不好这个工作。一般的创业者工作上背负很大的精神压力，很多人都快"油尽灯枯"了，而你回家还要把"母老虎"一样的妻子哄好，这对你的精神上来说简直是雪上加霜。

我还有两个担心：第一，情绪、压力可以靠意志力强压下去，但它会损坏人的免疫力，导致人的健康水平下降，过不了几年，你很难支撑得住。而且婚姻不能总是靠一方不停压抑、不停忍让来维系；第二，这样的家庭氛围对孩子成长有很大的负面影响，有可能最终婚姻维系下来了，但为社会培养了一个心理病人，你好不容易拼尽全力进入社会中产阶级，如果让孩子长时间陷入恐惧和焦虑之中，很容易重新掉入社会底层。

如果我治标不治本，表面上看是在帮你，实际上是在帮倒忙，甚至在害你。

他听到这里，泪水已控制不住溢出眼眶，哽咽道："老师，您说得对，我……我……我家里很特殊，我爸中风偏瘫多年，我妈脑萎缩、双肾囊肿、胃溃疡、骨质增生，从头到脚都是病，吃药比吃饭还多。我下面有两个妹妹，家里只有我一个大学生，来到这个城市的时候，身上只有一百多块钱，住过十块钱的旅店，做过技术员，也做过车间管理员，后来我感觉还是做业务最容易赚钱，就向公司提出从底层业务员做起，我是公司里最拼命的那个人,业绩在公司一直是第一名。后来我自己开了公司,这么多年来,我每天工作18个小时以上。我其实并不是天生能干,都是咬着牙往前冲,因为……因为……我是家里唯一的支柱和希望!其实,和我妻子在一起,无论她怎么骂我,和我发脾气,我都没关系,我都可以忍,但父母看到我们过成这样,常常背着我流泪。还有我的孩子,他现在非常自卑和胆小,只要一看他妈发火,就吓得赶紧抱住我的腿或者拉我进房间,他晚上还常常做噩梦,甚至被噩梦吓醒。有几次,我妻子发泄完,儿子和我说他长大了不会结婚……"

说到孩子,他的泪水瞬间决堤。

我说:"你现在马上去医院检查身体,如果再继续背负这么大的压力,死撑下去,你的健康迟早会出问题。和你妻子的关系,我们一起改善。我听过了你们的录音,你按我的方式邀请她,我相信她会同意一起过来咨询。"

他回去后去医院检查,在通信软件上给我留言说:"老师,我去医院检查了。其实我这两三年来一直感觉胸口闷堵,左胸总像盐腌着一样,这次检查说心脏有问题,心率不正常,血压已到达115/170。医生说我这些症状都是功能性的,和心理因素、压力有关,以后不能生气、不能太劳累,否则很容易出问题。"

我回答他:"从第一眼看到你,我就感觉到了。从心身医学的角度来说,压力大了,心血管系统、消化系统、内分泌系统就是重灾区,要么得高血压、糖尿病、心脏病,要么肠胃不好、消化不好,要么失眠抑郁、甲亢……建议你结束夫妻咨询后,去挂××医院(一家公立医院)的心身医学科的号,收费也不贵,一百多块钱一个小时,你赶紧去吧,不要再死撑了。"

他回:"老师,我有个疑问,我自己是做生意的,算得出来,心理咨询没有几百上千块钱一个小时,他们是会亏本的,这一百多块钱每小时的咨询,连人工成本都不够,还不算医生的知识与技术成本。您为什么

给我推荐这么便宜的心理治疗？价格太低，我担心质量和服务上面跟不上。"

我说："因为你的每一分钱都是用命拼来的，所以帮你找个性价比最高的解决方案。社会上也有些心理咨询机构，但我觉得这家公立医院的心身科医生更专业、更敬业，很适合你。目前这个价格，医院当然是亏本的，所以好多医院都不开设心理科。我帮你推荐的这家医院比较特殊，他们的心理治疗师水平和职业道德都比较高，很正规，质量也比较有保障，使用的是国际上公认的有大量实证研究的流派的技术，目前国内做这方面工作他们比较专业，而且这种心身科目前开设的也不多，资源很稀缺，建议你及早去就诊。"

他回："嗯，我知道了，感谢老师！想再问一下，我儿子现在11岁，比较胆小内向，总是做噩梦，我想带他去看一下心理医生。有什么推荐的吗？或者你有什么建议吗？"

听到他的这个想法，我感触良多：越是生活质量好、认知水平高、高收入阶层人群越注重心理健康，舍得在这方面花钱、花精力改善，这样可能在问题出现的早期阶段就解决了，更容易进入命运的良性循环。而越是生活质量差、认知水平低、低收入的阶层越不重视心理健康，更不舍得花钱、花精力改善，结果进入命运的恶性循环。

我回复他："儿童医院心理科的团队比较擅长儿童、青少年心理咨询，针对儿童、青少年的心理问题最常用的流派是家庭治疗。我也是儿童医院家庭治疗学术组的成员，我们每周都有学术研讨。儿童、青少年的问题到最后大部分都是要父母一起参与解决，调整夫妻关系、做婚姻咨询等。父母是原件，孩子是复印件，大部分孩子的心理偏差只要父母的夫妻关系得到改善，孩子的改善就非常明显。在中国就是这样，为孩子倾家荡产都愿意，而改善自己的夫妻关系，花几千块钱都舍不得，其实根源很多是在父母身上，不是在孩子身上。你也可以带孩子去儿童医院心理科评估一下看看，但到最后，十有八九他们也会建议你做婚姻咨询，先改善你俩的关系。"

他毕竟受过高等教育，认知水平较高，一说就明白了。

他说："我懂了，那我就直接约婚姻咨询，为了我们自己，也为了孩子！"

过几天，他们夫妻双方一起过来做正式的婚姻咨询了。

夫妻双方一起面对婚姻矛盾，一起提升婚姻质量，是最快、最好、最省精力、解决问题最彻底的方式。

这对吵起架来翻天覆地，实际上感情十分深厚的夫妻只正式咨询了三次（每次90分钟），就顺利结案了。第三次咨询结束时，两个人手拉手走出了咨询室。

家庭关系尤其是夫妻关系改善，不但可以缓解很多的外部压力，内心更像加满了油的车，动力十足。

在我的建议下，丈夫又继续约见心身科EMDR创伤治疗师，做了几十次的单独治疗，以减轻、减少他的心理压力以及童年创伤反应，不再紧绷绷地背着心理包袱上路。

我们来说说创业家庭。中国经济自改革开放以来，经历了三十多年的繁荣，创造了经济发展的奇迹。GDP飞速增长的背后是无数国人的血水与汗水，尤其是"大众创业、万众创新"的号召发出以后，社会大众纷纷加入创业大军。创业家庭已成为中国一个非常常见的社会群体，身边的朋友、同事十个里就有两三个身处创业家庭，而我们的工作也几乎每天要接待这样的家庭，我也非常关注这个群体。

创业家庭这个群体有些共同的特征：创业者大多数出身平凡或者贫苦，为改善家庭的经济状况，要么创业，要么在机构里承担销售或者骨干工作，工作上冲锋陷阵；这些人承受着比常人更高的焦虑与压力，可能睡眠不足、身心呈亚健康状态，因全身心都投入到事业中，每天回到家里已筋疲力尽、后脑勺一碰到枕头就睡着了或焦虑到难以入睡，做梦都在想着冲刺业绩、拿下大客户、吸引投资人……每天神经绷得紧紧的，基本没有精力来建设家庭、维系夫妻和谐。如果丈夫婚后创业，正赶上妻子怀孕生子，这时家庭无论是在精神上还是经济上都会处于很高的风险中，如果再夹杂婆媳矛盾，产后抑郁等情况，夫妻关系就会逐渐疏远、恶化，甚至发展到离婚——这样的情况在婚姻咨询中占很大比例。

离婚可能是痛苦的结束，然而同时也是一个个麻烦的开始，间接造成了社会的不稳定。

创业家庭走向瓦解让人为之扼腕叹息，因为创业者的目的是让家庭更幸福，给妻子孩子创造更好的经济条件，但是就是因为沟通不良，使家庭关系遭遇致命危机，让人痛心之极！

为此，我特意把这个真实案例转化成文字，希望给这一群体一个警醒。

表面上看是各种外在的功名利禄加持给一个人而成就了他，实际上，让一个人成就最大的还是人际关系，尤其是婚姻家庭关系。

越穷困的家庭，越需要夫妻同心一起奋斗，家庭越需要高度的合作、高效的运转，才有可能应对节奏快速、高度竞争的社会，才有机会提升自己的阶层；可如果夫妻沟通不好，不仅在外部面临巨大的生存压力、创业压力，在内部还遭遇坏脾气、内耗、相互折磨等，其结果就是使人的精神状况越来越差（研究发现粗暴、对立、紧张的家庭关系会影响身体健康，增加人的心率与血压，分泌大量的应激荷尔蒙如肾上腺素，抑制人的免疫功能使人更容易生病，而且这些都会积累。家庭关系恶劣、冲突不断的人比普通人更容易得心脏病）、家庭越来越穷，孩子在这样的家庭里成长，情绪也会受到影响，导致学习精力不够，受教育程度偏低，婚姻质量也可能受到影响……如此循环往复，代代低水平地重复，几代人都翻不了身，也降低了整个社会的生产力、创造力。

而高阶层人士在家庭内部夫妻沟通得好，相互关爱、支持理解、生活稳定、睡眠稳定（稳定幸福的夫妻关系可促进人分泌舒缓压力的神经肽——催产素），每天精神饱满地出门，有足够的动力、精力去外面拼搏；而孩子因为家庭氛围好，有足够的精力用于学习、运动、拓展人际关系、受到更好的教育，成年后又能找到阶层相对较高、智商情商也较高的配偶，一代还比一代强，社会成就也会越来越高，进入良性循环。

所以，穷人越穷，富人越富，社会分层将越来越明显。改革开放短短几十年，马太效应已清晰显现。

附1：专业视角

关于压力的神经生物学解释：人体有一套压力应对机制，当人们紧张的时候，身体的肾上腺会释放出甲肾上腺素等化学物质。这些物质能促使人们的血管收缩、血压升高，使人警醒，从而应对紧张的事件与活动。

由于长时间承受高水平压力，人体肾上腺素总是维持在较高水平，长此以往，身体就会分泌另一种"压力激素"皮质醇，对身体进行长期保护。与肾上腺素不同，皮质醇恒定留存在体内，控制能量代谢。假如压力导致皮质醇水平持续偏高，就会干扰休息和身体恢复，导致肌肉力量下降、代谢速度减慢、免疫系统能力下降、血糖异常、腹部赘肉增加等结果。

轻度焦虑调节方法有：正念冥想、休闲、散步散心、旅游、与配偶或好友谈心、推拿按摩、看轻松搞笑的节目、喝红茶、午睡、参加宗教仪式活动与慈善活动、听轻柔舒缓的音乐、参加各种休闲放松活动，以及拥有温暖幸福的婚姻感情生活，均可有效降低皮质醇激素水平。另外，补充富含镁离子的食物也有助于降低焦虑，如榛子、南瓜子等。

如焦虑为中度或重度，请务必在精神科医生的指导下进行专业治疗。

附2：解决方案

1. 自我认识与成长：认识到婚姻关系出现问题，自己需要担负一定的责任，并采取积极的解决办法，停止破坏性的行为（吵闹、冷战、斗气等)。

2. 角色扮演:不亲自做家务、带孩子不知道其中的劳累;不去创业、养家不知道其中的艰辛,不能理解对方的付出,更无法对此表达感恩。建议丈夫妻子做一个交互的角色扮演,比如妻子尝试一下创业、养家、打拼的艰辛,因而减少对丈夫的抱怨;丈夫则空出一段时间在家带孩子,从而更加理解妻子的不易。

3. 寻求专业帮助如婚姻治疗:创业家庭的婚姻问题有多种原因,有些是由于女方情绪过于波动(例如产后抑郁),或者心理年龄幼稚、缺乏安全感、需要大量的情感慰藉造成;有些则是创业者身心过于疲惫,无力建设夫妻感情,或已出现身心异常(例如焦虑、抑郁、失眠等)导致夫妻沟通障碍;有些则由于婆媳关系积累而引发;有些则是因为长期缺乏沟通导致;还有些则是创业者经济与精神状况巨变(创业获得巨大成功或严重亏损)而引发。请在专业治疗师/咨询师的帮助下分析梳理,一步步化解婚姻危机。

4. 创业者的自我调节:请参考附1中调降皮质醇(压力激素)水平的方法,注意劳逸结合,否则年轻时拿健康换钱,年老时就要拿钱换健康。创业者需要主动向家人表达自己内心的压力状况,和家人沟通自己的情况,争取得到家人的深度理解,同时感恩家人的付出,切不可对自己的内心世界三缄其口或一头扎进工作里,否则容易被爱人误认为你在逃避沟通、逃避家庭矛盾,或对爱人的感情变淡。

5. 个人心理咨询:个人咨询可以从两方面入手,一是身心的放松训练,这对于压力的释放比较有利;二是心理分析与支持,也可在一定程度上从不同的侧面改善心理状态。

6. 如果感情已经破裂或双方均不想再努力,抑或双方分开后可以过得更幸福,建议好聚好散,维持平稳和谐的关系,减少对孩子的心理冲击。

咨询感言:对于一些常常抱怨丈夫婚后冷落自己的女性,我常常开口第一句话问的就是："你丈夫婚后是不是经济压力变大了？"90%以上的女性会说："是啊，我们要还房贷""对啊，我丈夫在创业""对啊，我丈夫整天说要赚孩子的奶粉钱"。对于大部分的创业家庭来说，如果你的丈夫婚后变成"拼命三郎"、工作（赚钱）机器，不是他基因突变，也不是他不爱你了，而是他在用行动证明对你的爱（当然也有例外）；并非他不顾家，而是他在用其他的方式照顾家庭。他要去面对和承担更多的责任和压力，生活的重心发生了变化，他为了挑起养家糊口的担子会更重视自己的工作，会更加努力，而不再把跟你的卿卿我我放在第一位，所以他很难再像婚前那样对你嘘寒问暖、照顾有加、陪你看小桥流水、谈春风秋月。

对于一个有责任心的男人来说，你们结婚证上的戳印还没有干，甚至，从你们牵手的那一刻起，他就已经在规划你们的未来，就已经奔赴在给你创造美好生活的路上了！

而女人呢，要把对丈夫的各种期望转化为对他的理解与支持，不要再给为爱奔波的丈夫精神上雪上加霜。创业家庭比起普通家庭需要更多高效的协作，你不但要照顾好自己的小家、收拾好自己的情绪，还要在幕后为他操很多的心。此时不能在经济与精神上都热烈地向他索取，他会累垮的。请记得照顾好丈夫和家人的饮食起居、身心健康，做好后勤工作，记得感恩他的辛苦付出，采取积极的沟通方式，而非用破坏性的方式解决婚姻矛盾，因为：使人疲惫的不是远方的高山，而是鞋里的一粒沙子！

第六节 大家庭影响小夫妻

这种矛盾占婚姻矛盾的一小部分，但放在全国来说，即便占5%，那也是两千多万个家庭①，所以也值得写一写。

---

① 2016年，国家卫计委在《中国家庭发展报告》中显示，我国共有家庭4.3亿户。

案例：和原生家庭没断奶的小伙子

有一天，我在咨询室外和同事聊点事情，不经意间看到咨询室外坐了一个小伙子。他一直坐着玩手机有一个多小时，开始我还以为他是办其他事的，快到吃午饭的时间，我回到咨询室，他进来问："您是唐老师吗，我找您咨询。"

我惊讶地说："我看到你在外坐了一个小时，怎么也不吭声，还以为你办理其他业务呢。"他默默地笑了一下，不吭气。坐下来以后，我问："有什么可以帮到你？"他说："我媳妇儿现在和我闹离婚。我先说一下我们家的情况，我们家三兄弟都在深圳，我父母也在深圳，我是家里最小的。我大哥自己开公司，二哥是普通白领。我大嫂家庭条件很好，我结婚买房的时候，是大哥大嫂帮我先垫付了30万元的首付，现在我二哥也要结婚买房了，我大嫂说能不能让我还一部分钱，她把钱给二哥先买房，我二嫂也说现在房价上去了，大家能不能支持多一点……"

听他叽叽歪歪说了一箩筐他们大家庭的事情，十几分钟里99%的内容都是说和原生家庭的关系，而核心点——他们夫妻两个人的关系基本没有提到，我内心已经假设他的问题有可能是典型的大家庭影响小夫妻这种类型了。而且他说话喜欢绕弯子，不能直接面对和妻子的关系，但是我们要下班了，我就和他说："我推测你们主要是大家庭影响小夫妻，最好让你妻子一起过来咨询会快很多。你一个人单方面咨询，解决起来时间要长很多，而且效果要差一些。明天上午我有空，你带你妻子过来吧。"

第二天他和妻子一起过来了。妻子气呼呼地说："这哪是和他结婚，简直是和他们一家子七八口人结婚。当时买婚房，我们两口子收入不高，我也觉得有没有婚房没关系，但是他大哥大嫂硬是让我们买，搞得我老公每周末要去香港做代购贴补家用。这倒也算了，毕竟房子后来还升值了，而且他们也是为了我们好。他二哥以前在西安上班，后来调到深圳，

第二章　现代婚姻问题及解决方案

当时我们俩租的两室一厅，我老公把两间卧室一间给父母住，一间给二哥二嫂（当时还是女朋友）住，我俩住客厅。您知道吗，他大哥家三套房子，就因为大嫂说不喜欢和外人一起住，所以就全挤在我们这里，挤了半年啊！后来我实在忍不了了，我就说：'大哥家那儿不能住吗？'为了这个事情，他们全家人对我就有意见了。我怀孕五六个月，他妈从大嫂那里拿来孕妇装，是大嫂穿过的，我为什么要穿别人穿过的衣服？我们装修完了，大哥大嫂过来说这里装修得不好，那里装修得不好——这是我家还是他们家啊？我和我老公吵完架，听到大嫂转身就和我老公说，当初就叫你不要找她的，你不信！我的天，这么看不起我，早告诉我啊！你们这样的家庭我不稀罕！他大哥还说，如果要离婚，也要跟父母说一下，父母同意才行。这个道理我当然懂，但是他们一家人舌头伸那么长干什么，这些规矩不需要他们来教我，这是我和我老公的家。我每天生活在这么一堆人里面，完全没有女主人的感觉，在这样的家庭里待着，人多嘴杂，我们一点空间也没有，这样的生活有什么意思？"

我问她："你老公要扮演几个角色，一个是丈夫，一个是原生家庭的儿子、兄弟，如果 10 分为满分的话，你觉得他扮演丈夫用了几分的时间与精力，扮演原生家庭的兄弟、儿子又用了几分的时间与精力？"她说："他 1 分精力用在丈夫这个角色上，9 分精力是用在他自己家里纠缠。所以，我感觉这个婚姻对我真没有意义，我是 9.9 分都用来做妻子了，但是我没有丈夫！"

在心理学里把这种大家庭影响小夫妻的现象叫作"一群人的婚姻"，或者说一间婚房里睡了六个人，新郎、新娘还有双方父母，甚至更多人。

上面这个案例很典型，就是丈夫和原生家庭在心理上还没有断奶，纠缠不清，丈夫的一根头发已进了新家庭，但整个身子还在原生家庭里。

每周都有因为大家庭影响小夫妻的婚姻咨询案例，在心理学上处理这个问题的方法就是要有心理的界限。我的桌上放着一张每天都用得上的图，在咨询时我会拿出来给他们看，然后给他们解释：

1.门的把手在里面，还可以反锁。别人进来需要先敲

2.门的把手在外面，外人可以随时进来。

3.没锁，别人想进就进

第一张图是门的把手在里面，还可以反锁，夫妻可以安心地在房间商量事情。如果外人要进来，需要敲门，需要经过夫妻二人的同意，才可以进来。房间里的人也可以决定外面的人要不要参与进来。

第二张图是门外有把手，外人随时可以闯进来，不需要经过夫妻二人的同意。

第三张图就跟没有门差不多，别人想闯进来就进来，想出去就出去，像住在大厅里一样。夫妻在一起商量事情，随便什么人都可以进来插嘴、给意见，甚至七嘴八舌、说三道四。

这个时候，常常妻子一方就会尖叫："老师，我们家是第二种"或者"我们家是第三种，没有门！"

咨询感言：想起法治主义的奠基人洛克的名言：我有一所破房子，风能进，雨能进，国王却不能随便进！

小夫妻的家即使残破，它也是独立的，有界限的，亲友们切不可打着爱的名义随便进进出出、指指点点，而在现实生活中，婆婆半夜不敲门就闯进儿子儿媳的房间却是屡见不鲜。多少想和对方白头偕老的人，被这种隐形的入侵逼得最后走投无路而放弃婚姻！

是不是所有的大家庭都会影响小夫妻呢？

肯定不是，有些正是因为是大家庭，大家相互帮助、相互支持，所以人人都发展得更出色，过得更幸福，秘诀就在于：他们能够把握好各自的心理界限，或者即使大家庭参与进来了，但是小夫妻能够智慧灵活地处理，把干扰去掉，把爱和帮助留下。

第七节 其 他

一、家庭暴力

社会学家迈克尔·约翰逊（Michael Johnson，2006）认为伴侣在生活中存在三种主要的暴力：第一种是情境性暴力；第二种是亲密恐吓；第三种是暴力抵抗（反击）。

第一种是沟通不良而导致暴力，频率较低，比如几个月或者一两年或者几年动过一次手，并且较为轻微，而且多是由于沟通不畅导致情绪失控所引发，可通过专业婚姻咨询改善。

第二种是暴力与性格有关（例如冲动控制障碍、情绪控制障碍等）。例如《不要和陌生人说话》中的男主角把暴力作为控制和压迫妻子的工具，而且发生频率较高，对受害者造成严重的身心伤害，建议寻求专业家暴中心处理。

第三种是由于反抗、反击家庭暴力而引发的暴力行为，这种比较罕见。

我曾参与2014年反家庭暴力法（草案）研讨会，家暴问题的彻底改善最好由一个高度专业的团队来协助完成，这个团体可以提供心理援助与支持、法律支持、隐蔽的庇护场所（保护受害者的人身安全）、解决受害者的经济来源问题、安排相关的工作等综合解决方案。如果没有系统的支持，受害者出于种种原因（恐惧、经济没有着落、低自尊等）离不开施暴者，或者即使短暂离开，又会回去。

对于家暴的受害者，我有一句忠告：没有冲不出的围城，只有打不破的精神枷锁。

二、性生活障碍

无论心因性还是生理性的性生活障碍，均可求助当地计生中心或正规机构的性心理治疗专家，也可同时寻求婚姻治疗/咨询。

三、吸毒、成瘾症

此类问题如病理性赌博、酗酒等，均可前往当地精神卫生中心或专科医院的成瘾中心进行专业治疗。

四、精神分裂症

1. 精神分裂症的诊断与治疗

笔者一共接待过 6 例精神分裂症的婚姻咨询案例，其中 3 例是在咨询前已在专科医院确诊，3 例是在访谈中发现异常（有幻觉、妄想），我推荐他们去专科医院就诊，经诊断确实为精神分裂症。若当事人出现与现实不符的幻觉、妄想（例如总感觉有人在背后议论自己、陷害自己等被害妄想），请前往专科医院就诊。药物治疗效率更高，谨遵医嘱不但可保证病情的稳定，还可保证一定的生活质量。

现阶段，精神分裂症的治疗为国家出资，患者可前往社区党群服务中心、专科医院获取相关资讯。

2. 精神分裂症分间歇期和发作期

办理结婚离婚业务需出示权威机构（如司法鉴定中心）开具的鉴定书，鉴定书可显示其有或无民事行为能力。

由于我在家暴、成瘾症、性治疗、精神科领域是非专业人士，以上意见较为粗浅，仅供参考。若有相关问题，请前往专业机构获得更为精准的解决方案。

第八节 小 结

1. 各省/市/地区根据人口结构、性质不同，婚姻问题的种类也有所不同，以上种类只供参考。从我供职的城市来说：A区主要为本区"土著居民"，村民坐拥巨额财产，加上受教育程度有限，婚姻问题主要以赌博、婚外情（包"二奶"、包娼）现象为主。而高新技术企业的片区，则容易出现沟通不良"理工男"的案例。中产阶层大多由女性提出离婚，而贫困地区，则容易出现女性婚外情的现象。以下是本人经手的婚姻咨询的案例的种类，仅供参考。

婚外情/性30%±5%：
1.常见于夫妻长期的沟通不良、关系恶化。当事人在婚姻内，生理或心理得不到满足转而向外寻求。
2.可分为原发性与继发性婚外情、一过性、间歇性、持续性婚外情。
3.重要的节日例如五一、十一后，因婚外情产生剧烈矛盾的咨询个案增多。

沟通问题25%±5%：
1.一方社会地位发生急剧变化，夫妻落差增加、精神世界差距变大，共同语言与兴趣减少，易滋生婚外情（性）。
2.心理障碍：（参考标准DSM-5）。
3.高发家庭："理工男"/"理智女"家庭/创业家庭/"凤凰男"/女强男弱家庭/独生子女综合征。
4.每年高考结束后会有一波离婚潮，其中多数为长期沟通不良的婚姻。

经济问题1%~2%：
较少，常见于社会功能较低以及精神或心理障碍的家庭（参考标准DSM-5）。

婆媳关系25%±5%：
1.此外也包括与岳父母的矛盾。
2.较多发生在不同文化背景、自我分化不良的家庭（相关概念参考《家庭治疗概论》）。
3.矛盾最尖锐突出的时期是：婚后第一个孩子出生时，婆婆（岳母）过来带孩子，摩擦明显增多。
4.独生子女的家庭、单亲+独子家庭、公公婆婆或岳父母有一定人格/心理/人际障碍者，为高发家庭。
5.重要节日后，尤其是春节、元宵节后因婆媳关系产生剧烈矛盾的咨询个案增多。

重组家庭（一方或双方再婚）约15%±5%：
1.年龄段集中在35~50岁，其中一方或双方再婚而重新组建的家庭，面临更多的人际关系、亲朋好友的关系处理。
2.不少人第一次婚姻是冲动离婚，再婚组成家庭发现矛盾更多。例如对方与前妻/前夫/孩子/家庭的关系等。
3.其中一方或双方可伴一定程度的人格或心理障碍。

其他4%~5%：
包括：家庭暴力、严重精神障碍、性生活障碍、无生育能力、两地分居、赌博、吸毒成瘾性心理疾病等类别；

注：以上数据来自深圳市某区民政局婚姻登记处婚姻咨询室，仅供参考。

2. 婚姻矛盾有些是简单的一个因素导致，有些则是多种婚姻问题交织在一起，比如有婚外情或婆媳矛盾的夫妻，你会看到他们本身也有沟通障碍。

婚姻咨询室历年接待个案种类

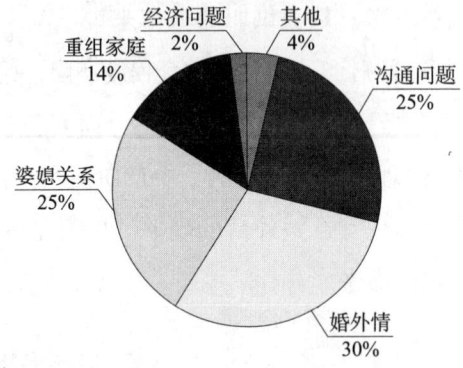

- 经济问题 2%
- 其他 4%
- 重组家庭 14%
- 沟通问题 25%
- 婆媳关系 25%
- 婚外情 30%

备注：
1."婆媳关系"也包括"岳父母矛盾"；"婚外情"包括："婚外情"与"婚外性"；
2."重组家庭"指夫妇双方至少有一人已经历过一次婚姻、并可有一个或多个前次婚姻的子女，重新组建的家庭；
3."其他"包括：家庭暴力、严重精神障碍、性生活障碍、无生育能力、两地分居、赌博、吸毒、等类别；
4.以上数据来自深圳市某区民政局婚姻登记处婚姻咨询室，仅供参考。

第三章 婚姻家庭知识科普

第一节 孩子年纪小不记事

孩子小,到底记不记事呢?先给大家看一个国外试验的视频。这是一个心理试验,是为了测试"大人争吵究竟会对孩子产生怎样的影响"。

https://v.qq.com/x/page/e0314ys9obu.html

试验的过程是: 孩子刚开始和A、B两位女士玩得很开心,气氛轻松。一会儿,进来一个中年女性C,用比较大的声音和生气的语气和A女士争吵了几句,争吵完后,A女士继续邀请孩子玩玩具,孩子看着玩具发呆,面无表情,没有了刚才的兴致……

为什么呢?因为他感觉到了紧张的气氛。

经常听到来咨询的夫妇说,趁着孩子年纪小不记事,把手续办了;趁孩子年纪小,暂时放到姥姥家……

孩子小,事情的原委是记不得,但是并不代表对孩子没有影响!

人是有感受的,感受是会被保存下来的。

孩子从生下来就能够感受到这个世界是不是友善的,这个家是不是欢迎他的，家庭的气氛是紧张还是放松的，他的周围是安全还是不安全的。

一、安全感是怎么形成的

大量的现代神经科学研究发现，一个人的安全感建立在3岁以前，这是一种比较早期、比较深、比较内隐的记忆，想要用语言或者线索调取出来是很困难的。在弗洛伊德的理论里，把这些记忆归类到潜意识。比如刚才的试验视频里，小孩子肯定记不得大人的这次争吵，也记不得大人是为了什么事情吵架，但是他一定可以感受得到周围的气氛变紧张了。如果一个孩子的家庭里，一会儿父母吵架，一会儿婆媳大战，整天鸡飞狗跳；或者一会儿把他送到这家抚养，一会儿送到那家抚养，成长的环境气氛很紧张或者很不稳定，就会严重影响孩子的安全感。

这些紧张的气氛、不安全的感觉会沉淀进孩子的潜意识里，并终身影响他。那么这个影响大到什么程度呢？

可以说会影响他的终身幸福！

大量的研究表明：早期亲子关系的质量会对一个人的性格和心理都产生非常重要的影响，这个影响持续到他成年以后，并且会影响他的恋爱关系、婚姻关系，还会影响他和下一代的关系！这些影响将波及孩子身边最亲近、最重要的人，所以说关乎孩子的终身幸福一点都不夸张。

二、原因和原理

我们来讲一个著名的理论——依恋理论。

在欧洲，从事临床心理学专业的学生需要练一个基本功——"婴儿观察"，通常以24个月以内的婴儿作为观察对象，他们需要观察孩子各方面的反应；与环境、与妈妈的互动情况，至少观察一年以上，重点观察这个孩子有没有安全感、和妈妈的互动关系、依恋关系等。

依恋理论最初由英国精神病学家鲍尔比（Bowlby）提出。鲍尔比观察到，当妈妈离开的时候，有些孩子很安静、很乖，行为和情绪没有变化；有些孩子则会哭闹，甚至会以极端的方式（如大声哭喊、紧抓不放）不让妈妈走或者到处找妈妈。这就反映了孩子和妈妈的依恋关系。

人为什么会有依恋？

其实哺乳动物都有依恋，你会看到几岁的小孩子或者小猴子或者熊宝宝，以及很多动物的小宝宝，一旦碰到危险或者受到惊吓的时候，就会本能地跑到妈妈身边。人类的小孩会哭，要妈妈抱，要妈妈安抚，这样他恐惧激动的情绪才会很快得到平息，等这阵子过了，他又会挣脱妈妈的怀抱跑去玩，如果又碰到一点危险或者陌生人来了，他又会跑回来找妈妈，要妈妈的安抚。

所以妈妈其实是孩子的安全基地，通常小孩子走出几步，就会回头看看妈妈在不在。有妈妈在，他才敢放开玩；如果妈妈不见了，他就没法儿安静地玩，他的第一件事情就是去找妈妈，这就是依恋。

依恋是动物求生存的本能，但凡对生存有利的本能都会保存下来，这是进化论的观点。

但是每个妈妈都不一样，有些妈妈很抑郁，有些妈妈很暴躁，有些妈妈很没有耐心，有些妈妈要赚钱忙工作，还有些妈妈很冷漠、不关心孩子的冷暖（我们形容为冰箱妈妈）。美国威斯康星大学动物心理学家哈洛的著名的母爱剥夺实验，让我们知道还有铁丝妈妈。有人在福利院做过试验，缺少母爱、缺少安抚、缺少与人的接触、拥抱的孩子的存活率要更低，死亡率要更高。

不同的妈妈养育出来的孩子也会有不同的依恋风格。

依恋风格、依恋类型在临床上一共两类（安全型与不安全型）、四种：

依恋类型：

1：安全依恋

2：不安全依恋

A. 焦虑矛盾型

B. 回避型
C. 不定型

高焦虑

焦虑恐惧型　　逃避恐惧型
(Anxious)　　(Fearful Avoidant)

低逃避 ——————————— 高逃避

安全型　　逃避退缩型
(Secure)　　(Avoidant)

低焦虑

这四种里是有一种是安全型依恋，其他三种是不安全型依恋。不安全依恋型的心理特征会影响个人调节情绪和探索外在世界的能力。

依恋理论有一个著名的心理学试验："陌生情境试验"，由美国心理学家艾恩斯沃斯等人设计，用来研究婴儿处于陌生的环境中并且与母亲分离后的行为和情绪表现。在试验中我们看到，孩子有三种不同的反应。

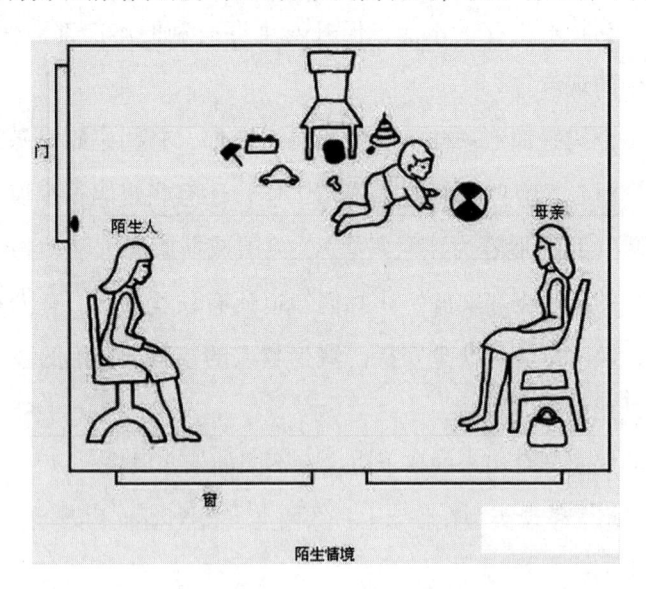

陌生情境

1. 安全型：当妈妈离开房间的时候，孩子就开始哭闹，情绪激动，舍不得妈妈；妈妈回来的时候，孩子立即表现得非常开心，快乐地迎接妈妈。一旦有妈妈在身边，他就很快安静下来，继续玩游戏。

2. 焦虑矛盾型：当妈妈离开房间的时候，孩子就哭闹得厉害；当妈妈回来的时候，孩子一般有两面性，一方面，妈妈回来了，他有些高兴；另一方面，他对妈妈的离开感到生气。这类孩子需要较长的时间才能安静下来，情绪才能够稳定。但即使他安静下来，情绪稳定，也只是暂时的，一会儿，他又生气地把妈妈推开，重新哭起来。这种孩子爱作爱闹，情绪比较反复。

3. 回避型：妈妈在或者不在，他都没什么反应，妈妈出去，他没感觉，妈妈回来，他也不欣喜，不管妈妈在不在身边，他都会继续玩自己的游戏。一般人会认为这种孩子比较好带，而且看起来他也是很淡定的样子，但是，这只是表面现象。实际上，这种孩子的内心是不平静的。研究人员发现，这类孩子在妈妈离开的时候，他们的心率会增快，和其他又哭又闹的孩子的内心是一样的，而且他们体内的皮质醇水平（压力激素）也升高了。表面上风平浪静，实际上他的内心也是有情绪的，只是看不出来。

还有一种是不定型，也称"紊乱型"，这种依恋类型数量极少，常见于精神病人、严重的边缘特质的人。

我们来说一说常见的前两种类型——回避型与焦虑矛盾型依恋是怎么形成的。

如果父母或者家庭关系冷漠，或者妈妈（或主要养育者）比较抑郁，或者对孩子比较冷淡，没有发自内心的关爱，那么你会看到孩子会有这样的现象出现：孩子因为小，所以他常常遇到挫折，或者有各种各样的需求，例如饿了要吃东西、尿湿了要换尿布、受到惊吓需要大人安抚、需要大人回应、需要获得安全感，但是如果孩子常常发出这样的信号都没有回应的话，他只能自己面对恐惧、焦虑、失望，那么在他神经系统深处会隐隐约约地感觉到这个世界是不温暖的、不友好的，我是不受欢迎的，遇到恐惧、焦虑是没有人来帮忙的。这样的孩子慢慢就不再向外界发出信号了，情感上就会变得比较回避，不黏人，甚至关闭自己。

从依恋关系上来说，虽然有的孩子变成了回避型，长大后反而比较容易在事业上获得成功，但是他在情感上难以和他人互动，跟他人的距离较远，不容易打开心扉，通常比较孤独，因为他从小就学会独自面对和处理自己的情绪情感，同时他也不太会关心别人、不会知冷知热、对感情看得不重、容易有冷暴力。

如果养育者或者家庭氛围过于冷漠，这样家庭里长大的孩子有可能性格非常独立，甚至独立到让人心疼，独立到不需要任何人，因为在他的潜意识里，对于人与人之间的帮助与支持，非常陌生甚至早已绝望。

研究发现，回避型依恋的人更可能离婚（Ceglian & Gardner, 1999）。

如果妈妈（或主要养育者）忽冷忽热，有时候回应孩子，有时候又对孩子置之不理，这样的孩子容易成长为矛盾焦虑型依恋——你离他远点儿，他就不放心，要到处找你，直到你有回应；找到你了，他还要哭闹，对妈妈又需要、又拒绝。

抚养质量与自尊水平

如果妈妈对孩子较为关爱，孩子一有反应妈妈都较为及时地回应，送去爱与安抚，孩子就会感觉到被爱、被理解、被珍视，潜意识里对亲情、对人、对世界较为信任，这样，妈妈就慢慢地帮孩子建立了稳定的自尊。如果孩子不但有较好的安全感，还有较高的自尊，这就是安全型。而不安全型则相反，他们的自尊通常不稳定或者偏低。

成人以后，依恋类型在婚恋中的表现

我们先来看看成人的依恋类型。

依恋类型：是什么决定了你在恋爱中的表现？

https://v.qq.com/x/page/a0308xpb9qf.html

前男友说你太黏人，前女友说你太冷淡，总是被骂不懂什么叫作爱——到底是什么决定了你在恋爱中的表现呢？都说三岁看八十，小时候和爸妈的关系，决定了你的依恋类型，影响你怎么对待另一半。

心理学家根据人在亲密关系中焦虑感和回避感的强弱，把人的依恋类型分成了四类：

◎ 安全型的人绝对是婚恋市场上的抢手货，他们信赖、依赖、帮助另一半，总能很好地处理亲密关系。

◎ 痴迷型是"黏人宝宝"，他们恨不得和伴侣是连体婴，一刻也不要分开。

◎ 疏离型的人总是对恋爱不上心，一脸风轻云淡，让另一半非常困扰。

◎ 恐惧型的人有点像刺猬，他们相信没有依赖就没有伤害，很难拥有一段正常的恋情。

不过无论是哪种依恋类型都有更新和改写的可能。如果你是不安全的依恋类型，那就找个安全型的伴侣吧，或许他能够帮你改变。改变的过程可能艰难而漫长，但无论如何都要加油！

安全型的人属于比较常见和正常的，美国的数据显示安全型的人占总人口的 60%~65%，日本的研究数据表明安全型的人占总人口的 65% 左右。安全型的孩子长大以后对感情比较信任，不担心被人抛弃，相信自己是有价值的，是受人欢迎的，容易建立信任的婚姻关系，也会给对方、给自己足够的空间。如果恋爱双方都是安全型，婚姻比较容易稳定和幸福。

如果你的配偶是一个安全型依恋的人，那就恭喜你了。打个比方，如果你有了婚外情，他/她会伤心，但是不会情绪不能自控，对你的行为解读也会比较正向，他/她可能会想你是不是有什么难处？是不是我在婚姻里做得不够？如果你们的婚姻很正常，他/她也会把你们的关系往好的方向推进，比如你电话接不通了，他/她会认为你在忙；如果你约会迟到

了，他/她会觉得你是不是在路上遇到堵车了；婆婆说多几句，安全型的媳妇会认为婆婆可能是心情不好，并不是针对她……总之，他/她的自尊水平较高，对人的信任较深，对人的解读都是比较善意的，这样的婚姻关系/人际关系容易稳定、容易维系，也容易获得幸福。

案例：亲眼目睹女友和其他男人在床上……

赵先生，28岁，小时候的成长环境很好，父母关系很稳定，从小到大求学过程顺利，毕业于国内一流大学，人际关系融洽，在著名的通信企业任职。在一次聚会上认识女友石小姐，石小姐的成长环境较为颠簸（父母分居多年，母亲有抑郁症），现从事金融行业。

赵先生对感情认真而付出，两人的消费均是他埋单，从确定恋爱关系起，赵先生即开始计划买房。两人交往一个半月左右的时候，有一天他提前去女朋友家拿点东西，却亲眼目睹石小姐和另一个男人在床上。赵先生受到极大的刺激，尽管如此，他很快冷静下来，和石小姐说："你是不是有什么难处，你可以和我说说，这个事情也希望你给我一个解释，你的解释如果是合理的，我还可以相信你。"

石小姐对此事闪烁其词，没有正面的回应。经专业咨询后（特殊的心理创伤处理），赵先生冷静友好地结束了这段关系，10个月后顺利进入一段新关系，并结婚。

赵先生是典型的安全型依恋，对人的信任度较高、安全感很足、情绪稳定、容易安抚、自尊稳定，遇到分歧没有大吵大闹，对人没有恶意理解；而石小姐受成长环境影响，属于不安全型依恋，不能够敞开心扉，遮遮掩掩，难与人建立稳定、安全、信任的关系。可以预见，石小姐的恋爱之路不会太顺利。

在日常咨询中，出问题最多的就是矛盾焦虑型依恋的人，他们心理创伤比较严重或小时候抚养条件不稳定，对配偶、对感情的信任不深。配偶稍有疏远，或者稍有嫌疑，就会引发他们很大的情绪反应，查岗、查手机、查邮件，全面监控也解决不了他们的安全感问题，化解不了他们的仇恨与敌意，缓解不了他们的情绪，更没法得到他们的信任。配偶会感觉他们既需要你，又要推开你，很"作"，非常累人。

这种类型是不是有些像那些找不到妈妈的孩子？只要想见妈妈，就不停地哭闹，直到见到妈妈为止。但见到妈妈还不行，还要推开妈妈，还要闹，还有情绪。一会儿温情脉脉、一会儿情绪爆发，对爱又渴望又恐惧，非常没有安全感，让对方感到窒息，让人累让人烦。但他们也不自知，即使自知，也不能自控。

案例：丈夫赚了第一桶金后，我好害怕他离开我……

这对夫妻俩在我区科技园做点小生意，妻子是一个典型的矛盾焦虑型人，自从和丈夫赚了第一桶金以后，她就要和丈夫做"连体婴"。到什么程度呢，就是不能和丈夫分开几分钟，丈夫在家里上厕所，她要么要跟着丈夫一起进厕所，要么要丈夫开着门。吃饭都要坐在同一排，不能坐对面。她的焦虑和恐惧自己已无法控制。最后丈夫忍无可忍提出离婚。

咨询师说道："自从生意做起来以后，经济越来越好，妻子这样的异常行为她自己也控制不住，是因为内心非常害怕丈夫抛弃自己，离开自己。"（在专业婚姻治疗中称为"重新界定技术"）

妻子泪水涟涟地说："是的，我自己也没有办法控制，我知道这样让他很烦，但是我真的好害怕，我半夜都会醒来看看他在不在我身边。我好害怕他离开我！"

丈夫叹气："她简直是无理取闹，我真的受不了。如果是这个原因，那我可以接受。你看，钱我都交给你，房产也在你的名下，你和我辛苦打拼这么久，我从来没有想过离开你。"

处理完情绪和冲突后，咨询师给他们做了专业上的澄清与解释，并且嘱咐了相处的方法，双方牵手离去。

一般来说，安全感不足的人群中女性比较多。在咨询中，会听到很多男士说："她什么都很好，就是情绪不稳定，不信任我，我和她生活在一起太累了。"

感觉到累、感觉窒息还是比较轻微的，比较严重的会导致身边人感觉要崩溃。

案例：提到我的婚姻，想死的心都有了！

张先生，私营业主，工厂开在东莞，家住广州，东莞、广州两头跑。他是二婚，妻子有较典型的边缘特质（不安全型依恋），经常歇斯底里地发作，一到晚上10点就不停地给他发短信、打电话，也就是传说中的"夺命连环CALL"。开工厂已经压力很大，回到家里非但不能缓解压力，还增加压力。他说有一次因为产品有色差，美国客人退了一个货柜的货回来，他感到非常挫败，情绪很不好，完全没有心思接妻子的电话。开车回家的路上，发现妻子已经发了很多条短信过来骂人了，说不知道他又跑去哪里鬼混了，把工厂开在东莞，是不是为了找"小姐"方便……

他流着泪说："我整天为家累死累活，她没有一句感谢的话，还整天折腾我、怀疑我、折磨我。婚姻家庭这么累，真不知道活着有什么意义。当时我在高速公路上开车，看到她发的这些骂人的信息，真想把车头一掉，撞死算了！"

美国的样本研究显示，矛盾焦虑型依恋人群占到总人口的12%～17%，紊乱型依恋人群占3%。有学者称，在中国、印度等国家，女性的养育环境不如欧美，女性的不安全型依恋有可能偏高。可以预见全国有多少家庭在过着这种折磨人的日子，在承受着沉重的婚姻。很多咨询师同行都说，从这种婚姻里爬出来，就像脱了几层皮一样！

回避型的孩子长大以后心比较硬，跟他人总保持足够的距离，不容易敞开心扉，他们对感情比较游离，不太投入，也不太主动，因为他们从小和妈妈（或主要养育者）的关系就很疏远，关系不深，所以他们给人的感觉就是不怎么在乎感情，不愿意投入太多，浅尝辄止。这种人在事业上往往比较容易成功（相对而言），因为他们很少把精力放在感情上、家庭上，而是更多地放在工作上。他们的婚姻感情也容易破裂。

从小没得到什么温暖，所以也给不出温暖、不会关心人。在感情上没有尝到过甜头，也不愿意为感情大量投入。

回避型，感情的恶性循环

遇到问题容易退缩、逃避、浅尝辄止，所以婚姻感情容易破裂，信心挫败，对感情更灰心，更不愿意再为感情投入、再付出（把精力转到工作上）。

回避型的人以男性居多（与文化有关）。在夫妻交流的过程中，你会看到回避型的人要么说话很少，要么一旦对方有点情绪了，或者谈到的话题比较深入的时候，他就要逃避，常常表现出心不在焉的样子，要么不接你的话题，选择性缄默，一会儿又接电话、看手机，更有甚者，一旦谈到和他有关的话题，他会和你说："老师，我出去抽根烟"，这时你会看到一旁的妻子一肚子火往上冒，你会感觉和这种人沟通真的就像一拳打在棉花上，让人很抓狂。

回避型的人通常是冷暴力的制造者，也极易在婚外寻欢。

据相关研究，"留守儿童"易成长为不安全型依恋的人，尤其是回避型依恋。

案例：她的心好硬，都是我主动，就像"热脸贴冷屁股"！

白小姐成长于单亲家庭，父母早年离异，她事业成功，但多年来过着形单影只的生活，婚后两年，由于丈夫出轨，前来做夫妻咨询。

丈夫郭先生诉苦道："她好像对感情、对我一点儿都不需要，在婚姻里就是我'剃头挑子一头热'，总是我一个人付出，心好累。在她心里，好像我是可有可无的，一点儿不像别的女人对丈夫牵肠挂肚、知冷知热的。"

白小姐怒目圆睁："你还有理了，如果不是因为有孩子，早不知道让你滚哪里去了！"

郭先生一下子被噎住了，像是心里被扔满了石头一样难受，好久都说不出话来，他把脸别过去叹气。

白小姐是典型的回避型依恋，骨子里不相信、不依赖感情，不在乎对方，不在乎感情。和这种人在一起，爱人总感觉自己是"热脸贴冷屁股"，他们在感情上不如自己投入，比较戒备和怀疑感情，心离你远远的。

三、没有安全感，怎么办？

讲完了家庭的养育环境对孩子的影响以及依恋类型后，还要重申一下：这种由于长期的养育环境、在成长早期造成的比较深层的、内隐的记忆、安全感的缺乏、情绪的不稳定、情感上的逃避不能仅靠上心理学方面的课程、看心理学方面的书籍、师长朋友劝诫教导就可以改善的。

经常听到没有心理学基础知识的人殷勤地劝诫甚至教导他人：安全感要自己给啊，你要温柔一点啊，你要相信他啊，不要这么强势啊，你这样是不对的，这样是冷暴力，等等。这样的劝诫就好像在对一个断了双腿的人说"你意志坚强一些、自己控制好，就可以跑起来；如果你跑不起来，是因为你不够努力"一样荒谬。

而且当事人就算明白，也没有办法用意志力去控制自己。谁不想变得更有安全感，哪个女人想变成"母老虎"，哪个男人娶妻就是为了给她施加冷暴力……这不是当事人想改善就立马能改善的，这些情况需要正规的、深度的、长期的心理咨询。或者如果当事人遇到能够无条件包容他、忍受他、接纳他的人，经过多年高质量、稳定的婚姻爱情浸润，也有机会得到改善。

总之，缺什么补什么，小时候缺少父母的爱，长大了，就让丈夫/妻子补，不可能喊喊口号、上上课、看看书、接受一点指导、喝喝"鸡汤"，一个人就有安全感了，脾气就变好了。

大家现在可以理解为什么边缘特质的人情绪忽冷忽热，为什么小时候家庭气氛不好的人长大以后脾气、性格、情绪都会有偏差，或者没有安全感、恐惧、敏感多疑——这都是家庭的气氛多年潜移默化的结果。

这些人也很无奈，出生在残缺破碎冷漠的家庭里是无法选择的事情，小时候缺爱，长大后自然不太懂得怎么爱，不懂得怎么为他人付出爱，所以，婚姻或命运必定坎坷。因为一个人没法给出自己没有的东西。

四、如何让孩子赢在起跑线上？

斯蒂芬·伯吉斯的多迷走理论——神经感知理论

环境	神经系统	功能	大脑结构	行为系统
安全	腹倒迷走神经	沟通 自律 平静	新皮质 意识	语言 学习 接触 关系
威胁	交感神经系统	动员 战斗 退行	边缘系统 增强自发反应调节	胳膊 腿部运动
生存威胁	背侧迷走神经	低声 假死 分享	脑干	内脏 固化 儒住 麻森

上图是斯蒂芬·伯吉斯的多迷走理论，可以看到，当一个人处在安全友好的环境中，腹倒迷走神经就会兴奋，这个时候人的状态会比较平静，放松了以后，就会去发展语言、学习这些功能，就会探索世界、发展人际关系、社交能力。

而当人处于一个吵吵闹闹的环境中，易感受到不安全，那么人的交感神经就容易兴奋，这个时候人的边缘系统容易活跃，这种环境下长大的孩子静不下心来学习，他的学习力、理解力、社交能力都会差一些，有些严重的还会变得好斗、有攻击性。

所以，同样是另一半发生婚外情的情况，如果从小成长在环境比较平稳友善的家庭里，得知另一半的婚外情后也会心痛难过，但是情绪反

应会平稳一些，不会有太多破坏性行为，也容易被安抚，事情更容易往好的方向发展；如果小时候养育环境不太稳定，身上就容易长"刺"，对人、对世界的信任度、敌意较多，要么自尊受不了，要么易引起情绪大爆发，一步步把另一半推开，自己没办法控制情绪，易将小事闹大、大事爆炸，最后让事态发展到不可收拾的地步。

所以，我们看到，成长环境好、家庭幸福的孩子往往更容易顺顺利利地进入学习和恋爱，发展自己的特长、交朋结友，因为他们的心里有一个安全基地。他们快乐高效地生活工作，也容易取得较高的社会成就。

如果小时候家庭氛围不好，长大后也容易紧绷绷的，在家里积累的负面情绪难以释放，注意力、理解力、学习力、社交能力都会受到干扰，对人的信任度也比较差，婚姻质量、社会成就容易偏低。

所以，孩子小，即使还不记事，但是从生下来就有感知世界的能力。这些记忆将会保持在他神经系统的深处，并且影响他的一生。

对于孩子，做父母的都竭尽全力想让孩子赢在起跑线上，但心理健康这道起跑线的重要性，远远超过学区房和兴趣班。

因此，请搞好你的婚姻关系、家庭关系，你们的关系就是孩子的起跑线。

案例：这辈子我再也不会结婚了。

阎小姐，30岁，自生完女儿后，情绪不稳定，和家人关系十分紧张，尤其和婆婆简直水火不容。访谈中她说："我感觉他们一家人根本就没把我当人看，尤其是他妈，简直就是想要他儿子找一个生育工具。他们家一直想要抱孙子，现在我生的是女儿，一家人的脸色不知道多难看！我坐月子的时候，有点儿感冒，晚上咳嗽，就听到他妈在外面叹气，这不是嫌我娇气吗？第二天早餐也不买不做了，让我啃前几天剩下的馒头。我现在对婚姻、对男人也死心了。我妹说得没错，这世界上没一个男人靠得住，在结婚前对你千依百顺，把你捧到天上，结婚以后你就掉到地狱里。婆婆过来以后，我老公也完全变了个人！怪不得现在那么多人离婚。我现在无论如何哪怕去法院打官司也要争取到孩子的抚养权，再苦再累也要把孩子带在身边！这一辈子我再也不会结婚了！她愤愤不平地说着。

丈夫在一旁不停地叹气摇头，解释说："老婆，根本不是你想的那样啊！你想得太多了，我妈她从来不计较你生的是女儿，她不是重男轻女的人，你看我妈对我妹妹多心疼啊，比对我还好！那天早餐只有馒头，是因为我妈起床突然感觉有些头晕，上午就去社区医院检查了，看你好像心情不好，也不让我和你说。我妈还常常和我说要多体谅你，说你小时候父母关系不好，没有得到家庭的温暖，要我多关心你、爱护你。你知道吗，工资卡还是我妈让我交给你管的，她说我们现在这个阶段比较艰苦，我在顶着压力创业，你又刚生完孩子，很容易没有安全感，让我多替你着想……"

女方完全不听丈夫的解释，坚持要离婚。

请您思考：

1. 上述案例中，你觉得谁是安全型？谁是逃避型？为什么？
2. 他们的对话有什么特色？沟通有什么特点？
3. 如果女方再婚，这种情况会再次出现吗？
4. 从他们的对话推测一下，双方的成长环境和主要抚养者（妈妈）的依恋关系如何？为什么？

五、为了孩子有一个完整的家，坚持不离婚

过去不少父母为了孩子有一个完整的家，坚持不离婚，特别是女人，为了孩子宁愿忍气吞声，而现在我常常看到年轻父母很有勇气地和我说："唐老师，我不想孩子在这样的家庭里长大，所以我想早点把婚离了。"这两种观念，都是不够的。我想告诉他们的是：离不离婚不是关键，重要的是改善关系。

1. 婚姻不幸对孩子的影响

数据显示，离异家庭的孩子犯罪率比正常家庭高几倍，婚姻破碎也

会导致孩子容易出现以下几种情况：

- 幸福水平较低、对生活满意度较低，抑郁水平较高，患抑郁症的比例增加；
- 退缩、社交能力变差、心理适应能力低下；
- 出现各种偏差行为，比如叛逆、上课不守规矩、跟同学打架、偷窃、早孕、学业不良等；
- 心理异常，比如容易抑郁、憎恨、易怒、自卑、多疑、嫉妒、胆小、逆反、孤僻、情绪不稳定等；
- 健康上容易发生问题，平均寿命明显减短；
- 成年后，婚姻关系更为脆弱。

婚姻破碎对孩子不好，但是美国心理治疗领域的著名专家戈特曼（Gottman）博士[①]在1989年的调查中发现：同样的现象也会出现在父母亲虽然没有离婚但关系恶劣、紧张的家庭里。也就是说，离不离婚不是关键，父母的关系怎样是最重要的。光说我要为孩子维持这个家庭，坚持不离婚还不够，还要改善关系！

---

① 戈特曼博士出生于1942年4月，美国华盛顿大学的荣誉退休教授，被选举为近25年来在心理治疗领域最具有影响力的十大杰出人物之一。30年来，戈特曼博士一直致力于亲密关系领域的研究和临床实践，他引入程序、治疗计划和跟踪研究的方法，来检验他在实验研究基础上得出的有关幸福和成功婚姻的组成成分的结论，并出版了诸如《The Seven Principles for Making Marriage Work》《The Relationship Cure》《Why Marriages Succeed or Fail》等畅销多国的关于婚姻研究和治疗的书籍。

戈特曼对婚姻的研究视角，从之前仅关注婚姻个体因素的角度转向夫妻互动的角度，他认为婚姻的健康与否，更多取决于夫妻二人互动模式的健康与否。他在对夫妻关系进行评估和考察的时候，用得最多也是当前美国婚姻研究领域最广泛使用的行为观察法，使用夫妻行为观察技术，对夫妻互动行为进行编码分析，整合出预测婚姻走向的理论模型，再经纵向追踪调查验证。

戈特曼同时注重研究与心理活动相关的生理基础。他的婚姻研究实验室，是他很多研究发现的起源地。

戈特曼的公寓式婚姻实验室修建于20世纪70年代，坐落在华盛顿大学附近一个湖光山色的风景胜地。这个实验室与普通公寓或实验室不同之处在于，每个房间都装有摄像头，从早九点到晚九点，实时记录夫妻一天的生活。同时，还配备有生理反馈装置记录夫妻在交谈互动过程中的生理变化指标，生理反馈仪可以记录呼吸、心电反应、血压、皮肤电反应、肌肉群的运动等各种指标的变化。他们还通过生化检查，来检验尿液中压力激素的变化，还有免疫学家参与评估血液样本中的各项免疫指标变化。

想想看，一个孩子回到家里，父母要么吵架、要么动手、要么把气发泄在孩子身上，家里整天鸡飞狗跳，一会儿"小三"上门大闹，一会儿妈妈又在说奶奶的坏话……这样的家庭孩子可能不受到影响吗？

我国的离婚率在 30 年前是 1.87%，号称"世界上最稳定的婚姻"，在这些家庭长大的孩子现在都已成年成家，也就是 70 后、80 后。在咨询中，我每次问这些过来办理离婚的夫妻小时候的成长环境是怎样的，95% 的人都会说父母关系不好，或者父母经常吵架冷战。做为专业人员，我对"劝和不劝离"的观念持坚决的反对态度。很多人拼了命也要给孩子一个完整的家，可是光维持一个家真的不够！如果你不改善关系，家里整天鸡飞狗跳，那么你就在为社会培养一个心理病人，甚至可能葬送孩子的前程！

很多夫妻会说，我也想改善啊，但是遇到你们太晚了，我们也想了好多办法，就是搞不好关系，现在已经走到离婚的边缘，感情都消耗完了，没有动力再改善了，怎么办呢？整天吵架对孩子也不好，那我就离了算了吧？

当然，这可以理解，离婚的人真正想要终结的是痛苦，而非婚姻。在见到咨询师之前，我相信他们已经折腾了各种办法。

2. 减少恶性离婚，好聚好散

离婚也不是不可以，这是目前解决婚姻问题、解决痛苦最常用的办法之一。

离婚当然可以，但是不要恶性离婚，可以在离婚前做一次正规的婚姻咨询，作用就是化解你们的冲突、减轻你们的怨怼、减少双方的误解，可以帮你们把心中的怨恨、委屈、难受、绝望都做一些处理，这样，你们两个人可以好好说话，好聚好散。

在中国，父母离婚的孩子抑郁症以及其他心理疾病的患病率高达

40%~60%[①]，但是在欧洲，这个比例少很多，原因是父母离婚以后仍然可以做朋友，这种比较和谐的关系就不会给孩子带来心理上的冲击。

所以如果夫妻二人确定过不下去了，坚决要分开，而且分开了对大家都好，请来做做正规的婚姻咨询，减少两人的冲突，缓和两人的关系，同时也可以减少对孩子内心的冲击，他会感觉到虽然爸爸妈妈分开了，但是对他的爱是不变的。咨询还可以减少父母对孩子的内疚，有些人稀里糊涂一冲动就把婚离了，但是对孩子有很多的内疚，然后就拼命地补偿孩子，过度宠爱，反而害了孩子，也会影响以后组建的新家庭，下一任配偶会觉得你对上一任的孩子付出过多，可能你的心还在之前的家庭里，这样导致的心理不平衡又会引发新的家庭矛盾。

3. 分手之前我们可以做些什么？

目前在我国，离婚以后还能做朋友的比率比欧美国家少很多，这是我们文化中不足的地方。很多人离婚以后关系就变得很奇怪，不能够平心静气地以朋友的身份相处、相互祝福，不能再一起好好地面对孩子，更有甚者会上演"抢孩子大战"，奶奶或者外婆会把孩子带走或者藏起来——试想处于这种撕扯关系中的孩子，内心能没有冲突吗？很多人离一次婚就像结仇一样，这些人其实对孩子很不负责，甚至是比较自私，把自己的爱恨情仇放在第一，不重视孩子的心理感受与心理健康。

在结束这个家庭前，要把爸爸妈妈为什么不能在一起和孩子说清楚，这样双方就不会背着心理包袱上路，能更好地投入到新生活里去。争取得到孩子的理解与祝福，以便以后更好地面对他。平顺和谐的离异关系也势必影响孩子的人生观、婚姻观，对他未来的人生是有帮助的。他会明白，原来人与人之间没有了爱，但至少不会有恨，爸爸妈妈不在一起，

---

① 数据来源：《深圳市单亲家庭儿童心理健康状况调查》，中国社会医学杂志2009年4月第26卷第2期，作者：周丽，彭朝琼，袁碧涛。

方法：采用分层整群抽样的方法抽取深圳市3000名学生，采用心理健康诊断测验（MHT）进行评价。结果，单亲家庭儿童心理健康问题阳性检出率为56.2%，显著高于正常家庭，其中学习焦虑尤为突出（40.5%），孤独倾向阳性检出率显著高于正常家庭；结论：单亲家庭儿童心理健康问题较为严重。

还可以做朋友，还可以和平相处，而他还是爸爸妈妈的孩子。

他会感觉这个世界是友好的，人性不是面目可憎的，是值得信任的；婚姻爱情仍是值得向往、相信和期待的。

第二节　为什么我的婚姻总是不顺

案例：算命的说我"克妻"！

有一天，咨询室来了一对小夫妻，妻子怀着孕，丈夫瘦瘦小小，眼神飘忽。两个人看起来都非常憔悴。丈夫是二婚，妻子则是头婚，结婚快一年了。丈夫创业，妻子开网店。

妻子一进来就絮絮叨叨地抱怨说：丈夫没有给她安全感，很多事情遮遮掩掩，包括跟前女朋友几年前一起合伙买了套房，婚后很久她才知道。除了有一段婚史外，丈夫婚前还谈过五六段正式的恋爱；现在丈夫有多少收入，她也不清楚；他的手机从来不让妻子看到；晚上没回家，第二天回来也不解释自己去哪儿了。和他过，心里总没有谱；不和他过，肚子里的孩子怎么办？所以来咨询看看有没有解决办法。

丈夫脸色铁青，看得出他的心情很不好，他在旁边一会儿辩白，一会儿又不吭气。他妻子气得先走了，他还坐在咨询室里。我问他有什么想单独聊的吗？他目光发直，缓缓地和我说："老师，小时候人家给我算命，说我婚姻不顺，感情会有很多波折。我经历了这么多段感情，这些女人最后要么离开，要么闹翻，我觉得好累，我的命好苦……"

说完，他掩面痛苦地抽泣起来。

等他平复下来，我给他做了一些心理方面的科普，告诉他这是一种"强迫性重复"的现象，他顿时觉得好惊奇，他说："没有想到现代心理学居然还研究到这些领域了！"

于是他又跟我说了一个秘密，原来，他父亲也离过两次婚，四十多

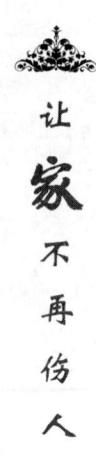

岁以后就没有再结婚，一直单身到现在，认命了。他觉得这是家族逃不出的厄运，冥冥中注定的天意。想到自己现在感情又变成这样，只觉得无限悲哀。

他问："老师，那你说说，我这到底是怎么回事？"

我说："你所有的女朋友、妻子是不是都抱怨你这个人说话伤人而且心不定，不能给她们安全感，是不是？"

他说："对啊，她们都是这样抱怨。那怎么办，我不想再这样下去了，孩子很快要出生了，我希望这段婚姻能够稳定，我不想孩子有个破碎的家。"

我说："如你妻子所说，你给人的感觉是总在防着别人，没有把心放在家里，心不在她身上。现代社会，女人和你在一起，大部分就是图个感情，感情不稳定，对方就容易和你闹，婚姻就很容易有波折。你这种特点跟你小时候的成长环境、家族的精神遗产或者一些大的创伤事件有关，可能有基因上的继承，也可能是经验上的代代相传，还可能是多方面的原因。但并不是说你认识到了这一点，靠你头脑的控制，就能马上变得稳重踏实。深层的原因，是因为你的潜意识深处有很多恐惧、冲突、创伤，等等，需要专业的、深度的心理咨询或者创伤治疗才能够缓解或者根治。当然，如果你平时注意自己的言行，注意与他人的相处方式，慢慢调整、矫正也会有一定的效果。建议你在条件允许的情况下，还是一边自己调整，一边做正规的、长程的心理咨询。"

这位丈夫成长于经济落后地区，对于心理咨询与治疗认识不够，也没有什么信心，草草地在网上找过一次心理咨询，但认为并没什么效果（普通人来咨询，一上来就想要方法和指导，而婚姻家庭咨询大多是需要调整情绪情感，方法和指导大多是在调整人的认知和行为，而非情绪，所以效果十分有限，即使有效，也大多是短期效果，治标不治本），于是浅尝辄止。

我在婚姻登记处见到他三四次，由于和妻子的关系一直很恶劣，每次都是妻子逼迫他来办离婚手续。他第四次来找我的时候，我说："第一次和你见面我就说过了，建议你做正规长程的咨询，一两次咨询不会有什么效果。"

在自己折腾了两三年以后，精疲力竭的他接受了我的建议，开始进行长程、系统的、正规的心理治疗和心理学习（一般长程咨询价格很优惠），踏上了自我成长的路。

一、强迫性重复

我们来认识一个现代心理学的名词："强迫性重复"。有些人，娶第一个妻子，刚开始妻子的脾气还不错，后来脾气和身体越来越差；离婚后找第二个妻子也是一样，相处久了，脾气、身体又越来越差；然后第三个妻子还是一样……

这是算命先生口中的"命中克妻"。

有些人，嫁第一个丈夫，刚开始丈夫很爱她，过段时间后就冷落她、疏远她，脾气变得越来越暴躁；嫁第二个丈夫，刚开始丈夫也很爱她，过段时间后，丈夫也开始烦她、疏远她，甚至打她；嫁第三个丈夫也是这样……

这是算命先生口中的"命中克夫""夫妻运不好"。

"强迫性重复"也可指总要重复寻找同一类人，或者过同一类型的生活。比如有些年轻的女孩子，喜欢找比自己年龄大很多的"大叔"；有些男性总是找爱大包大揽的女人做妻子。

而且这种现象还"传染"，不光自己的婚姻中会碰到，周围亲人也存在同样的婚姻问题，比如丈夫搞婚外情，之后发现公公很早就包过"二奶"；女子因性格不好被离婚，她的母亲也是离婚单身，甚至她妹妹也离婚了。

"强迫性重复"就像一个怪圈，和当事人的认知水平、沟通方式、家庭结构及心理特点有关，如果不从这些方面寻找症结点来调整，就像算命先生说的"命"一样，且很难跳出这个怪圈。

说到"强迫性重复"现象，坊间很多人把它联系到佛家所说的"业"——命运里无法摆脱但又紧紧跟随，甚至左右、控制你命运的一种无形的力量。有善业，也有恶业，正如有些人总是走好运，有些人处处都是孽缘。

佛家的"业"，多有宿命论的色彩，公开探讨的不多。看到美国乔·卡巴金博士在《正念——身心安顿的禅修之道》一书中写了一篇关于"业"的文章，从心理学的角度进行了解读与阐释，感觉甚好。

从现代心理学的视角来看，我们身边有些人疲于奔命、勤奋上进、整天折腾，但是人格结构里即所谓的"骨子里"有自我破坏的成分，这些成分会破坏重要的人际关系、亲密关系，不停地伤害身边人；会破坏事业成就抑或眼光，导致判断力不够，看人看事总看走眼；抑或投机心严重，想走捷径，或没有自我控制能力或价值观扭曲或有不切实际的幻想或自尊心膨胀、认知受损，等等，导致命运波折多舛，陷入多段孽缘而且无法控制，旁边的人可以很清楚地看到他总是掉进同样的命运旋涡里，但就是跳不出这个怪圈。

中国心理咨询界泰斗吴和鸣老师2013年给我们做个案督导的时候，其中一个主题就是"代际创伤"。其中谈到我们会看到很多命运多舛、人际关系、婚姻事业很差的来访者，从他/她的成长史里你会发现很多的心理线索：可以追溯他/她父母的人格、感情、处境、贫穷、家暴、街坊文化、祖辈的精神遗产、家风、家族的精神枷锁，等等。一系列的心理背景作用下，打造了眼前这个克妻/克夫/克子的人，他们一身疲惫地出现在你的眼前。

有太多没有办法控制和选择的东西，从他/她一出生到这个家庭，就注定了。吴和鸣老师说，这个我们真的可以和佛教的"业"联系起来。

说白了，就是指当事人有一些这样或那样的性格特点，影响婚姻感情，别人和他待在一起很不舒服，这样人的婚姻乃至人生自然就不会顺。

一个认知上有缺陷、缺乏自省能力的丈夫抱怨妻子性冷淡，他只是一味地责怪妻子不给自己好脸色，但从来不会反省，妻子坐月子的时候，自己对她漠不关心，自己伤人在前，就不能怪妻子冷淡在后。

一个缺乏自省力的邋邋遢遢爱指责的家庭主妇，不停抱怨丈夫婚前婚后判若两人（越来越冷淡），却不曾反省为什么丈夫不再爱自己了。

一个判断力受损的漂亮女孩子，无法判断男人是真情还是假意，就容易碰到渣男。

一个有冲动控制障碍的人，遇事一冲动就拍脑门决定了，结婚、生子甚至离婚都很草率，动不动就发飙，对毒品、成瘾物没有克制能力。

一个有边缘特质的人非常情绪化，总是歇斯底里，怀疑身边的人，不断地破坏生活、破坏感情，不断地让自己和他人卷入痛苦的生活之中而不自知，或者即使自知，也不能自控。

……

这些人的性格缺陷若不能得到矫正，命运和婚姻很难顺利。

若人生的磨难太多太大，人的意志很容易被击碎或摧垮。他们常常双目发呆，绝望地坐在咨询室里或者佛祖前，喃喃自语地说："都是命、都是业啊！"然后，他们会告诉你，自己对所谓的命运已越来越敬畏，对"业"越来越臣服，彻底地沦为一个宿命论者，任由"命运"摆布而不再挣扎——因为已经没有了挣扎的力气。

二、哪些人容易"克妻/克夫"？

哪些人容易"婚姻运"不好呢？我们用现代心理学的角度来剖析一下：

1. 强势、控制的人：比如什么都要对方顺从自己，别人和他生活在一起很压抑、不自由。久而久之，别人要么极度压抑，要么就远离他。

2. 对婚姻有不切实际期望或者贪婪的人：比如不接受平凡的生活、平凡的自己，不切实际地幻想找个白富美/高富帅的伴侣。

3. 将自己的焦虑转嫁给对方的人：比如把男人当提款机，把整个娘家的"翻身"寄托在丈夫身上。

4. 不懂得付出的人：比如感情上需求过多，常常需要安慰、常常抱怨、习惯性打压对方，等等。

5. 情绪不稳、歇斯底里的人：比如情绪控制障碍的人动不动就发一通脾气，一会儿焦虑，一会儿偏执，让身边人精疲力竭。

6. 精神上需求过多的人：比如需要人不停赞美、需要人不停吹捧、需要人不停关怀、陪伴等，久而久之，配偶会很累。

7. 行为异常或成瘾症（多见于自我约束力弱者）：比如吸毒、病理性赌博等，势必破坏家庭关系。

8. 语言暴力者：例如常常打压贬低、指责攻击、辱骂配偶的人。

9. 其他（可参考：美国《精神障碍诊断与统计手册：DSM-5》）。

简单来说，要么让人累、要么让人烦，别人和他待在一起精神上或者物质上不但没有受益，还不断受损，或者和他在一起后越来越差，这就是"恶业"，就是"克"，婚姻就容易不顺。

如果您或您的亲友不幸进入命运怪圈，或者本身有损害人际关系的特质，除了广交朋友、多向有人生经验的人请教、不断自我调整外，也可以寻找专业、正规的心理咨询、团体心理咨询。

三、为什么现代婚姻越来越难，离婚率越来越高？

1. 婚姻大数据

从20世纪60年代开始：传统婚姻开始受到性解放、妇女运动、民权运动、生育技术、避孕技术等诸多因素的影响，但总体还比较稳定。改革开放后，经济的飞速发展、社会的进步与变迁、生活水平的提高、人口的流动、妇女地位的改善、各种思潮的出现，使人们的婚姻关系受到了较大的影响，各种改变、干扰和诱惑使离婚率越来越高（如下图所示）。

全国历年离婚数据（单位：万对）

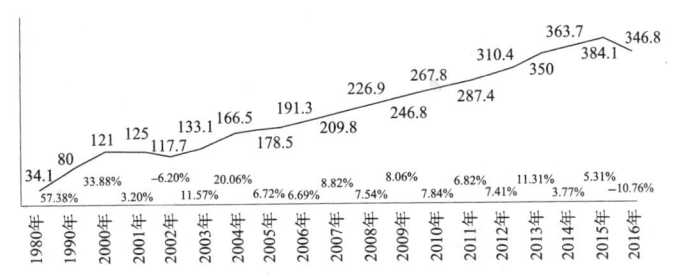

数据来源：

1. 民政部《各年社会服务发展统计公报》
2. 包括在法院办理的离婚数据。

1980 年全中国只有 34.1 万对离婚，到 2015 年，有 384.1 万对离婚，增长了不止 10 倍。虽然 2016 年数量有所下降，但据统计，2017 年上半年的离婚数相比 2016 年同期又增长了 10.3%，上升到 185.6 万对。

表面上是一组组冰冷的数据，数据后面是一个又一个破碎的家庭、一颗又一颗破碎的心。

离婚率的增加有社会、人文、经济、法律等诸多方面的原因，现就我们的"临床"经验以及相关文献、科学研究做一些梳理。

跟离婚率相关的一些现象：

① 第一个现象：据我们这个行业的老前辈，同时也是我在国内的老师——亚洲家庭治疗协会会长胡赤怡先生说，他在 20 世纪 80 年代就开始在婚姻门诊从事咨询工作，发现中国的离婚率和 GDP 的增长速度二者呈正比，GDP 增长多少，离婚率就相应增长多少。GDP 增长快，离婚率也增长快；GDP 增长慢，离婚率也增长慢。翻阅多份国内外学者的研究报告，也有同样的发现。①

---

① 对于人均 GDP 变量而言，它与离婚率呈现至少在 5% 的水平上显著的正比关系，且 GDP 每上升 1%，粗离婚率就上升 9.39×10^{-8}%。

总体来看，2005 年的人均 GDP 越高，离婚率越高。这一点符合我们在理论模型中所做的假设。说明地区的经济发展水平越高，城市化水平越高，社会相对开放，人们的价值观和生活方式也相对多元和开放，导致较高的离婚率。这一结论与国内其他学者的研究也是一致的。另外，Glick（1986）的研究也证明了经济不景气时离婚率下降，经济繁荣时离婚率上升的结论，这与本文的研究结果也是一致的。——摘自《我国离婚率影响因素研究》，程明明硕士论文。

② 第二个现象：大家看下面这张申请书，80%~90%以上的夫妻离婚，原因一栏都写着"感情不和""感情破裂"等（当然，有些离婚的原因可能当事人不方便直接写出来，比如婚外情，但不管什么原因引起的，最后大多是走到感情破裂这一步才来离婚的）。这个现象很有趣，老一辈的登记员说：改革开放前，夫妻二人如果来离婚，问他们是什么原因，二人如果说是感情不和，登记员就会和他们说"哪里有什么夫妻感情不和就离婚的，不能办，回家去好好过日子。"你说感情不和要离婚，家里长辈、单位领导甚至居委会都不答应。而在过去不成立、不接受、不可能的事情，现在短短二三十年后，变成了家常便饭。

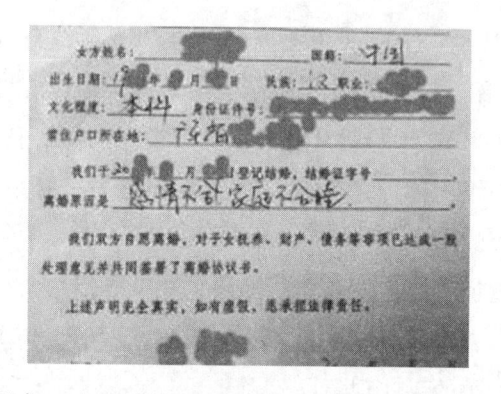

③ 第三个现象：在民政局的婚姻登记处，七成以上的离婚是由女方提出，另据各地方法院统计，离婚诉讼中原告为女性的一般占2/3左右。离婚中女性主动者多于男性在21世纪是一个跨地区、跨年代的普遍现象[①]。

现代婚姻的主要矛盾有三大类：婆媳矛盾、婚外情、夫妻沟通障碍。如果出现婆媳矛盾，大部分是女方受不了、想解体婚姻；如果出现婚外情，在我国大部分是丈夫出轨，女方提出离婚；夫妻沟通障碍的发生，很大概率上也会使女方提出离婚，而丈夫如果觉得和妻子沟通不好，他们是有办法的，他们会选择回避的方式，或者把精力用在工作上、爱好

---

① 《中国女性的感情与性》李银河 著 内蒙古大学出版社。

上或者利用任何理由很晚回家,男性因为夫妻沟通不好而提出离婚或者想办法寻求改善的也比较少,所以这一类矛盾还是女方提出离婚较多。

为什么呢?

因为受到传统婚恋观的影响,即使现在夫妻双方都有工作,都有收入,甚至有些女性的收入还多于男性,但在大部分的家庭中,婚后的家务活、照顾孩子的工作大部分还是由女性承担。如果这种情况下,女性在感情上又没有相应的收益,婚姻对她失去价值,甚至成为累赘,易萌生离开婚姻的念头。

著名的经济学家贝克尔[①]认为,人们结婚的目的在于想从婚姻中得到最大化的收入。如果婚姻收入超过单身的收入,那么人们就会选择结婚;否则,就宁愿独身。

这不是世道功利,而是所有的人都希望生活越来越好。

④ 第四个现象:婚外情增多,无论是从身边还是从媒体上,我们都能了解到这个社会现象。那么在实际的婚姻登记工作中,我们发现因为婚外情离婚的占了50%左右,而且其中主要是男性出轨,占婚外情里的80%~85%。而来到我们咨询室的由于婚外情原因的占30%左右,由于婆媳矛盾原因的占25%左右,由于重组家庭原因的占14%左右,由于沟通问题原因的占25%,由于其他原因的占5%左右(数据仅限我处)。

2. 心理学视角

我们从心理学视角出发,来看一看怎样解读这些现象。

[①] 加里·斯坦利·贝克尔(Cary S. Becker),男,1930年出生于美国宾夕法尼亚州的波茨维尔,芝加哥大学的教授,是多产的经济学家和社会学家。在他所有的论著中,《生育率的经济分析》是当代西方人口经济学的创始之作;《人力资本》是西方人力资本理论的经典,是席卷20世纪60年代经济学界的"经济思想上的人力投资革命"的起点;《家庭论》1981年在哈佛大学出版社出版时被该社称为贝克尔有关家庭问题的一本划时代的著作,是微观人口经济学的代表作。因而,这三部著作被西方经济学者称为"经典性"论著,具有深远的影响。此外,西方经济学者把贝克尔的时间经济学和新的消费论称为"贝克尔革命"。

贝克尔把经济理论扩展到对人类行为的研究,获得巨大成就而荣膺诺贝尔经济学奖。他是现代西方经济学方面最富有独创思维的人之一,他常常把普通观察到的明显不相关的现象同某一些原理的作用相联系,从而开拓经济分析的新视野。

这里我们要提到非常著名的心理理论——马斯洛的需求层次理论。人的需求分为初级、中级、高级三个阶段：处在初级阶段的人，主要就是需要满足生理与安全的需求，吃饱穿暖、不被日晒雨淋、健健康康平平安安就行；满足了这些基本需求以后，多数人会自动上升到中级阶段需求，这个时候就有情感的需求了，需要友情、爱情、被人尊重，等等，主要是在人际关系和心理层面；最高阶的需求就是追求梦想、自我实现，等等。

在我国，目前大部分人已经迈过了初级阶段，上升到中级阶段了，开始对人际关系、对情感有要求了，这也可以用来解释为什么GDP与离婚率的涨幅息息相关。

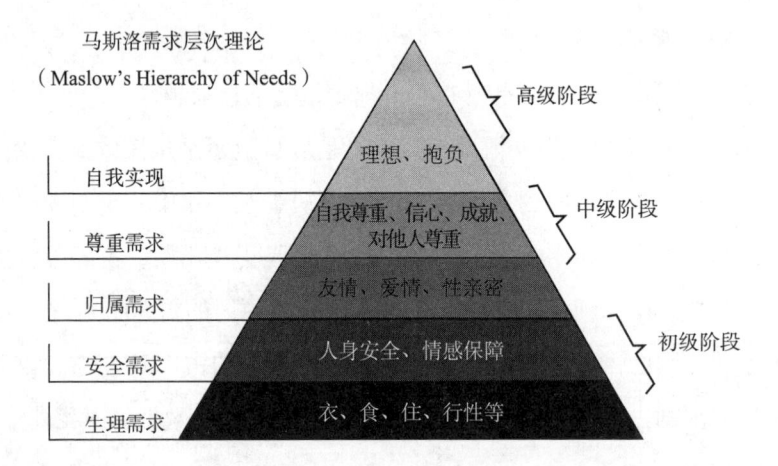

马斯洛需求层次理论
（Maslow's Hierarchy of Needs）

层次	内容	阶段
自我实现	理想、抱负	高级阶段
尊重需求	自我尊重、信心、成就、对他人尊重	中级阶段
归属需求	友情、爱情、性亲密	
安全需求	人身安全、情感保障	初级阶段
生理需求	衣、食、住、行性等	

案例1：现在日子这么好，有得吃有得穿，你就是吃饱了没事儿作！

一对老少配的夫妻，丈夫比妻子大20岁，女方29岁，丈夫49岁。

丈夫气呼呼地斥责道："你这种女人就是太作，现在日子这么好，有得吃有得穿，你就是吃饱了没事儿作，整天瞎胡闹……"

妻子一听就来火："有得吃有得穿这日子就可以过了啊，你以为我是头猪啊？现在我去哪里上班没有吃没有穿？就图个吃和穿，我嫁给你干吗？"

看看他们吵架的内容：一个从人的初级阶段需求出发来看待婚姻情

感，一个是从人的中级阶段需求出发。对于这位丈夫来说——20世纪60年代出生，当时的生活条件非常艰苦，连白米饭、野菜都吃不饱，而现在日子小康，有房有车，他觉得现在真的很幸福，应该可以过安稳日子了；但这位妻子是80后，父母经济稳定，工作三五千块钱的月薪还是有的，她在婚姻中自然而然会要求感情，而且要求有点质量的感情，夫妻恩爱是她的诉求。不只是吃饱穿暖，还要嘘寒问暖才行。

案例2：我在结婚前就到处有女人，现在她提出离婚……这日子她爱过不过

有一位妻子"小三转正"，四年后却提出离婚，理由是丈夫在外面有女人。丈夫一副"死猪不怕开水烫"的样子站在那里说："她又不是不知道，我在结婚前就到处有女人，现在她提出离婚……这日子她爱过不过。"我一看离婚协议，深圳两套房产，加上珠海、东莞、中山，一共五套房产，还有几百万元现金，以及一个每年分红不错的公司。这对夫妻的背景是：丈夫是个生意人，经济条件很好，而女方家庭比较贫寒，之前是"小三"，生了儿子以后"转正"。

用马斯洛理论也能很好地解释这个现象，女方在早期急需满足初级阶段的需求，希望通过婚姻解决自己最基本的生存需求。但是当这个需求满足以后，就想要感情了，男人不给，于是开始"叫板"了。

上述案例中的两位妻子，均在婚姻中追求中级阶段的需求：爱情、亲密、被尊重，而如果婚姻中屡次索求无果，她们易蒙生离开的念头，这也解释了为什么七成以上的离婚诉求由女性提出、婚外性/情越来越多（婚内得不到感情、性满足，转而到婚外寻求）。

社会学视角：

从下面这张图，我们可以看到关于新旧时代婚姻维系的要素[1]。

---

[1] 参考陈一筠婚姻类相关讲座。

旧时代婚姻维系要素
1. 父母
2. 孩子
3. 经济
4. 舆论
5. 责任

VS

新时代婚姻维系要素
1. 心理（沟通）
2. 生理
3. 感情
4. 责任

新旧婚姻维系要素

过去，维系婚姻的要素有父母、孩子、经济、舆论、责任等，把人五花大绑，绑死在婚姻的围城里。我们常常听父母讲，如果不是因为你，我们俩早就离婚了。然而在20世纪五六十年代，甚至七八十年代，他们就算想离婚，内心也没有勇气面对离婚以后的生活，外部的环境阻力也非常大，首先他们的父母和单位领导这一关就过不了，就算过了这一关，一家五六个孩子，离婚后这日子过得下去吗？而且那时候人们口袋里就三五块钱，重新组建家庭也是不现实的。即使这些限制性条件都可以突破，谁要是离婚了，也会被亲戚朋友、邻里同事视为异类，指指点点。即使舆论的压力扛得住，不怕被人议论，但到了法院或者婚姻登记处，他们也不一定会按程序办理离婚。

那么我们来看看现代婚姻的维系要素，有心理、生理、感情、责任四个方面。

要素一：心理

人在婚姻里有什么样的心理需求？

我们来数一数：有被喜欢、被理解、被支持、被爱、被信任、被关心、被重视的需要；感觉到安全；在对方心里自己的位置最重要；有被需要、被尊重（这两方面，男性更看重）的需要。如果这些心理需求没有被满足，婚姻质量即受到影响或"被离婚"；如果这些需求被满足，就能带给人带来巨大的幸福感。

其实在过去，人们这些心理需求也同样存在，但是因为各种原因被压抑下去了。

要素二：生理

我们来说一说维系现代婚姻的第二个要素：生理。

因为性生活不协调而导致离婚的情况也慢慢多起来。以前大家都捂着不说，对于这种离婚原因只会绕弯子。

案例：七年无性婚姻，金童玉女终分手

这是多年前的一个案例：夫妻双方是大学同学，郎才女貌，均从事金融工作，女方有性心理障碍，结婚七年，和丈夫没有一次成功的性生活。女方很焦虑，说话一直滔滔不绝，但是不深入，一旦谈到性方面的问题，她马上就岔开话题，好像她一直在阻止别人去深入地了解她。最终丈夫提出分手，其实他并不介意妻子有性心理障碍，愿意和妻子一起去面对和解决这个问题，但是让他绝望的是，妻子一直抗拒寻找专业的性治疗。

虽然是丈夫提出离婚，但当他们签字的时候，丈夫的眼泪一滴滴地掉在纸上。签完字，拿到离婚证，他已泪流满面，用纸挡着脸冲出大厅。

他真的很爱曾经的妻子。

有问题并不可怕，不去面对才是最大的问题。这对夫妻因为心理健康水平、对性心理的认知、羞耻感的限制等，一对神仙眷侣就此分道扬镳，感觉真的很可惜。

现在我们在咨询中，碰到很多80后、90后的年轻人，大部分能够直接面对这个问题，他们会直说：老师，我们两个人性生活有问题，我们都两三年没有夫妻生活了……我不知道是丈夫不想还是不爱我……老师，哪里有专业的做夫妻性治疗的吗……我们每次很短就结束了，想找专家看看，等等。不少夫妻都能够坦然面对性问题，寻找专业帮助的夫妻越来越多，这是一个可喜的趋势。

要素三：感情

我们再看维系现代婚姻的第三个要素——感情。为什么称为感情，

而不称为爱情？第一，由于文化的关系，我们谈论夫妻间的"爱情"是比较少的，用得也不太多；第二，夫妻间除了爱情，还有其他几个方面的情感，例如亲情、友谊、合作等夹杂在一起。在我国旧式传统的婚姻里，感情尤其是爱情因素所占的分量很低，几乎可以忽略不计，但对于现代婚姻的维系有多重要刚才我们已经讲过了，80%~90%的夫妻离婚的原因都是感情不和。

如无意外，这也将是一个趋势（婚姻中越来越重视双方的情感），本书的目的之一，也是提醒观念传统的人，要及时更新观念、跟上时代，重视夫妻的沟通、重视夫妻间的感情。

要素四：责任

我们再看维系现代婚姻的第四个要素——责任。虽然责任对婚姻的约束力越来越弱，但这是人的本能之一，在很多较为传统的婚姻里，责任对婚姻的维系力还是很强的。在中国，无数家庭还在用孩子、责任，维系着情感已经死亡的婚姻。

婚姻的功能发生了变化

繁衍后代 VS **情感支持**
经济合作　　　生理需求
履行责任　　　传宗接代

以上我们把新旧婚姻维系的要素了做了一个对比。接下来，我们来说一说婚姻的功能发生了什么变化。

婚姻有很多的功能，在旧时代，繁衍后代是一个非常重要的任务，其次就是经济合作、履行责任。现代婚姻的功能呢，情感的支持、相互的理解显得越来越重要，生理需求也相对重要，传宗接代的功能虽然比较重要，但在慢慢递减。对于传统的家庭来说，传宗接代如同政治任务一样重要，但是我们在咨询过程中也明显地看到，因为不能生育而选择婚姻解体的夫妻，比例在慢慢下降。

3. 为什么离婚率越来越高?

(1) 社会变迁与社会转型

婚姻的脆弱很大程度上反映了转型期社会关系的脆弱：社会转型期利益的重新分配、社会角色的变化、快速的都市化、工业化的进程、大量的公民迁徙，生活环境变动等，都给婚姻动荡带来事实基础。

(2) 文化、价值上的空白

旧的观念、旧的道德规范被打破了，但新的观念、新的道德规范尚未确立，传统没有完全传承，现代又未完全开启，在这种新旧交替过程中，出现信仰与价值空白，冲击到了社会的基本单位——婚姻家庭。

(3) 传统婚姻观与现代婚姻观的冲突

在当前社会转型交替之际，新旧观念同时并存、新旧观念不能适时衔接而造成各种家庭冲突。我们虽正在告别传统，但并未完全走入现代。一方面，年轻人抱着文明进步的憧憬组建和经营家庭，本着人本主义、婚姻恋爱自由、男女平等、夫妻关系第一的理念；另一方面，年轻人又会受到来自父母、亲友甚至配偶头脑中残存的愚昧落后思想的干扰与冲击，例如重男轻女、被催婚逼婚、固守传统孝道、不重视婚姻的感情质量等现象仍屡见不鲜，造成剧烈的婚姻冲突。

传统婚姻观与现代婚姻观对比：

类别	传统婚姻	现代婚姻	备注
婚姻功能	传宗接代 经济合作	情感支持 生理需要	
对婚姻的期望	吃饱穿暖 凑合着过日子	早已吃饱穿暖 要过顺心日子	
在婚姻中的心理需求	只要不吵不闹，日子能过就行	要感觉到被爱、被尊重、被理解、被重视	
家庭关系	父母掺和甚至主导	父母只给建议或不表达意见	仅限某区数据
离婚原因	较难离婚，因感情不和而离婚基本不可能	80%~90%的离婚原因都是感情不和	

续表

类别	传统婚姻	现代婚姻	备注
想解散婚姻的一方	不详	7成以上的离婚诉求由女性提出	
分工	男主外，女主内	不一定	
结婚动机	男大当婚、女大当嫁	相互吸引和相互需要	
伦常1	儒家伦常： 男尊女卑 尊老敬老 重男轻女	男女平等 家庭成员平等互爱 因爱而孝	
伦常2	儒家伦常： 父母在家庭中地位第一（父为子纲）	夫妻关系第一 配偶在自己心中第一 家庭成员平等互爱	
家长地位	家长制，对孩子有支配权、惩戒权、控制权 已婚子女在经济上依赖父母	家庭成员平等互爱 已婚子女在经济上不依赖父母	
对婚外情的态度	眼睛里揉不进沙子，坚决不能接受	要么分手，要么共同改善、共同面对	
对低质量婚姻的容忍度	婚姻质量再低都可以容忍，吵闹一辈子、忍耐一辈子	婚姻质量不及格即考虑改善或者离婚，对低质量的婚姻不再忍耐	
结婚途径	父母之命，媒妁之言 八字相合	自由恋爱 以爱情为基础 感情因素日益上升，同时兼顾经济条件	
对长辈的态度	长辈享有绝对或较大的权威，晚辈屈从	平等、自由	
对离婚的态度	离婚是家丑 离婚可耻	司空见惯 接受度高	

4. 婚姻和爱情是两码事？

爱是最高的精神幸福，人们都心向往之，但婚姻中要有爱，其实只是历史上一个新近的发展。在中世纪之前的欧洲和旧时代的中国，爱情和婚姻是两码事，婚姻主要关乎政治、财产和社会地位，爱情则是头脑发昏或者可望而不可即之物。即使在今天，一些国家中并不认为婚姻里要有爱。

在中国几千年的传统里，也难见爱情的踪影，历史上也只有少数文学作品是讴歌夫妻之爱的，比如清代沈复的《浮生六记》。而《孔雀东南飞》《红楼梦》则是悲剧，《牡丹亭》也是团而不圆。我问一些年纪大一点的夫妻，你爱你妻子吗？你爱你丈夫吗？他们会脸红，他们有很多的行动，比如上下班接送妻子、非常孝顺重视对方的父母、拼命工作、为家庭付出，但是对于爱和情感很少有语言上的表达。

对于很多中国人来说，爱情真的是个鬼——只听过没见过。

现代人主流的价值观中认为夫妻应该因爱而婚，这和个人主义盛行以及经济繁荣、社会发展有很大关系。现在大部分年轻人能够离家独自生活，自由地选择相爱的人结婚，不受到家庭的影响和控制，结婚是把感情放在第一位，而不是把经济条件、社会地位、财产放在第一位。对于经济上独立的人来说，这是较主流的恋爱婚姻观。

5. 什么是"爱情"？

美国咨询专栏作家安·兰德斯（Ann Landers）[①] 断言，沉迷于色欲和拥有真正的爱情之间有着很大的差别，爱情比纯粹的激情更为深刻和丰富。爱情是构筑在宽容、关爱和沟通的基础之上，爱情是"熊熊燃烧着的友谊"。

---

① 安·兰德斯的真名叫埃瑟·波琳·弗里德曼·莱德纳（Esther Pauline Friedman Lederer），绰号为埃皮（Eppie），是俄国犹太移民的女儿，1918年7月4日出生在爱奥瓦州的苏城。她是一个我们中国人难得闻其名、而美国人举国洗耳恭听其人生忠告的老太太，在她的83岁生日前两周辞世。她的9000万读者闻讯深感哀伤。

在近47年中，安·兰德斯每天以她的忠告专栏帮助失恋的少年、困惑的父母、处于离婚边缘的夫妇、悲伤的遗孀以及无数需要咨询的人。在她人生之路的末期，她已经成为拥有全世界最大读者群的辛迪加专栏作家，她的文章被翻译成20多种文字，刊登在美国国内外超过1200家报纸上，她的专栏被认为"永远改变了报纸"。

著名的人本主义哲学家和精神分析心理学家弗洛姆[①]说:"爱的本质在于一种合作的情境。它是'分担',而不是'迷恋'。爱主要是给予,而不是接受。合作中,相爱的人尽力去了解对方的需求并且满足之。"

罗素[②]说:"如果我们能够对爱这个字眼充分理解的话,就会知道,它是指一种包含了充分的情感,既有生理方面又有心理方面因素的并不是局限于男女间的一切关系。爱情是可以强烈到任何程度的。"

Dr. Gottman 把幸福婚姻的基础解释为:幸福的婚姻皆建立在相互尊重,以及彼此喜欢相互为伴的基础上。这种尊重是一种持久性的行为,而且对对方的喜爱不光是信誓旦旦、甜言蜜语,而是落实在生活中的点点滴滴上。

对于很多传统人士,当我和他们说现代婚姻中要有"爱"的时候,他们会嗤之以鼻,他们概念中的"爱"指的是激情的男欢女爱,而我所指的爱则是发自内心的欣赏、支持、理解、尊重对方,包括但不限于性激情。

可以说,"爱"是多种情绪情感的总和。

爱与被爱是人的最基本需求,谁都希望亲友尤其是配偶是爱自己的,也就是欣赏、支持、理解、尊重自己,没有人希望配偶是不爱自己的,也就是不欣赏、不支持、不理解、不尊重自己。

任何人想要拥有好的人际关系、婚姻家庭关系,都不能忽视这一点!

违反这个规律,婚姻的质量就会受到影响,甚至可能被淘汰出局。

传统婚姻中不注重爱,这是与人的天性相冲突的、相违背的。而现代社会越来越进步,主要标志就是尊重人的天性。如果婚姻与爱情脱节,婚

[①] 艾瑞克·弗洛姆(Erich Fromm),美籍德国犹太人。人本主义哲学家和精神分析心理学家。毕生致力于修改弗洛伊德的精神分析学说,以切合西方人在两次世界大战后的精神处境。精神分析学说对世界有很大的影响力。

[②] 伯特兰·罗素(Bertrand Russell,1872—1970),20世纪英国哲学家、数理逻辑学家、历史学家,无神论者,也是20世纪西方最著名、影响最大的学者和和平主义社会活动家之一。1950年,罗素获得诺贝尔文学奖,以表彰其"多样且重要的作品,持续不断地追求人道主义理想和思想自由"。他的代表作品有《幸福之路》《西方哲学史》《数学原理》《物的分析》等。

姻里没有爱，就容易引发婚外情，所以有学者说：婚外情在现阶段的中国，是一种折中的对待婚姻和爱情的方式（离婚对于很多人来说在经济和舆论方面仍然困难重重）。这也是我们专业人员对婚外情的案例比较中立的原因，一个人有了婚外情，我们不能只站在道德的角度一味批判，更多的是要从夫妻本来的关系以及人性、文化、心理的角度去看，去理解、去化解。

国外的研究（相关文献）显示影响离婚率的一些因素[①]：

● 社会流动性：研究发现，经常迁居的人比那些定居扎根的人更容易出现离婚（Magdol & Bessel, 2003）、信用问题、婚外情现象。我国由于经济的发展，都市化的进程，近几年迁居的人较多。

● 离婚的手续简易：离婚手续简化，因而使离婚更可能发生（Amato & Rogers, 1999; Rodgers et al., 1999）

● 工作女性：当更多的女性进入职场时，离婚率增加（Fitch & Ruggles, 2000），她们经济与精神上独立，对婚姻和男人的依赖越来越小。

● 代际传递：父母亲离婚增加了他们子女离婚的可能性，30年前父母离异的夫妻，如今他们的离婚率更高（Wolfinger, 2005）。离婚不只是基因上的传递，更易有经验上的代代相传。

● 宗教信仰：虔诚的宗教信息以及经常参加宗教仪式与低风险的离婚有关联（Heaton, 2002）。我国，无信仰者居多。

● 婚前同居：婚前同居与更高的离婚率有关，但如果伴侣在订婚之后同居，则此效应消失（Stafford et al., 2004）

● 共处时间：在一起相处时间更多的夫妻不太可能离婚（Poortman, 2005）

离婚率上升的正面意义：

离婚率上升有很多负面效果，有人甚至认为是礼崩乐坏的标志，但我们也知道，任何一件事都有正反两面。在讲座中，每次当我问离婚率

[①] 摘自《亲密关系》M. 罗兰·米勒　丹尼尔·珀尔曼著。

上升有什么正面意义的时候，很多人会说，有试错的机会啊，错了还可以再重新选择。没错，很多人离婚后，陆续加入二手婚姻市场，还有再次选择的机会。爱错了人可以放手，走错了路可以回头。这也在表明一些文化的枷锁被打破，人变得更自由，不再被不幸福的婚姻捆绑一生。我们在婚姻中应当追求高质量的精神生活，这何尝不是社会进步带给我们的收益之一呢？

在享受社会进步、婚姻自由的同时，我们也要时刻提醒自己，要提升经营婚姻的能力，提高带给爱人、家人幸福的能力！

6. 应该如何经营现代婚姻？

我们讲了现代婚姻的一些常见的现象、一些视角、社会文化的变迁、婚姻观的变化，以及国外的一些研究对于高离婚率的解读，那么我们应该怎么做呢？

我们的答案是：要重视婚姻质量。婚姻里要有感情，但光有感情还不够，我们还要刻意经营感情，去付出。在越来越开放的社会，靠责任、靠孩子已经完全拴不住婚姻了，拴得住人也拴不住心。

夫妻感情融洽，才是保证婚姻百毒不侵的唯一良药。

案例思考：夫妻俩还有性生活呢，这婚不能离！

有一天，一位领导过来找我。这位领导年纪有点大，观念比较传统，他说："我一个远房亲戚的儿子在闹离婚，星期一来你这里做了婚姻咨询，回去以后打电话和我说了咨询的情况。唐老师，你说你这个人吧，他也跟你说了，他们两个还有性生活呢，这日子应该还可以过啊，你为什么不劝劝他们不要离婚啊？"

从这一段话里可以看出，在领导的观念里，只要夫妻俩还有性生活，就还没有走到离婚这一步。

我原原本本地和他说了我们的专业视角："现代婚姻里，夫妻没有性生活不行，光有性生活也不够啊。我们专业工作者看待婚姻和普通人有很多不一样的地方，我们更专业也更中立，亲朋好友劝和容易偏向其中一方，导致另外一方更反感。丈夫觉得婚姻质量还行，但妻子觉这个婚姻让她很痛苦，感觉自己像守活寡，丈夫常常应酬到半夜两三点才回家，很多时候醉醺醺地不洗澡就上床了，妻子和他也说不上几句话。妻子生理期肚子痛，和他说，他就不冷不热地和她说一句'多喝热水啊'，然后就扭头继续看他的足球。丈夫有生理需要了，就过来讨好妻子，有时候还'霸王硬上弓'。更让妻子死心的是她自己的工作、娘家的很多事情都是她一个人去面对，上个月她父亲糖尿病酮症酸中毒紧急住院，丈夫说自己忙，让妻子一个人回娘家去看父亲。在那几天里，丈夫没有打过一个电话，没有发过一条信息问候岳父的病情。

几天后妻子从娘家回来，丈夫就当没发生这个事一样。妻子说自己眼泪都流干了，心也死了，现在还有轻微的抑郁。而她的经济条件也不错，在一家公司做财务主管，无论是从经济上还是精神上都离得起这个婚。

一个人在婚姻中除了有生理需求外，还有心理需求、情感需求。如果我们冲上去就劝和，那么我们是把劝和放在第一，而不是把当事人的感受、当事人的幸福放在第一，这样咨询反而会起反效果。所以，我的咨询计划是：先处理女方对婚姻失望、痛苦的情绪，修复他们的感情和关系，关系和感情好了，不用劝和，他们自然会在一起。如果我冲上去就劝和，完全不顾女方的感受，一来是不专业，二来其实起到了反作用。因为我并没有解决她的问题，并没有缓解她在婚姻中的失望，她只能对婚姻咨询更失望。"

领导听了以后觉得很认同，即放心将亲戚交由我们处理。

请你思考：

● 这对夫妻想要维系婚姻关系，还需要在哪些方面加强？

● 预估一下，这位经济与精神独立的妻子，又有家人帮她带孩子，她待在现有的婚姻中幸福，还是离开更幸福？为什么？

● 如果是你处在这样的婚姻中，你会怎么办？为什么？

第三节 三年之殃

一、为什么不是七年之痒而是三年之殃？

一个结婚一年的女人问我："您是搞婚姻咨询的，那我问一下，七年之痒到底是怎么回事？您觉得到底是七年最危险还是哪个时候最危险？"

我说："七年，只是痒一痒而已，而且具体七年之痒有没有，怎么痒，大部分人都痒还是小部分人痒，是'江湖传言'还是确实存在，我还没有看到严谨的科学研究报告。但我的来访者们确实是有反映，婚姻在第七年左右满意度是偏低的。如果要说最危险，结婚后的三年内，生完孩子后的一两年内，才是大殃。那时候的婚姻满意度最差，最容易破裂，三成的离婚都是发生在结婚后的三年内。"

下面我们讲一个关于婚姻家庭关系发展变化的非常重要的知识点，也是一个非常重要的社会问题。有多么的重要呢？全世界的婚姻都容易在这个节骨眼上出问题。如果大众能够早知道并且尽早防范，能够减少无数婚姻悲剧，成千上万的家庭将会幸福很多！

二、家庭生命周期的扩展期

在家庭治疗的视角里，一个家庭是有生命周期的，一共有 6 个阶段：形成期、扩展期、稳定期、收缩期、空巢期、解体期。具体划分请看下表：

家庭生命周期
(Family Life Cycle)

阶段	起始	结束
①形成	结婚	第一个孩子的出生
②扩展	第一个孩子的出生	最后一个孩子的出生
③稳定	最后一个孩子的出生	第一个孩子离开父母家
④收缩	第一个孩子离开父母家	最后一个孩子离开父母家
⑤空巢	最后一个孩子离开父母家	配偶一方死亡
⑥解体	配偶一方死亡	配偶另一方死亡

参考书籍：《家庭治疗概论》第6版

我们来重点讲一下家庭的扩展期。这是一个非常重要的节骨眼，可以说是婚姻问题爆发的重灾区，全世界的婚姻都容易在这个阶段出现问题，约 1/3 的离婚都发生在这个阶段。

家庭扩展期的标志是家庭里的第一个孩子出生，这个阶段会出现什么现象呢？

1. 精神与物质需求急剧增加

生完孩子以后，女人所有的精力都花在了孩子身上，很少有精力照顾丈夫的生理和心理需要，有些甚至还需要丈夫为自己分担精神上的压力，需要丈夫安慰、关心。而丈夫这个时候背负了养家的压力，有些家庭还在创业，丈夫也渴望温暖的家庭能够缓解自己的压力，希望家庭不要干扰自己，希望回到家里能够得到妻子的关怀，然后自己高高兴兴、轻轻松松第二天再出去拼搏。在经济方面，此阶段家庭的各项开销也急剧增多。有些家庭要请月嫂、育儿嫂或者父母过来带孩子，也有些家庭里妻子不上班，家庭的经济负担陡然增加。很多刚有宝宝的男人动不动就会把"要赚孩子的奶粉钱"这句话挂在嘴上。

2. 角色变化而且增多，造成角色适应问题

男人既要做丈夫，又要做爸爸，如果父母或者岳父母过来帮忙，还要照顾他们的感受，做好儿子或者好女婿；女人以前只要做好妻子这一个角色即可，只要处理好和丈夫一个人的关系就行，自从生了孩子以后，还要学着做妈妈，公公婆婆来了，还要做好媳妇，有的家庭还要请育儿嫂，这样就要处理和好几个人的关系。这些角色变化与增加，使夫妻俩的内心都要有一个角色适应的过程[①]。

说到角色问题，不得不提家务分配。普通收入的双薪家庭，生完孩子后，烦琐的家务劳动猛增，而且在很多家庭里是由女方承担大部分。

---

① 根据米德的角色理论：每个人在社会中总要扮演着各类角色，一个女人/男人的一生中扮演着女儿/儿子的角色、妻子/丈夫的角色、母亲/父亲的角色，还可能同时扮演着教师的角色、医生的角色、职场领导的角色等，这大大小小的角色，构成一个角色丛，既包括家庭角色也包括社会角色。

经济合作与发展组织（OECD）曾对29个主要成员国男性分担家务的时间进行过调查，结果显示，中国男性每天投入到室内打扫或洗衣服等日常家务的时间为48分钟，而在相同的事情上，中国女性则每天投入了155分钟，是男性的三倍。女性婚后幸福感急剧下降，情绪变得不稳定，这是非常重要的因素。很多小夫妻的婚姻没有原则性问题，没有大是大非的问题，也闹到要离婚，就是因为家务分配不均——繁重的家务让女性想逃离家庭。

3. 夫妻关系变化

很多妻子生完孩子，精力都放到孩子身上，对新生儿小心地呵护，有时候又因奶水不足而心烦，晚上睡眠被打乱，精神状态不佳，根本顾不上丈夫，甚至完全忽略了丈夫。有些妻子带孩子很累或者和婆婆关系不顺，还会发泄到丈夫身上；有时候自己累死累活，看到丈夫还可以聚会，还可以有各种潇洒，妻子心里就会很不平衡；有些家庭里没有老人和月嫂帮忙，妻子既要做家务，还要带孩子。有些妻子在咨询的过程中这样说："我伺候完小的，还要伺候大的，感觉丈夫就像是个摆设，我火气就噌噌往上窜，就吵起来了。"这些夫妻关系的各种不良变化都会伤到二人的感情。

有人说"丈夫好不好，生了孩子才知道"。有些妻子在生孩子的时候，在产房或者在坐月子的时候丈夫的关心不够，妻子忙得要死，丈夫还在玩手机，妻子就会感觉这个男人靠不住，由此埋下心结。

案例：生完孩子才看出男人是不是值得过一生

屈小姐说："我生孩子那天，一早见红，开始十多分钟一次痛，我丈夫把我送到医院就去上班了，我求他请假陪我半天，他说公司要开会。后来一整天也没打电话过来，把我丢给什么都不懂、什么都做不了的婆婆。下班后他过来，一进门就问孩子，也没有先问我怎么样。坐月子期间都是我自己照顾孩子，每天晚上就睡2~3小时，他还经常跟我吼叫，根本不考虑我生气了孩子没奶吃。月子里我就被他气哭了无数回。生了宝宝以后他还是该吃吃、该睡睡、该玩玩，有时候和朋友吃饭喝酒，玩到晚上12点多才回来。我现在有月子病，腿疼、腰疼、手腕腱鞘炎……真后悔找了这么个人！"

大量的夫妻在此期间感情出现裂痕，要么陷入冷战，要么无休止地争吵，有些夫妻反映，生孩子前没吵过架，生完孩子后就吵个不停。

4. 性吸引力下降

生完孩子以后，大部分女人不但收获了孩子，还收获了水桶腰、妊娠纹、黄褐斑、下垂的乳房、松弛的肚皮，连自己都不想再看，性吸引力急剧下降。这种情况出现以后，有些丈夫性趣大减，夫妻感情也受到一定影响。

5. 体内激素变化

产后抑郁目前已不再陌生。根据相关的资料显示，产后抑郁的发病率为10%～15%，也就是说100个产妇里，有10～15人患有产后抑郁。产后抑郁的人，体内的5-羟色胺水平偏低，易悲观敏感多疑，容易和周围的人产生矛盾和冲突，家庭关系容易紧张。

6. 婆媳矛盾

生完孩子后，如果婆婆过来帮忙带孩子，有两个方面容易产生不适：

（1）婆婆对新环境、对媳妇的适应问题

其实婆婆过来帮忙，所背负的心理压力也不小，背井离乡地过来以后，面临很多对新环境的适应问题，很不容易，同时还要适应儿子家里的女主人——儿媳妇。在新环境中，婆婆的一些观念可能需要调整，甚至还会受到冲击。诸多因素都会导致婆婆适应不易。

我们平时听到的多是媳妇的讨伐之声，却很少有人去听一听背井离乡的婆婆的苦楚。

（2）婆媳矛盾

有的妻子发现丈夫和婆婆处得很近，可能内心会适应不了，特别是

如果看到丈夫把婆婆放在第一位，婆婆的位置比自己更重要时，在一般的独立女性心里这就是一个死结。这种情况下经常会产生不可调和的矛盾，很多妻子就会打定主意离婚，以及开始做离婚的准备，一般出了月子或者孩子两岁前就会提出离婚。

很多妻子这样说："男人结婚前一个样、结婚后一个样，生了孩子更不一样，婆婆来了大变样。"

年轻家庭的危机大都发生在孩子出生后的一两年内，即使勉强为了孩子没有闹到离婚的地步，夫妻关系也会元气大伤，留下心结。多年以后，夫妻二人吵架，很多妻子还会翻旧账说：我当时坐月子的时候，你妈妈如何如何，你怎样怎样……

家里若吵闹得厉害，有些丈夫在家里是待不住的。女人们在一起吵吵闹闹仍然可以共处一室，但很多男人会就此远离家庭，在外面游荡，很晚才回家。大部分的男人都不喜欢情绪激动，忍受不了女人吵架。如果丈夫出现这种行为，在妻子看来就是逃避——在自己最需要丈夫的时候，在夫妻二人最需要把话说开以化解矛盾的时候，丈夫是回避的，这时妻子会特别失望。

如果在这个阶段你发现自己的另一半在情感和性生活上对你开始慢慢抗拒或者冷淡起来，一般来说，就要注意了，这时有争吵好过无交流。如果另一半还会吵吵闹闹表达不满，表示心还没死，如果对方连抗议都没有了，架都懒得吵了，可能已经对你死心，这时婚姻就易陷入解体的危机。

做婚姻咨询，最怕的就是那种夫妻双方连架都不吵的，特别是那种分床或分居多年的夫妻。每年高考以后，很多多年感情不和的夫妻都会觉得熬到头了，这种僵尸婚姻是较难改善的——不是咨询技术上难，而是双方心已死，都不打算为感情再投资再做努力，更不愿意再为对方付出了。

7. 孕期出轨风险增加

这个阶段的出轨，占婚外情的 1/3 左右。此阶段夫妻性生活间断或质量、数量下降，易诱发婚外出轨行为。孕期出轨，属于严重的婚姻心理创伤，对女方的伤害极大，对夫妻两个人的信任破坏非常严重，因为是在一方最需要另外一方的时候，遭遇背叛。

以上7个危险因素，如果多重叠加在一起，在家庭扩展期留下心结，有些会直接导致婚姻解体，有些虽然没有闹到分裂，为了孩子选择容忍，但是后遗症也会导致婚姻质量严重下降，夫妻关系疏远、冷淡、性生活不和谐等婚姻障碍，需要花费很长时间才能慢慢修复二人的关系。

每次谈到家庭扩展期这个话题的时候，都觉得很沉重，我们很希望这些婚姻的常识能够变成学校通识教育的一部分，人人皆知，这样就会避免一定数量的婚姻悲剧。在我处的离婚案件中，每天至少有十对夫妻是在婚姻的扩展期（孩子出生的一两年内）这个节骨眼上离婚的。

第四节　说说婚姻危机的那些事

从经济学的视角来看：婚姻如果给自己精神与生理上带来负收益（失望或痛苦），人就容易萌生离开婚姻的想法，但并不一定会提出离婚，如果失望和痛苦到达极限并且改善无望，则易离开婚姻。

一、什么人容易出现婚姻危机？

简言之，就是没有满足对方需求或给对方带来失望和痛苦的人，易遭遇抛弃和婚姻危机。婚姻中的基本需求有经济、生理、心理几个方面，这里着重讲现代婚姻中人的基本心理需求。在婚姻中，我们需要被喜欢、被理解、被支持、被尊重、被信任、被关心、被重视、被需要、被爱、感觉到安全，等等。如果对方对外貌有要求、对审美方面有追求，那么配偶对自己的形象也要多加注意。

当然我说的是现代婚姻里，在传统婚姻中，这些心理需求也有，但是因为各种原因被压抑下去了。

哪些特质和行为满足不了对方的心理需求？

现代婚姻中的基本心理需求	哪些特质和行为满足不了对方的心理需求？
性满足	性冷淡、性生活障碍、性虐待、不健康的性观念、不注重自己的性吸引力、有性心理创伤者等
被需要	指责打压、贬低、索取、强迫控制、逃避型依恋、女强人、过于独立者等
被尊重	指责打压、贬低、挑剔、语言暴力者、大男子主义、女强人、强迫他人、重男轻女、封建专制主义
被喜欢	指责打压、贬低、挑剔、怨妇、语言暴力者
被理解	指责打压、贬低、怨妇、固执、偏执、"巨婴"、木头疙瘩、头头是道、只讲理不讲情、不能将心比心者，跟不上对方发展脚步的，不能跟对方有深度精神交流者、三观、信仰、社会地位、生活背景与对方差异大者
被接纳（尊重人的天性，尊重另一半本来的样子，不要改变对方、雕刻对方）	指责打压、贬低、挑剔、强迫他人、重男轻女、大男子主义、封建专制主义、女强人
被支持	指责打压、贬低、挑剔、索取、语言暴力者、大男子主义、高度控制者、"巨婴"
被爱	指责打压、贬低、索取、语言暴力者、虐待狂、忠诚度低、依赖心理（对婚姻忠诚是出于恐惧而非爱）、拜金主义、阴谋论者、"巨婴"
被信任	指责打压、贬低、怨妇、敏感多疑、逃避型依恋
被感激（自己的付出被看到）	指责打压、贬低、挑剔、怨妇、"巨婴"、不擅长表露内心情感的人
被关心	指责打压、贬低型、挑剔、怨妇、木头疙瘩、"巨婴"、不擅长表露内心情感的人
感觉到安全	不良习惯、反社会特质、表演特质、冲动特质明显者、情绪化、家庭暴力、经济不稳定、回避型依恋、作风不良者、暧昧/婚外情者、忠诚度低者、性观念开放者、躁狂发作、大起大落、拜金主义、阴谋论者、功利主义者、双重标准
审美（部分人需求）	不注重外表、个人卫生不良的人

万法归宗，绝大部分婚姻问题，不管是婚外情还是婆媳矛盾、沟通障碍或者各种五花八门的婚姻矛盾，大多是因为上述的心理需求没有被满足或违背上述心理需要导致。

坊间身心灵领域也有人会宣称：对爱人不要有任何期望，我们本性具足，想从爱人身上得到关注、得到爱、得到尊重与满足，这样本身就是自私的爱。与别人结婚是为了满足自我，而不是为了去爱，如果对方没有给你这些感受，你就生气、失望、痛苦，这样是不对的，不是真正爱他们，只是为了满足自己自私的需求，云云。

这种对爱人无欲无求的境界对于大部分人来说只是一种理想，达到这种境界的人并不多见，否则就不会有这么多的悲欢离合了。而经过自我成长及科学学习，成为一个心理较为健康的人，缔结一个于双方都有利的婚姻，更适合大多数人，也更容易实现。

大部分人在现代婚姻中都有这些心理需求，我们需要正视对方的这些心理需求，必要的时候，也须请对方重视和满足我们的基本心理需求。

二、什么阶段容易出现婚姻危机

婚姻危机有如下几个高发阶段，因为这几个阶段有诸多因素刺激作用。（数据仅限本处）

婚姻危机常见阶段及原因	结婚一年内	1. 约占25%~30% 2. 磨合不成功 3. 婚前了解不多，闪婚闪离 4. 没有孩子 5. 独生子女 6. 严重的心理障碍（参考美国《精神障碍诊断与统计手册（第5版）》——DSM-5）
	第一个孩子出生后（家庭扩展期）	1. 约占25%~30% 2. 家庭进入一个新的周期，各方面的需求急剧上升，家庭矛盾增多，双方没有处理好 3. 婆婆（岳母）过来带孩子，矛盾加剧，摩擦增多 4. 产后抑郁症 5. 可伴有婚外情、婚外性

续表

婚姻危机常见阶段及原因	35~45岁（中年危机）	1. 约占 20%~25% 2. 一方社会地位发生较大变化，夫妻落差增加，可伴有婚外情、婚外性 3. 长期沟通不良，一直忍耐至孩子成年以后才办理离婚手续，可伴有婚外情、婚外性 4. 再婚重组家庭离婚
	其他时间段	1. 约占 5%~10% 2. 有经济问题、家庭暴力、意外家庭变故、心理障碍等（参考标准：《美国精神障碍诊断与统计手册》第5版（简称 DSM-5））

三、我该不该离婚，该不该分手

每天都有人问这样的问题，而通常 95% 都是女人。要不要离婚、要不要分手因人而异，也取决于很多因素：

- ❖ 是否做好了面对离婚后单身生活的心理准备和物质准备？
- ❖ 你的自尊水平、经济与精神是否能够支持你的单身生活？
- ❖ 孩子怎么看待你们的离婚？是否已经有了较好的安排（抚养、经济、心理等）？
- ❖ 家人、亲友对你的支持如何？
- ❖ 这段婚姻恶化的程度如何？双方对修复关系的意愿如何？
- ❖ 你们的婚姻问题是否真的无法再改善？为了改善你们的婚姻关系，你是否尽了最大的努力，包括寻求专业帮助？
- ❖ 离婚后你是否有更好的选择？
- ❖ 能否处理好离婚后的性生活问题？

有些人离了婚生活一落千丈，也有些人离了婚却过得逍遥自在，还能再次收获幸福。下面列举 3 个案例：

案例 1：

黄女士，30 岁，本科学历，生活在一线城市。她父母感情很不好，小时候，父亲酗酒，回家以后还要动手打她母亲，母亲的脸曾被父亲用酒瓶划伤过，左脸有道长长的疤痕。生完孩子后，黄女士发现丈夫频繁地发生婚外性关系，那时候她心情很不好，常常失眠，以泪洗面，非常痛苦。而母亲却每次都劝她为了孩子，为了责任，哪怕再痛苦也要熬下去，女人离了婚带着孩子不好找……"

她的火上来了："什么年代了，您还拿那老一套来烦我。您看看自己这一生过的什么日子？自己都整不好，还来烦我？"

母亲委屈地说："我都是为了你们两姐妹才忍下去的。"这下她火更大了："什么都是为了我们，好像是我们把你拖累的。他把你害成了这个样子，你跟他离啊，我和妹妹并没有要你忍啊！"

母亲在一边抹眼泪。

经过全盘的咨询与分析后，黄女士认识到婚姻改善无望，丈夫性观念开放，终年在婚恋网站上找人约会且乐此不疲，而她独立精神强，朋友们也都支持她离婚。她做了离婚后的简单规划与安排：工作上她重回之前的单位上班，以保证经济收入的稳定，孩子由母亲帮忙抚养，她还加入了当地的单亲家庭关爱中心（民政部门支持的公益机构），结识了很多单亲妈妈，并且关爱中心里也有关于亲子关系、孩子养育、心理疏导的专业团队。

2012 年 12 月底，结束了梦魇一般的婚姻后，她奋发图强、全身心投入工作中，抢着干最苦最累的业务，对办公室政治不闻不问，一心一意为公司打江山。两年后，她因为业绩突出，逐渐成为公司的支柱并且进入高级管理层。2014 年公司给她配了一辆车，2015 年年底，她自己买了房子，现在常常和一群快乐的单亲妈妈们聚在一起，过得很充实。

巧的是，在本书初稿完稿后，几年未见的她突然约我吃饭，开着她的奔驰车带我来到市中心的一家高档餐厅中。几年未见，她神采奕奕，已成为公司的核心股东，带领着骨干团队，一年为公司创造着三千多万元的利润。孩子看到妈妈这么拼命，为家庭背负了这么多，也分外懂事、上进。最让我感到惊喜的是，她已经和一个懂她、疼惜她、尊重欣赏和接纳她以及孩子的，并且非常上进、思想现代的男朋友顺利相处两年，准备结婚。

案例2：

王女士，28岁，高中学历，是一位观念十分传统的女性，祖籍粤东地区，和丈夫从小青梅竹马，结婚8年未育，饱受婆家与娘家的非议与歧视。由于压力过大（自觉没有生育低人一等、丢脸），患上抑郁症，被丈夫抛弃。她的小学同学（后举家迁居广州）李女士也因未能生育遭前夫嫌弃，离婚后，李女士却感觉生活更为自由，在家人的理解与支持下，努力学习英语，并结识德国男友，目前定居瑞士。

案例1中的黄女士与案例2中的李女士心理强大，有支持自己的亲友，不断自我成长，突破困境，最终掌握了人生的方向盘。而案例2中的王女士却因为各种原因，成为传统婚恋观的囚徒，前途未卜。

系统式家庭治疗对于离婚与否的观点是：要不要离婚，要不要勉强过下去，需要考虑文化、经济等诸多方面的因素，而且因人而定，没有统一的答案。如果你想做易卜生笔下的娜拉（发现自己是丈夫的玩偶，愤然离开婚姻），那希望你有精神与经济独立的资本。鲁迅对娜拉离开婚姻后的担心是有必要的：一个传统的女人，离开家庭，没有经济来源，要建立人际关系、社会关系，出走以后，怎么办？孩子怎么办？找个后妈来带孩子？这是很现实的问题。

如果你想做《群鬼》中的阿尔文太太（发现丈夫是个"西门庆"，但被愚忠思想奴役），决定留在不幸福但又改善无望的婚姻里，也无不可，但希望你做出的决定是权衡各方的利弊以后，对自己、对各方（尤其是对孩子）是伤害最小、最有利的。

总之，只要你幸福即可，不限形式。

离婚后的心理调适、自我心理建设

夫妻分离是人间至痛，研究发现，离婚属于第二大压力事件（丧偶排名第一）。可见，离婚对于人的冲击有多大。

离婚后的心理调适、自我心理建设包括但不限于：

- ❖ 自我勉励：用积极的思想勉励自己；保持环境稳定，在创伤期，不要轻易更换工作、让孩子转学等。稳定的环境有助于你寻找支持的资源，减少突发事件对你的压力。[①]
- ❖ 准备好足够的时间：离婚属于较大的创伤事件，一般需要3~6个月的时间平复，如超过6个月仍情绪低落，则为不正常，建议寻找专业帮助。

离婚后如何快速走出来？[②]

以下为对离婚后心理调适的一些研究，可按以下方向努力：

- ❖ 夫妻双方自愿离婚的，并且长年分居的，所受的伤害最轻，离婚后也会很快恢复。
- ❖ 年轻人比年纪大的人离婚后更容易恢复。
- ❖ 在经济与精神上越独立的人，离婚后调整越快。他们对周围的环境、生活与前程都有较强的控制感，工作上的成就也够冲淡一些离婚的痛苦。
- ❖ 和孩子关系较好的一方，较容易调适。
- ❖ 有兴趣爱好的人，情感能够找到寄托，较易调适。
- ❖ 参加社交活动的人，恢复越快。
- ❖ 能够获得亲友支持的人，恢复越快。
- ❖ 宗教信仰有助于离婚后的自我调适。
- ❖ 自尊水平较高的人，适应较好。

[①][②] 摘自黄维仁《窗外依然有蓝天》。

❖ 心胸开阔，思想上不守旧的人，容易调适。

❖ 较为独立自主、相信"我命由我不由天"的人，较容易调适。

让爱情保鲜、让生活美好的唯一途径——自我成长

如果不幸生在一个不幸福的家庭里，现在性格敏感多疑、偏执、情绪不稳、情商不高，爱人也觉得你很烦人，应该怎么办？如果你已经因为以前没有相关的知识或者因为种种原因离婚了，孩子已经生长在单亲家庭了，你应该怎么办？这些都是你不愿意看到的，还有什么办法补救吗？——当然有！那就是自我成长。

自我成长是心理学里常用的一个词；我们可以通过学习专业的心理知识、进行专业的心理咨询找出以往的经历对现在行为的影响，不再重复父母的命运、少踩坑、少犯错，我们还可以学习调节自己的情绪，使情绪变得稳定变得积极，增强理解自己和他人的能力，增强和他人相处的能力（提高情商），提高自己的自尊水平，等等，这些都是可以通过学习、努力、训练而获得提高的。

很多人的现状是，对爱的渴求与日俱增，但是爱的能力却没有丝毫提高，对爱的渴求到了 21 世纪，爱的能力还停留在"解放前"。所幸我们现在身处科学时代，有大量改善与提高的方法与途径。

案例3：离婚后脱胎换骨的女人

这是一个让人心生敬佩的女性。闫女士，33 岁。她的原生家庭重男轻女，她的性格从小很懦弱，依赖和信奉男权。她的第一次结婚和离婚都是稀里糊涂。结婚后，他们夫妻二人开始做生意，赚了不少钱，5 年以后，她发现丈夫有了外遇，丈夫还把"小三"带到公司里一起上班。闫女士观念传统而且懦弱，选择了忍气吞声。不久，"小三"怀孕了，和她在公司里大打出手，当众辱骂她是"黄脸婆"。打架时，丈夫出手保护怀孕的"小三"，还把她赶出去。而后，丈夫逼她离婚。她没有亲友的支持和理解，从小她的家庭里人与人的关系就十分冷漠。就这样她孤身一人离开了婚姻，随后变成了一个"祥林嫂"，到哪里就诉说自己被"小三"鸠占鹊巢，说"小三"睡自己的丈夫、开自己的车、住自己的房子、用自己赚的钱、打自己的女儿。

这样的女人很多，真的又可怜又可气，她们一味顺应传统的男权文化与封建礼教，失去自我。如果你是他丈夫，虽然不至于赶她走，但你也不会喜欢她。由于小时候常常被打压，家庭温暖及教育缺失，她各方面都不怎么出色，穿着邋遢、喜欢碎碎念，把丈夫与婚姻当成救命稻草。

后来也许是碰到了"高人"，也许是有什么机缘，她突然开悟了，明白原来命运走到今天，跟自己有很大的关系，明白抱怨命运不公、男人不忠对于改变自己的命运毫无意义，于是她改头换面大变样。她不似有些女人，婚姻出了问题就一味地认为是自己不够漂亮，拼命美化外在，她是内外兼修。她请了形象设计师为她设计形象。设计师去她的住处，把她的衣服全扔掉了，因为那些衣服要么是黑色，要么是灰色，好多都是十多年前的衣服，设计师为她添了一些更适合她的形象与气质的衣服，使她的外形逐渐有了现代都市女性的味道。此外，她还进行心理美容与升级，报了很多心理学的课程，参加了长达 5 年的人际关系团体治疗，每周一次，风雨无阻。她还找了一位咨询师做了几年的心理成长咨询，调整自己的自尊水平、认知水平、自我价值感，并且看了不少让思想进步的书籍。几年后，她无论从形象上还是人际关系上可谓脱胎换骨，性格也好了很多，和她相处起来感觉很舒适。现在她有一份能够体现她价值的工作，她的个人形象、自尊水平、自我价值、人际关系、沟通能力都有了很大的提升，精神上也变得独立，并且开始了一段新感情，到现在已经稳定发展两年多了，男友短婚未育，欣赏她的独立。

她的前半生受到成长环境的影响，懦弱胆小、被人欺压、低自尊、敬畏男权，命运就像中国旧社会妇女的版本，而她后半生的命运更像是一个自强自立的现代女性的版本。

现在很多人都在努力地学习心理学，摆脱童年阴影对自己的影响，掌控自己的人生，这些都是自我成长。我们无法选择出生在什么样的家庭，但可以选择组建什么样的家庭；我们无法选择自己的父母，但是可以选择成为什么样的父母。

黄维仁博士在他的著作《窗外依然有蓝天》中说，当社会发展，环境变迁，不自我成长的人，常常在现代社会的竞争中败下阵来，光想着依靠社会道德的约束力、责任让婚姻稳定，防止被抛弃，只是一厢情愿。

作为一个现代人，如果想要有快乐幸福的婚姻，你就没有不成长的权利。而成长的路有时候很顺利，但大多数人是要付出惨重的代价的，我们需要付出很大的代价，才能够长大，甚至以婚姻和爱情为代价，才能够换得珍贵的内省、领悟与人生智慧。

四、从失败的婚姻中我们学到了什么

在婚姻咨询的这条路上，我们见证了无数令人鼓舞的案例：离婚让许多人走上成长之路，情绪不稳的人开始反省自己的"折腾""作"给别人造成了巨大的痛苦和麻烦；偏执特质的人，开始反省自己一根筋、油盐不进伤害了身边的人；传统观念固化的人开始反省自己的陈旧观念让爱人痛苦与绝望；自恋爆棚的人开始反省自己的自私与自大；爱指责打压型的人开始明白原来自己说话这么伤人，别人和自己待在一起这么挫败和难受；抠门儿的人开始懂得，把钱放第一位，就得到钱，把人放第一位，才能得到人；怨妇开始明白，小时候父母打压贬低指责自己，自己没有办法，只有默默承受，而现代社会，指责打压贬低对方，对方不会再默默忍受；愚孝的人开始明白把父母放在第一，父母开心了，爱人就离开了，再也不会回来！

人生没有白走的路。

再婚的准备

我们看到再婚获得幸福的例子，这些人幕后所做的很多努力与付出，可能是你所不知道的。

❖ 仔细梳理上一次婚姻失败的原因，别再踏进同样的坑。要特别重视以前的恋人/配偶给你的反馈、所发的牢骚，他们是你最好的镜子。如果他们说你嘴太硬、太较真、太情绪化、太固执、太作……如果不是他/她，别人跟你一般过不了，等等这类的话，大部分都是他们发自肺腑的感言，是非常珍贵、非常真实的反馈，一定要在这些方面多加改进。这种改进也有个过程，不是你今天一明白，第二天就能变得不嘴硬、不较真、情绪稳定，不妨求助专业的团体治疗，以取得更确切的效果。

❖ 坚持自我成长，让自己成为一个合格的、心理更为成熟的爱人；刻苦学习情绪调节、倾听与沟通的技巧，培养解决冲突、化解矛盾的能力。

❖ 健康的结婚动机：不要轻易为了结婚而结婚，不要因为摆脱寂寞、意外怀孕、父母催婚而结婚。最重要的是双方愿意相互理解、相互接纳、相互扶持而走到一起。

❖ 对婚姻有更为实际的期望，不去试图改变、改造对方，不要指望对方对自己百般迁就，无条件地爱自己。

❖ 和对方在婚前理性探讨婚后的各种问题，例如子女的抚养、财产分配、与前任的关系等。

❖ 不隐瞒自己的缺点与过失，让对方更深入地了解你，接纳你。

❖ 如果对方想要改造你，或者对你的了解还不够深入，你感觉到心理还没有做好准备，可以慢下步子，和对方坦诚沟通，或寻求专业帮助。

❖ 让爱情保鲜、让生活美好的唯一途径就是让自己变得更好！

五、谈点儿专业

1. 离婚是没有办法的办法？

每天都会听到有夫妻叹气道："离婚是没有办法的办法啊，老师。"

也几乎每天都会听到这样重复的话：家家有本难念的经啊、清官难断家务事、婚姻就是凑合过日子、能不离就尽量不离、长痛不如短痛、这样的婚姻我好累……

今天的中国，问题夫妻要么关起门来吵架、打架、冷战，要么去民政局、法院闹离婚，要么把亲戚、朋友、孩子都卷进来，作天作地作死自己。更有甚者，甚至烧香拜佛、跳大神。

做夫妻、做父母可以说是世界上最艰巨、最高级、最复杂的工作，幸福不会凭空而来，凭什么一个人长到二十多岁，找个异性领一张结婚证，就可以幸福一辈子？①

就像人都有可能感冒、发烧，婚姻凭什么不会生病？

婚姻是人生中最重要的历程，可是却很少有人去系统地学习如何经营婚姻，导致不少"婚姻杀手"匆忙上路。

婚姻试错的代价很高，东折腾、西折腾，人生的几年就过去了，青春也消耗掉了。浪费了时间倒还在其次，婚姻不好，可以"退货""换货"，但是孩子生出来，不能塞回去，这是一个生命。很多人因为有孩子，坚持在鸡飞狗跳的婚姻里继续前行，哪怕给孩子蒙上心理阴影，日子也要过下去。但是，要知道，制造一个心理病人轻而易举，治好一个心理病人千辛万苦。

有没有一些科学的办法让我们少犯错、少踩坑呢？如果确实产生了婚姻问题，我们如何修复、如何改善呢？婚姻家庭治疗专业就是这样的一门专业。如果对这门专业稍作了解，我们就知道离婚不再是解决婚姻矛盾的唯一办法。

2. 婚姻矛盾解决方法，到底哪种好？

案例：哪对夫妻过日子不吵架，夫妻之间最主要的是包容和宽容

有一天一对准新人过来领证结婚，他们是在武汉工作的一对情侣，

---

① 摘自陈一筠相关讲座。

第三章　婚姻家庭知识科普

拖着行李箱，由男方的表姐陪同。到达登记处的时候，我们已经快下班了，女孩赶紧填写《结婚登记申请表》，突然来了一个电话，她拿出手机，手一滑，手机摔到了地上，刚买的全新苹果手机的屏幕碎了。女孩很伤心，开始哭鼻子。她男友站在那里却没有安慰她，反而在一边笑。他越笑，女孩越气。过了一会儿她男友开始指责她，说："这么不小心，还好意思哭。当着这么多人的面，你烦不烦？"女孩听了更气，捂着胸口憋得受不了，就说："不结婚了！"

两个人恋爱一年，在一起总是为小事吵架，而且越吵越气、越气越吵，女孩也担心结婚后日子过不好。

这时两个人开始吵起来，保安就把他们送到咨询室里。我了解了情况以后，问男方："你小时候的成长环境怎么样？父母是不是经常对你指责批评？"男孩低着头，不说话，女孩叹了一口气说："哎，老师，不提他小时候还好，提起来真的好惨，他小时候就是在皮鞭下长大的，他爸爸妈妈对他简直就是虐待。别人家都是爸爸有暴力倾向，他们家却是他妈特别狠，小时候经常拿竹条子打他，甚至把他吊起来打，您说这是亲生的妈吗？"

我继续问："那他妈妈小时候的成长环境是什么样的？"她说："别提了，她妈妈说小时候她们就是这样被父母打大的，小时候被打得更厉害，她这还算下手轻的呢。"

我正准备进行下一步的工作，男孩的表姐过来了，她非常热心，观念也非常传统，她认为婚姻咨询就是应该劝和不劝离。她跑进来催："你们大老远从武汉飞过来领证，办这么重要的事情，这点小事就不要放在心上了嘛，哪对夫妻过日子不吵架的？有话好好说嘛，夫妻之间最主要的是包容和宽容。快点啦，他们要下班了，现在赶紧把证办了吧，别为这点小事耽误了。"

女孩还在犹豫，男孩和这位热心的表姐一边哄一边催就把她带出去了，二人办理了结婚手续。

一年以后的夏天，有一天，他们两个突然又出现在我的咨询室门口，叫道："唐老师。"我双眼放光，大吃一惊叫起来："啊，你们不是上次从武汉过来办结婚手续的吗？"

他们两个也惊叹道："啊，唐老师，您每天咨询这么多人，怎么还记得我们啊？"我心里默默地想，就是因为担心你们会出问题啊！结果我仔细一看，男孩右手打着绷带，女孩戴着墨镜，摘下墨镜，左边太阳穴附近一片乌青。原来是发生家暴了。

他俩去度假的时候，又发生类似上次那种小争吵，女孩和他越说越气、越气越说，他气到极点，出手打了她一拳，打在太阳穴上，打完以后，他又很后悔，气得一拳打到玻璃窗上，把手也弄伤了。他们两个一个像刺猬，一个像犀牛。

这次他们没有办理离婚，双方还有感情，还有不舍，但是又纠缠了一年多，第三年他们终于办理了离婚手续，孩子两岁多，由女方抚养。

这个案例中的一些片断，我们可能常常会见到，如果亲友介入婚姻调解，抱着传统的劝和不劝离的观点，做一番充满俗世安身之道的开导，看起来一片热心，实际上很可能越帮越忙。

比如说，他们来办理结婚时吵架，表姐说："这点小事，不要放在心上嘛！"从专业角度上来看，这句话并没有解决夫妻的矛盾，而是在转移和掩盖夫妻的矛盾。"有话好好说，夫妻之间最主要的是包容和宽容"这种话其实都是一些正确的废话。因为道理他们都懂，但是做不到。而转移和掩盖夫妻矛盾的现象在中国很普遍也很常见。

非专业人员常常会用下面这些句子来帮助别人处理婚姻矛盾：

- ❖ 不要当着孩子的面吵架，这样对孩子不好。
- ❖ 夫妻要注意沟通，有话好好说，别老生气，生气对身体不好。
- ❖ 吵架的时候不要翻旧账，有什么事大家坐下来好好说。
- ❖ 你要相信、信任、尊重你的丈夫，不要随便怀疑他。
- ❖ 要懂得控制自己的情绪，不要吵也不要闹，冷静点儿。

- ❖ 离婚对孩子不好，会造成他们的心理阴影。
- ❖ 你要多体谅他/她，多理解他/她，你们这点小事消消气就好了。
- ❖ 夫妻间相处要包容、要宽容，不要动不动就提离婚。
- ❖ 男人要懂得关爱妻子，多哄她，带她去旅游，看电影。
- ❖ 你不要动不动就发脾气，指责发泄。
- ❖ 你要改改你的牛脾气啊，日子不能这样过。
- ❖ 你丈夫这么孝顺，对家庭这么负责，你就知足吧。
- ❖ 你们要冷静下来再谈，不要在情绪激动的时候谈。
- ❖ 你要改改自己的脾气啊，不要太以自我为中心了。
- ❖ 安全感要自己给，提高你的情商。
- ❖ 男人嘛，都是这样子，只要还顾家就行了。
- ❖ 你要温柔点，要懂得做小女人。

……

这些话，对于做得到的人来说不难，对于做不到的人来说，就是正确的废话。

有好多位来访者愤怒地反映：如果我能做到这些，我的婚姻怎么可能走到今天？正如举世闻名的情绪管理训练创始人 Dr. Gottman 所说："这些基于个人经验和未经证实的理论而给出来的建议，我觉得是（对夫妻）不负责任的。"

近年来中国经济高速发展，离婚率也大幅攀升，国家和民众也越来越重视婚姻家庭的稳定与经营，2015 年 12 月 31 日，在民政部下发的《婚姻登记工作规范》中，将婚姻家庭辅导工作纳入其中。

鉴于种种原因，目前在中国催生出一个较热门的行业——婚姻咨询，很多非专业或者半专业的人员都投入到婚姻咨询以及相关行业中。如果你身边有婚姻出问题的夫妻，你可能也时不时被卷入其中。

这些从业者的方法有一个共同特点，就是缺乏科学观察、系统的理论和实证研究：夫妻经过咨询以后，关系有没有得到改善？夫妻的矛盾

是被转移了还是被掩盖了？夫妻到底是吵架少了，分居结束了，共同做家务了，旅游、亲子、性活动一起增多了，还是只是表面上关系近了，但是内心的怨恨还没有消除？原理是什么？到底是短期的改善还是长久的改善？到底有没有这方面的指标与临床实证研究？有没有短、中、长期的效果追踪报告？等等。

很多新兴的行业、正在起步中的行业都会有这种现象存在。不能说他们的办法一概无效，只是希望他们的系统性与科学性进一步提升，更好地造福于民。

这让人想起王小波《肚子里的战争》的场景——一方面，你为这些从业者的热心所感动；另一方面，也为他们缺乏专业训练而担心。

专业婚姻治疗/咨询

第二次世界大战以后，以美国为首的西方国家在工业化、都市化的进程中，生活节奏越来越快。在社会生活方面，婚姻冲突明显增加，导致了离婚率上升，青少年违法犯罪的现象增多，面对这些问题，社会各界开始对家庭在社会转型期的调试给予极大的关注。

婚姻治疗/婚姻疗法（Marital Therapy）也称夫妻疗法，是20世纪60年代以来发展起来的一类心理治疗方法，除采用各种家庭治疗的理论和技术外，重点发现和解决夫妻之间相互作用的问题，以促进良好的婚姻关系为目标。经过几十年的发展，已成为较成熟的专业，有大量的科学实证研究与科学报告，在欧美的大学与医院中均已应用多年，并且在部分大学的心理学系早已设立婚姻治疗、家庭治疗的专业。

婚姻一旦出现了问题，建议借助专业的力量进行深入的干预，目前欧美正规的大学和医院里对于解决婚姻家庭问题的比较前沿、比较正规和系统的干预方法有下图的四个方面。

第一个方面：从精神科的视角进行生物学的治疗，即精神科、生物学治疗。众所周知，药物治疗有非常强大的循证医学研究，有效率高达85%～95%。有人会问："婚姻问题不是跟性格有关吗，怎么还要吃药?"其实在我们经手的案例里,有1/4~1/3的当事人需要药物治疗或"药物+心理"联合治疗,例如抑郁发作、焦虑症、躁狂症、强迫症等都可以或必须使用药物治疗。

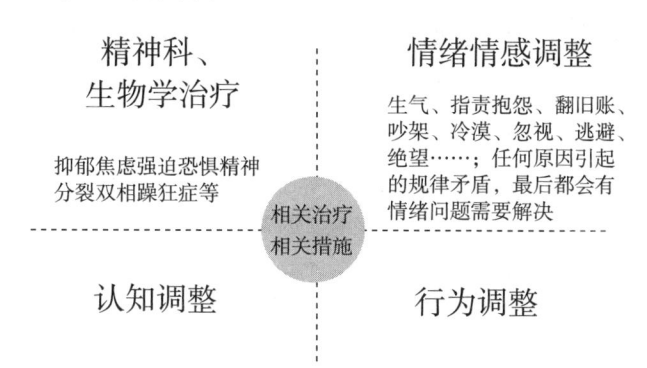

精神科、 生物学治疗	情绪情感调整
抑郁焦虑强迫恐惧精神分裂双相躁狂症等	生气、指责抱怨、翻旧账、吵架、冷漠、忽视、逃避、绝望……;任何原因引起的规律矛盾,最后都会有情绪问题需要解决
认知调整	行为调整

（中心：相关治疗 相关措施）

你会看到有些人身体不好,婚姻家庭情感也不好,其中有一部分人就是可以利用药物改善的。比如产后抑郁的人一般睡眠都不太好,敏感、多疑、敌对、容易犯困、脾气不好、失眠、多思,和丈夫婆婆关系也处不好,也没有什么朋友。产后抑郁所引发的离婚占到离婚原因的一两成,而上述症状其实可以通过药物缓解或改善。

第二个方面:情绪情感调整。这是迄今为止目前世界上效率最高的改善方法（婚姻咨询、亲子关系咨询中）,有效率高达75%~85%。不管什么原因引起的婚姻矛盾,最后都会有情绪,都需要先处理情绪情感,比如生气、指责、抱怨、翻旧账、吵架、冷漠、忽视、逃避、不耐烦、绝望、怨恨,等等。

第三、第四个方面是举世闻名的认知和行为调整（夫妻认知行为治疗:Cognitive-Behavioral Couple Therapy,CBCT）,这两个技术在个人咨询以及其他领域里有效率很高,根据国外相关专业报告,用在婚姻咨询中的有效率一度高达60%~70%。

但是目前在国内,尚未有关于认知行为在婚姻治疗领域的实证研究和效果报告。大量婚姻治疗的同行也没有这方面的反馈。估计国内专业婚姻咨询中缺乏认知行为调整的原因有二:第一,目前在我国没有专门针对婚姻领域的 CBCT 系统的、规范的培训，一个流派从理论到实践至少需要 2~5 年的连续培训，其中包括不间断的实操以及正规的督导，国内目前尚未发现有专业人士系统地传播 CBCT。

第二，婚姻发生严重问题的夫妻通常已经绝望，极少有人愿意配合调整自己的认知行为，这时首当其冲的办法是先平复夫妻的情绪。但是在感情炽热的恋爱阶段以及还有一定感情基础的婚姻关系里，做认知行为的调整是有效果的，因为双方的内心还有感情，愿意为了感情再投资、再努力、调整自己的行为以改善关系。单纯因认知、观念、行为偏差而引起的矛盾，认知行为调整也有较好的效果，比如有婆媳矛盾、翁婿矛盾的家庭，就是因为当事人没有认识到现代婚姻应该夫妻关系第一位，而自己常常把父母放在第一位，所以家里矛盾不断；或者认识不到和一个人组成家庭，有责任与义务让对方过得比之前更幸福，但自己却不求上进，总是对方在付出。

认知行为的调整在婚姻治疗中可以发挥巨大作用，但由于未得到国际化的、科学系统的训练，所以目前国内运用认知行为调整的案例还比较少。本节将着重介绍上述的第二方面的干预方法——情绪情感的调整。

先举三个案例：

案例1：无效的劝解：打女人是不对的，再怎么样都不能动手！

如果发生了家暴事件，你和当事人说："你打女人是不对的，再怎么样都不能打女人，以后不能再打了"这是在调整当事人的认知和行为，打女人是不对的——是在调整他的认知；以后不要再打女人了，这是在调整他的行为。但是这样有用吗？我相信这些道理他 3 岁的时候就懂了，但可能 80 岁他还做不到，知易行难，实际问题不出在认知和行为上，主要是他的情绪管理出现了问题，受到刺激的那一瞬间，他管控不住自己、情绪大爆发，就动手打人了。

案例2：人为什么离不开痛苦的婚姻？

常常被家暴的女人，大家都劝她离开、劝她离婚、劝她放弃，她头脑也应该明白得很，再待下去会受到更大伤害，但是我们常常看到被家暴的人不愿离开，那是因为她内心没有勇气、太软弱、恐惧或者还有感情。因为这些情绪情感的因素，导致她不能执行"离开"这个外显行为。

无数的人都知道不要搞婚外情、不要冷暴力、要离开痛苦的婚姻，但是，理智不能完全左右情感。在内心深处的情绪情感没有妥善处理之前，外显的行为较难改变。

就像很多人知道求助于正规的婚姻咨询会改善婚姻，但是很多人因为羞于启齿、顾虑太多，不消除他们的羞耻感，他们就不会迈出这一步。

案例3：你这样是不对的，是冷暴力

一个丈夫和妻子关系很僵，分床有半年了，他去找到一个做婚姻调解的咨询师，咨询师说："你这样是不对的，这样是冷暴力啊。"建议他带妻子一起去看电影。他却气呼呼地说："我现在对她一肚子气，看到她，我饭都吃不下了，还看什么电影！"

咨询师调整的是他的认知和行为，告诉他什么是不对的，并且指导他的行为，让他们一起去看电影缓解关系。但是这位丈夫不是不知道他这样对妻子是冷暴力，他娶妻子也不是为了给她施加冷暴力，这些道理他都懂。因此这种情况下首先应处理的是他积累的负面情绪，他在这段婚姻里想必也很失望、很受挫、很烦躁，如果把这些情绪处理好了，夫妻不"顶牛"了，关系好了，夫妻二人自己便懂得要一起去看电影了。

情绪取向的婚姻治疗效果已闻名于世，国内婚姻治疗的同行也个个反馈良好。在婚姻关系的调整中，情绪情感的调整需要得到足够重视。

掌握夫妻沟通中最核心的点——情绪

一个人说什么话不是最重要的,重要的是怎么说,用什么样的语气说,也就是我们平时所说的"态度"。在心理学的情绪调节理论里,人与人的沟通,语言的重要性占35%,非语言的重要性占65%。非语言包括语音、语调、语气、语速、肢体语言,等等。

下面我们来看两个例子,感受一下情绪在沟通里的重要性:

场景1:

丈夫回家比较晚,妻子凑上去对丈夫关切温和地说:"你怎么现在才回来?"丈夫笑笑不作声。

场景2:

丈夫回家比较晚,妻子带着一股怨气抱怨道:"你怎么现在才回来?"丈夫感觉妻子要开始数落自己了,赶紧跑到卧室里,免得战火升级。

第一种问法给人感觉是关切、关心,是比较温暖的;而第二种问法好像就是在质问、盘问、抱怨、发牢骚,这样对方听到以后就想自动逃开,不想接话,或者内心比较烦,想躲远一点,对不对?显然,第一种问法是在促进感情,而第二种是在破坏感情。

场景1:

丈夫在外应酬,打电话说要晚一点回家,妻子关切地叮嘱他:"老公,你要早一点回家,注意安全啊!"丈夫轻快地回答道:"知道啦,老婆大人!"

场景2

丈夫在外应酬,打电话说要晚一点回家,妻子关切地叮嘱他:"老公,你要早一点回家,注意安全啊!"丈夫很不耐烦地说:"知道了知道了!"马上挂断电话。

场景1中,夫妻沟通得不错,双方处在一个良性的沟通里,而场景2中,感觉丈夫明显很不耐烦。如果平时夫妻关系还不错,或者妻子是一个大大咧咧的人，那问题不大，如果妻子是比较敏感的人或者在两个人关系比较紧张的时候，妻子听到这种话以后，就会感觉自己被拒绝、不受欢迎。如果一直这样沟通下去，夫妻关系肯定很容易慢慢积累问题、慢慢恶化。

"魔鬼"藏在细节中。

如果你受过足够多的专业训练，只要观察夫妻的对话与互动几分钟，即可以判断他们的婚姻质量甚至结局。很多人会说，我其实早就知道我们的婚姻问题的关键就是情绪不稳，能不能教教我怎么调整不带情绪地说话啊？

我想告诉你的是：情绪的调整、沟通的技巧属于技能，技能是需要训练的，上课、看书是学不会的，就像游泳和开车一样，需要训练，今天进步一点点，明天进步一点点，有一个过程。

本书会附上一些基本的模拟练习以及案例的解析，一般的婚姻问题参照练习，可自助解决。

为什么我们明白了无数的道理、喝了无数碗"鸡汤"，依旧过不好这一生？

目前在我们中国来说，调整表层的认知和行为的婚姻治疗比较多（讲大道理、给行动指导），因为这个很简单，咨询师不需要接受长年累月的国际水平的系统培训（正规的CBT认知行为治疗需要系统的理论学习与实操至少2年以上）。

而且普通人解决婚姻问题也只知道索要方法和指导，但是方法和指导大部分是在认知与行为层面，浅层的和不系统的认知和行为的改变对婚姻家庭关系的改善效果真的很小，这就是为什么我们明白了无数的道理、听了无数的课程、咨询了无数的咨询师，依旧过不好这一生，因为还有一个重要的维度没有调整——情绪情感。

为什么有些人爱吵架、有些人性格温和？

前段时间网上有一篇文章很火，说"吵架冲出门去，回来顺便买了

菜",看这个标题就感觉很温馨。从心理学专业上来说,这个人的情绪调节能力还不错。有些人有了情绪就要骂骂咧咧,说一些难听的话,甚至动手;有些人有了情绪,自己哭一哭、走一走、动一动、睡一觉就好了,或者出去散散心、买买东西就好了,回来气就消了。这说明有些人的情绪靠自己调节就可以稳定下来,这类人的自我调节能力强,自己会代谢、处理掉负面情绪,不会让这些情绪干扰、破坏夫妻感情。

而有些人自我调节能力不够,有了情绪后,要靠别人来帮自己调节,例如要找朋友倾诉、和家人吵架,有些甚至还要酗酒宣泄,把憋住的气撒出来,心里才算舒服、才能平静。

面临多重压力的时候,最考验人的自我调节能力。人在遇到困难、挫折时、在工作压力很大时、女性在怀孕和产后期都容易面临多重压力,情绪调节能力强的人,往往能扛得住高压,在婚姻家庭中不容易吵架,反之,情绪调节能力差的人,往往需要别人来帮他调节,长此以往就容易引发家庭矛盾。

六、夫妻吵架,如何快速抚慰对方的情绪

做婚姻咨询这一行久了,咨询超过 1000 对夫妻,他们一开口,我就知道他们要说什么。表面上看,都是为了不同的事情吵架,但其实这些架都是有规律的。

1. 翻旧账的吵法

他/她会把自己曾经为对方、为家庭所付出的或者自己受的委屈拿出来反复说;或者对方曾经做过什么事,尤其是犯过的错,或者是对方家的亲戚有什么错处等一而再再而三地讲出来,絮絮叨叨地提醒或是告诫,女性有时候吵架还会把坐月子时候的事情拿出来说。每次翻旧账如果得不到满意的回答,情绪又没有得到处理,下次吵架会再翻一遍。

2. 为孩子教育吵架

育儿观念上的不一致很容易引起争吵,一方看重孩子的学习,另一

方看重孩子的自由。教育理念不一致，不仅会影响夫妻感情的和谐，更会给孩子带来伤害。

转移型争吵：指桑骂槐，有些人在单位受了领导的气，憋了一肚子气回家，家里人一点就爆；还有些夫妻在发生矛盾的时候，会把情绪发泄在他人身上，也就是寻找"出气筒"，这个"出气筒"可能会是家人、孩子、邻居甚至同事。例如好多老一辈的夫妻，生活中受过很多苦难——孩子多、家里穷、婆婆给"小鞋"穿、受欺负，等等，但是那个时代又离不了婚，或者没有勇气离婚，就会把情绪转移发泄到孩子身上。

3. 没有满足"我"的需求

男人会因为没得到鼓励、理解、信任、性满足而有情绪和不满；女人如果得到的关心、呵护、重视、陪伴不够，则容易吵架和抱怨。

4. 婆媳矛盾的家庭

女方会不停举例说丈夫是多么的愚孝、自己是如何的委屈，感觉自己永远靠边站；丈夫要么不说话，要么拿出一些理由说其实他母亲并不是这样，诉说他其实左右为难，也做了不少工作，等等。

女方一般会列举无数件事情，最终其实就是一个意思——婆婆在家里太重要了，而她在丈夫心里不重要；男人一般不爱争吵，大部分男人也没办法理解女人的情绪，他们会用沉默表示抗议，用逃避表示不满。

5. 婚外情

以女方作为受害者为例，她们会不停诉说自己内心的伤痛与挣扎，不敢再轻易信任对方，只要联络不到对方，或者对方的手机上有可疑的信息，她们就会忍不住爆发。她们也明白这样不对，但是控制不住自己。而此时丈夫要么沉默，要么辩驳道："我不是都回头了吗？你怎么没完没了？这样的婚姻好累！"很多人虽然发生了婚外情，但并不想把原来的家庭解体，只是事情败露后，对方情绪无法控制，搞得局面不可收拾，最后小事闹大，大事爆炸，没有了回头路。

6. 再婚重组家庭

一来，可能有一方上次婚姻中遗留的问题还没有解决，带到这次婚姻里来；二来，就是和前妻/前夫的关系，以及和前妻/前夫所生的孩子的关系处理不当造成重组家庭的矛盾。

7. 大家庭影响小夫妻的吵架

有些大家庭里七嘴八舌、七大姑八大姨都自如地参与到夫妻的生活里，如果双方家庭的文化、风俗相差很远，夫妻二人又协调不好的话，就很容易发生矛盾。原本这些亲戚可能是好意，想帮助这个小家庭，但是如果处理得不好，反而变成了干扰。

8. 沟通障碍的夫妻

多半是为一些小事就吵，吵起来就不可收拾，无法调和，越吵越伤感情，吵一次感情淡一次。旁人会感叹这两个人就是"冤家"，互相折磨。

从专业人员的角度来说，以上这些问题只要抓住要点，掌握技巧，在夫妻关系出现问题的早期和中期是可以解决的；如果到了晚期，修复起来难度就加大了。

但从我们的国情来看，平时夫妻每天都是围绕工作、孩子、家务琐事在转，没有时间去保养、去经营婚姻，因此很多婚姻有了问题，也是忽视、转移、不解决它，问题不断积累，不去面对，反而成了大问题，严重到婚姻"快断气了"可能才会去想办法解决，往往这个时候已经错过了最好的修复时机。很多时候原本三五次咨询可以解决的问题，最后拖到需要三五个月才能够解决，或者已经根本无法解决，家庭只能走向解体。

下面我们就一起从婚姻家庭心理学的视角、情绪调节的理论基础出发，对婚姻问题防微杜渐，把婚姻问题化解在摇篮中。

人们自己应对婚姻问题的办法：

通常人们只把专业咨询作为解决婚姻问题的最后一根"救命稻草"，

因此在夫妻关系出问题的初期，人们会自己想出很多办法来解决问题。总之，在见到婚姻咨询师之前，夫妻们几乎已经想尽了各种办法来改善他们关系。EFT情绪取向课程里把这些人们常用的方法举例如下：

- ❖ 他们自己尝试多次的沟通，但是屡试屡败。
- ❖ 请亲戚、朋友、领导、居委会等非专业人士帮忙调解，有些甚至还上过电视台的调解栏目。
- ❖ 求助于心理咨询，有些人甚至做三五年的长程个人咨询。
- ❖ 参加婚姻课程讲座。
- ❖ 尝试分居（疏远关系、降低冲突）或降低对婚姻的期望值，凑合过日子，感情抽离。
- ❖ 阅读婚姻关系方面的书籍，其中有很多人是社会成功人士，也明白无数的大道理。

那么，专业婚姻咨询有何特别之处，专业之处，为什么？

目前最前沿、实证研究最多的还是情绪情感的调整，80%的婚姻家庭都有情绪情感的问题，下面我们来讲一下抚慰情绪情感的方案。

情绪调节需要不断地训练，情绪调节是一个过程，可以请专业的咨询师帮你训练，也可以自己按照以下方法努力训练。

1. 寻求专业的心理咨询

咨询师是解决过成千上万对夫妻矛盾的人，来访者花几年解决不了的问题，专业咨询师可能几个小时或者几十个小时就解决了。但目前这个想法较为理想化，在发达城市可以找到技术成熟、专业度高的咨询师，在小城镇目前还较为困难。

2. 自助方法一：事后补救法

发完脾气、吵完架以后要跟对方解释：我刚才控制不住，对你造成了伤害，伤到了我们的感情，我觉得很抱歉。这种补救办法对于关系有一定的补救作用，但是如果长年这样，对方也会厌烦，因为你下次又会再犯，效果递减。

3. **自助方法二：自我调节情绪**

如果情绪的自我调节能力不够，有了情绪要发泄出来，这就容易干扰、破坏与家人、朋友的感情。可使用以下自助的方法调节情绪：

① 写情绪情感日记；

② 对着镜子说话；

③ 找情感树洞；

④ 对宠物说话；

⑤ 宣泄：大喊大叫、哭泣、撕纸、摔枕头、扎小人都可以；

⑥ 运动；

⑦ 泄肝火：有些肝火旺的人比一般人火气大、容易发脾气（尤其是压力大时），并且伴随一组症状，例如食欲不振、胃胀气、两肋痛、胸肋胀闷、月经不调、眼干等，需要泄肝火，可选择按摩、针刺太冲穴等（太冲穴是肝经的原穴，按摩可以泄肝火）；

⑧ 改变认知：需要专业咨询师指导；

⑨ 找心理咨询师倾诉。

4. **自助方法三：表达训练**

① 如何说话不惹火对方，不让战火升级

先说一个原则，表达情绪而不是带情绪地表达，比如说表达生气而不是生气地表达，表达愤怒而不是愤怒地表达，表达不满而不是不满地表达，表达失望而不是失望地表达，表达没有安全感而不是不信任地表达。

这样表达不会激起别人的对抗或反感，搭起建设性的沟通，改善关系而不破坏关系，不容易引起争吵。

② 如何巧妙地让"怨妇"的话不再难听？

爱指责批评的人说话是反着来的，而且有夸大、绝对化的倾向，容易刺激对方的情绪。例如，你从来不带我去看电影，从来不带我去旅游，等等，这是典型的怨妇表达方式，比较绝对化。对方做了十件事，一件做不好，她就一直提那一件事，剩下九件事就不提。这种全盘否定的话，好比射过来的子弹，把丈夫的好的行为都否定了，这种绝对化的表达，让丈夫很挫败。理智上丈夫也明白这与妻子小时候的家庭氛围有关，她小时候就很少得到赞美与欣赏，所以现在也不会表达赞美与欣赏，但长期面对这样的妻子，丈夫真心爱不起来。

如果他们此时在做婚姻咨询，我们会先安抚丈夫："我看到你皱眉叹气，我知道你并不是这样的人，等我听她讲完，然后给你时间解释。"这时丈夫会觉得咨询师考虑了他的感受，不会只偏向妻子一边，他就坐得住；否则，有些脾气暴的丈夫会马上和妻子顶起来，感情又会伤下去，那么来做咨询就白费了。

对此我们专业的回应是，先安抚丈夫，让他能够稳住，不要爆发，然后要和女方说："一方面我听到你在表达说你丈夫比较少带你出去，另一方面我也听出了你感觉他对你是不主动的、不在乎的、不热情的意思，你在这段婚姻里好像感觉不到他的关心。"

通常这个时候，妻子会沉默，不会继续控诉，而且丈夫听起妻子的话来也会觉得柔和了很多，因为我们把妻子指责抱怨的那颗"子弹"挡掉了。

如果妻子成为"怨妇"，她们其实是期望丈夫的关心的，但是她非要反着说，话里带刺，像个刺猬，她是在用指责的方式表达自己的不满。

如果没有专业的心理咨询师在场，我们自己怎样调整这种怨妇式的表达呢？

妻子应直接表达指责后面内心真实的需求："老公，我需要你的关心，很希望你能够多陪伴我。没有得到你的陪伴，我感觉很失望，感觉好孤单。"

要表达失望而不是失望地表达。

怨妇式的表达让人冒火，那是想吵架的节奏，一秒钟把丈夫推开；但是直接表达需求反而能推进关系、增加感情。

以此类推，非建设性和建设性的表达对比：

非建设性表达	建设性表达
你妈妈就是"慈禧太后"啊，什么都听你妈的！	老公，我感觉我在你内心不是最重要的，我很失望。
你到底有没有考虑过我的感受?！	你刚才说的那句话让我感觉很委屈/很难受。
不要动不动就把"离婚"挂在嘴上。	你一提离婚，我就感觉很不安/很惶恐。
你一下班回家就打游戏，油瓶倒了都不扶一下。	老公，我很需要你为我分担一些家务事/我很失望。
你从来就没关心过我！	我感觉不到你的关心，感觉很孤单。
你和那个女人根本没有断啊，还在天天发短信！	老公，我很担心，担心你人回来了心还没回来，很担心我们的信任再次破裂。

原理看上去很简单，但真要掌握，并且能够改善夫妻关系，需要反复练习1000个小时以上。

5. 手把手教你快速抚慰对方的情绪——案例训练

现在我们一步步加大训练的难度，此节案例的训练重点是讲授如何让对方快速消气、情绪快速恢复。

这是一个情绪非常激烈甚至恶劣的案例，难度达到9分（如果最易是0，最难是10的话）。当事人情绪接近歇斯底里，非常极端，在我们的工作场所十几年都碰不到几个，可以说也是我的咨询史上最困难的一个案例。当事人对世界、对他人都较为敌对，简直一对话就要和人打起来，但是我利用科学的情绪调节技术，一步步降低她的压力，最终缓解了冲突。这种难度的案例，在生活中是鲜少见到的，一般的夫妻吵架斗嘴，难度都只在4~8分。

案例：心理学几招搞定"极品怨妇"

这个案例的当事人十年前在我工作的婚姻登记处办理了离婚。之后她每年夏天都会来婚姻登记处大闹，还找过几个领导。一些胆小的登记员一见到她来了，就躲到柜台后面，不敢出来办公，怕她带了凶器要动手报复。因为她情绪很激动，在大厅骂人，让我们领导来见她，领导不来，她就不走。她每天都来，说要申冤。

我和领导说："我评估过了，她不是想恶意滋事，是由于内心强烈的情绪不能平复，不能被理解导致的极端情绪。因为她一定要见您，我想和您一起接待她。您先和她谈，谈不下去的时候您就看我的眼色，由我来谈。然后我要连续用大概30~60分钟的时间给她做一次心理辅导（情绪调节需要单独、安静、舒缓、不被打扰的环境，效果才会好）。前30分钟铺垫，后面再一遍遍强化，调降她的敌意和情绪。"

领导就硬着头皮和我一起进了咨询室。这位女士怒发冲冠地拿出文件甩在桌上说："你们这些狗官（开口就骂人），设的什么狗屁制度，不管什么人来，都不问一下原因，直接给办了离婚！"她一拍桌子，脸部五官都气歪了，唾沫星子都喷到空中。她用食指敲着桌子大声地说："你看你看，我离婚，前夫说是一个月给孩子1000块钱抚养费，但他一直在抵赖，现在也没有人管，他还玩儿失踪！你们知道他是什么原因离婚的吗？他在外面有女人，有'小三'！你们这些人都瞎了眼（用手指着我们），看都不看就给我们办了手续，现在他潇洒了，什么都可以不管，抚养费也不付，我一个女人拖家带口的，这日子过不下去了……"她越说越激动。

被前夫抛弃的仇恨、生活的不如意都在她内心沉淀下来，积攒了无数的负面情绪，没有宣泄的出口。人们处于极端的情绪中时，理智水平会大大下降，讲道理也没用，此时她的认知是失调的。

领导咽了一口唾沫，一字一句、非常认真也非常诚恳地回应道："大姐，你和前夫离婚的这个事情，我们也是无权干涉的。至于你前夫拖欠孩子抚养费的问题，建议你去法院申请强制执行。"

领导用的是通行的逻辑、传统的方法和她摆事实、讲道理，但如果这个方法行得通，她就不会闹这么多年了。所以她完全没有耐心听下去，她火气越来越大，大声地把领导的声音压下去："我说你们就是耍赖，白拿政府的钱，不干活，你们不知道这样会有问题吗？我已经看穿你们了，

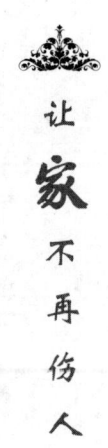

你们这些工作人员，就是互相推来推去，谁都不想负责任，不想管，办完手续了就想着跟你们没有任何关系了，和××（她的前夫）一样都是流氓！"两个保安也慌张地在门口张望着，做好了随时进来干预的准备。

领导感觉碰了钉子，说道理不管用，她的情绪很极端，根本不讲逻辑。这时领导的身子稍稍地往后退了一下，我使了一个眼色给领导，开始接过话来。我第一步先要把她的话做一个打断，因为如果不打断，她会连续骂，而且越骂越起劲儿。我说："大姐，我听到你跟我们说了两件非常重要的事情，让我来复述一下，看我们有没有听懂了。第一，你和你前夫过来办理离婚，我们不细细过问一下缘由，就给你们办理了离婚，这样很草率；第二，离婚以后你前夫，就对你们不管不问，你觉得这离婚协议是对君子不对小人，虽然上面白纸黑字写了离婚后的责任，但是你前夫仍然可以不负责任，把离婚协议书当成废纸，你去向相关部门反应，人家还推来推去。你看你刚才说的是这些吗？"

人的本能就是这样，只要你的话是围绕她、关乎她的利益，她的注意力就会集中起来认真地听。这位女士听了以后就不吵了，认真地听我说完。因为我不顶她，友好地去尝试理解她愤怒背后的原因，这么多年来，可能也是第一次有人这么认真地听她说，所以她激动的程度一下子下降很多。她马上说："对，对，对，我就是这个意思，你看他们这些人都没有你认真，都没有你讲道理。"

我有讲道理吗？我其实没有讲一句道理，我只是在重复她的话。但是从心理层面上，我是在接纳、疏理她的情绪。她给我竖起大拇指，不闹了，这样，说话的机会就自然到了我这里，我成功地"打断"了她。

第二步我打算把她的情绪再往下调，我说："我也听到你说你前夫是个不负责任的人，这些年来我感觉一直都是你在支撑这个家庭，你咬紧牙抚养两个孩子，如果不是因为这段婚姻，你的命运不会是这样，你不会过这样的日子。而且同时我好像也感觉到周围也没有什么人支持你、理解你，你心里的委屈没有人可以理解……"

这也都是我的心里话，从看见她的第一眼起，我就有一种感觉：她的命运走到今天，情绪如此激动，愤恨如此之多，一定有故事，有超出常人的经历。

说到这里，她的眼圈开始泛红，因为这么多年来第一次有人支持她，耐心地听她说，不但没有粗暴地打断她，还在情感上站到她这边去理解她、心疼她。因为我知道，张牙舞爪的背后其实隐藏着一颗受伤的心。虽然她的逻辑、道理是乱的，但是这个"乱"是因为有很多的情绪没有被处理。她的情绪是什么——愤怒、感到不公平、生气、委屈、怨恨、恼怒，等等，这些情绪如果没有得到处理，没有被理解的话，她就会这样张牙舞爪四处奔走。如果直接和她讲道理（调整她的行为与认知），说："大姐这些事情都过去了，要放下，好好过自己的日子，你说话要讲道理，不要这么大声……"这样浅层地调整她的行为与认知都是无效的，必须要先处理她隐藏在行为下面的情绪情感，化解了以后，她才会停止这些非理性的行为。

就好比有些唠唠叨叨爱翻旧账的女人，或者一些难缠的老太太，你直接和她讲大道理，或者让她停下来，或者苦口婆心地给她各种劝诫，基本都是无效的，因为，她唠叨的原因没有被理解，唠叨下面的情绪没有被理解，越劝她越起劲儿。

所以，如果一个人无理取闹，我们要去了解他为什么无理取闹，是不是有什么难处、痛处，而不是去直接指责他的无理取闹。

同理：

- ❖ 冷暴力中，我们不要急着撬开丈夫的嘴，而要想想丈夫为什么三缄其口。
- ❖ 不要想着教育妻子翻旧账不对，而要好好想想她为什么唠唠叨叨。
- ❖ 不要想消灭"小三"，而要想着丈夫为什么需要"小三"。
- ❖ 不要想着劝妻子不要做"母老虎"，而要想想妻子为什么没有了昔日的温柔。

❖ 不要想着抱怨丈夫回家越来越晚，而要想想他为什么不早回。
❖ 不要想急着阻止孩子的叛逆行为，而要想想他为什么不听话。
❖ 不要急着劝阻别人不要离婚，而要想想他为什么要离婚。

……

这样的谈话，几分钟或者一次两次是不够的，你说第一次，她的眼泪会涌到眼眶边缘，但是她眨眨眼睛，又会马上闹起来，所以你要继续推进，一步步铺垫，反复操作很多次，需要非常多的耐心。

最终，经过90分钟后结案，我们三人握手言欢，我和领导和和气气地送她走出大厅。

现在来讲解一下调降和抚平对方激动情绪的要点：

1. 原则一：先处理感情再处理事情

认知神经科学研究发现，当一个人情绪激动的时候，他的认知是失调的。通俗来说，一个人激动的时候、有情绪的时候，是听不进道理的，所以你看到一个人一肚子委屈，对世界有很多敌意的时候，如果你和他说："你要冷静，说话声音要小一点，这些事都过去了，别人并没有对不起你，你说这些是没用的……"这些道理他都明白，但是在气没消之前，人是听不进道理的，这种浅层的认知与行为调整意图还会引起对方的反感——你越说，他越气，因为他觉得你没有理解到她的委屈，你忽视他的感受，你说的那些道理谁都懂。

所以，当你的配偶在埋怨你不够关心他/她、在唠唠叨叨地翻旧账的时候，先不要想着去跟他/她讲道理、论对错（很多"理工男"/"理智女"或有点偏执的人会执着于讲道理），从看到这本书开始，学会先聆听，先不要急于解释，先让对方把肚子里的情绪"倒"出来。

当对方在感情频道上的时候，你也用感情；当对方在逻辑频道上的时候，你也调换到逻辑频道上。保持两个人在同一个频道上才能保持对话。

也有人把这种沟通方式称为爱的语言：对方表达和接受感情的方式是感性的，你就用感性的方式；对方是理性的，你也用理性的方式。我们都有义务学习更好的表达方式，让爱人感觉到舒适。

2. **原则二：不要只堵不疏**

一个人想要吵架，是因为当时他感受到了情绪，例如生气、不满、怨恨，这些情绪涌上头顶，就自然要开口吵架。人有情绪的时候，我们不能把他的情绪压下去，不能让他憋住。情绪要发出来，不要打压、不要否认、更不能回避。

3. **方法一：支持性谈话法**

不辩解、不解释、不评判，只是跟随。我们在第一章讲冲动特质的案例时讲过支持性谈话的基本原则：顺着他说，并不是要赞同对方的观点与做法，但是在接纳他的情绪；不要反驳，不要去改变、扭转他。

4. **方法二：原词反馈法**

很多心理学流派在使用这一技术，但使用不同的名称，"原词反馈法"这个名称人们更易懂易记，所以我们在这里使用这个名词，技术和原理都是一样的：把对方的话复述一遍，他说什么，你就说什么。这样做的效果是：第一，不至于任由他一直吵下去，要打断；第二，他感觉到你在听，感觉受到重视，感觉你听进去了，也接纳了他的情绪。

5. **态度**

语言与非语言的重要性：研究发现，一个人讲话时语言的重要性占35%，非语言的重要性占65%。非语言是什么？就是语音语调、肢体语言，等等，所以一个人说什么话不重要，重要的是怎么说。那怎么样理解呢，正如我刚才跟这位案例里的女士的对话：

用非常关切的语气、双眼注视着她、语音轻柔地和她说与高高在上、有距离感、语气强硬地和她说，效果上天差地别。

如果她感觉到我们对她是友好的、信任的、理解的，她的敌对情绪就会下降；如果她感觉我们只是在为了完成任务，想快点打发她走，并

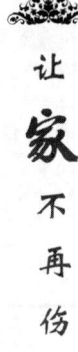

不想好好地理解她,她就会越说越气。

6. 技巧

不给自己留下"小辫子":我听到你在说。

很多男性和妻子一吵架,他们要么辩解,要么认错,这样其实没有给自己留下"后路",这也就是很多夫妻吵架要请亲友帮忙,但是越帮越忙的原因。

上面我的这段话里都是在重复这位大姐的话:我也听到你说你前夫是个不负责任的人,这些年来我感觉一直都是你在支撑这个家庭。这里我并没有直接评判说她的前夫是一个不负责任人,所以,为我们的谈话留下了回旋的余地,如果我说:"你前夫就是一个不负责任的人是吧,不付抚养费!"那就是在直接下定论,万一她的前夫是被误解的呢?如果这样一说,就是不给自己留"后路"了。

同理,当你的配偶向你抱怨的时候,你就重复他/她的话,记住,不要认错、不要辩解。你可以说:"老公/老婆,我刚才听到你在说……"

7. 重点

吵来吵去其实说的是一件事情、一个核心。

表面上看上面这位大姐这么凶,这么大火气,其实她是在说同一件事情——这世界上的人都不负责任,你们都看不到我的委屈,我过得不好都是你们造成的,你们要给我一个解释。

来我这里咨询的夫妻,他们一张嘴,就开始说油盐酱醋、鸡毛蒜皮的事情,比如妻子会抱怨婆婆在家里管钱、婆婆把家里的窗帘换了、丈夫给婆婆打电话时间太久了,等等,她都是在举例论证一个核心:婆婆比我重要;比如丈夫有婚外情,妻子会说,他一会儿还和那个女的联系,一会儿又出差了,一会儿又把密码换了……她的核心意思都是在说,丈夫人回来了,心还没有回来。

8. 尽量站在对方的立场上

您有没有注意到我和领导谈话的方式不同?其实领导的道理都对,

但是意思是在告诉她我们是对的，她是错的；但是我在谈话时其实也没有认错，我只是站到了这位大姐的立场上，先听她内心发生了什么，从她的视角里听她讲述，所以我没有解释、没有抬杠、不跟她敌对，她反而不会反驳我，还会仔细听我在讲什么，并且跟随我的引导。而只有她跟随我的引导，我才有可能把她带出来。

因此如果一上来就想把对方往你的方向"掰"，那肯定是不行的，先要让对方感觉你是站在他这一边的，对方的警惕、敌意、情绪才会下降。为什么辩解会让人更生气？因为你不是站在他的一方，并且你在否认对方的情绪和感受。

9. 蘑菇的故事

这个事情结束以后，我向领导解释了原理：有一个人病了，说自己是个蘑菇，整天蹲在那里不吃不喝。医生说你要吃东西，你要喝东西，他说，我是蘑菇，我不用吃东西，也不用喝东西。后来医生找来了一个心理医生，这个心理医生不劝他，就蹲在他身边。他就问："你是谁？"心理医生说："我也是蘑菇啊。"后来，他就和心理医生熟了。这样待了几天以后，有一天，心理医生说："我要吃饭去了。"这个病人说："我们是蘑菇不吃饭的啊。"医生说："谁说蘑菇不吃饭，我们都吃啊！"然后这个病人也站起来去吃饭了。

这个原理就是说他现在不讲逻辑、不讲道理、有情绪，你就跟着他，不要想着马上把他硬掰回来。你要和他钻一会儿牛角尖儿，要和他在情绪上待一会儿，要和他一起做一会儿"蘑菇"，才能够把他从情绪里、从牛角尖儿里带出来。

家是讲爱的地方，不是讲理的地方，道理很对，但没有具体实施的细节，细节就在上述的 9 点里。

美国学者戈特曼博士在 20 世纪 70 年代搞了一个公寓式的婚姻实验室，在华盛顿大学附近，公寓每个房间都有摄像头，从早九点到晚九点，实时记录夫妻一天的生活。他观察夫妻会不会离婚，只要让二人在这个公寓里沟通互动5分钟，就差不多可以准确判断他们婚姻最终的结果。

他在采访中说："在我们的爱情实验室里，听完一对夫妻的交流之后，我能在短短5分钟内作出预测。在3个独立的研究中，我的预测准确率高达91%。也就是说，在我预测这些夫妻的婚姻最终是失败还是成功的案例中，时间证明有91%的案例我是判断正确的。"

他们会观察夫妻有冲突、有矛盾、有情绪了，是不是能使情绪得到释放。如果吵架没有升级，这对夫妻的吵架就是有建设性的；但是如果一方有了情绪，另外一方不但没有调降他的情绪，反而刺激他，火上浇油，那么这对夫妻的矛盾会不断积累，就会发展到离婚。

在戈特曼博士的研究中显示，沟通的四大"杀手"分别是：

1. Criticism（指责，批评）：戈特曼博士认为这种指责或批评并非对事而言，更多的是对人——人的性格、能力方面，比如："你怎么那么笨！""你真没用！""你太自私了！""你只关心你自己！"

2. Contempt（蔑视，不尊重）：这包括讽刺、挖苦、嘲笑、取笑、贬低、直呼大名等有敌意的行为。戈特曼博士认为蔑视和不尊重是显示婚姻最危险的信号，它的杀伤力比其他三个都大得多。

3. Defensiveness（防御性）：这里指的是想方设法为自己的行为或态度辩护，这是由于前面的指责或不尊重造成的。防御的行为通常只会让冲突进一步升级，比如辩驳、辩解等，会让对方越说越气。

4. Stonewalling（冰冷）：这里指用类似冰冷的石墙战术的一种态度——无论你怎么说，我都不理你，或非常冷漠地应付你（约等于冷暴力、不回应、逃避）。通常男人冷暴力的比例比女人高很多。戈特曼博士认为"冰冷"是经过前三种负面情绪后而产生的，在新婚的家庭不常出现。

这就是为什么夫妻吵架的内容不重要，怎么吵、带着什么情绪说话更重要。婚姻中每天会发生各种问题，有问题不是问题，夫妻二人怎么处理问题很重要。在美国戈特曼博士只用5分钟就可以预测夫妻是不是幸福，会不会离婚；在中国，经过长达几千上万小时训练的咨询师，通过夫妻几分钟的对话也可以预测他们的婚姻质量。在美国，如果夫妻沟通不好，他们往往会选择改善或者离婚，但是在中国不能预测离婚，因为现阶段的中国人因为文化、观念、经济等各方面原因，如果夫妻沟通不好，大部分也不一定会离婚，他们会忍着，疏远关系，降低对婚姻的期望，或者去搞婚外情。

课后作业

1. 和爱人吵架的时候，不要反驳、不要辩解，认真地运用上述方法跟随，反复练习，经过反复的刻意训练，才能掌握（目前很多人尚难承受婚姻咨询、心理咨询的费用，所以我尽量公开自助的方法，供大家自我操练）。

2. 推荐三个视频：

（1）《洪兰：脑科学揭露女人思考的秘密》

（2）《同理心》

（3）《女人永远是最佳辩手》

第五节　轻松搞好夫妻/亲子沟通！

一、婚姻是什么

婚姻其实就是自己做一个好人（别人和我在一起以后，会过得比之前好），然后找一个好人（我自己做一个心理健康的人，然后找一个和我差不多的人）。听起来并不复杂，但是很多人只记得后面这句话，而忘记了前面这句话。我在自己的课程里反复说，其实找另一半只要看对人，你就省了操一辈子甚至几辈子的心，就少了一代人甚至几代人的麻烦，找对象和投资只要做对一件事情就行，那就是看人。这个道理大家都懂。

国外有一所著名大学做了一项研究：将男女大学生分成两组，每个人背上随机贴上一张纸，纸上写有分数，从 60 分到 100 分不等。贴好以后，自己不许看，别人可以看到。然后让他们去找"对象"，如果对方同意做情侣的话，从这些牵手成功的情侣里找出得分最高的，将会获奖。可以想得到，100 分的男生加上 100 分的女生肯定得分最高。结果发现，100 分、95 分等高分的男生女生身边围了好多人，竞争非常激烈；而那些分数很低的人身边的人就比较少，选择的余地不多，想找比自己高 5 分的对象都很难。

人际关系研究显示，人总是在寻找与自己身份整体相当的人做伴侣，和有着类似适配价值的人结合（Brase & Guy，2004）。[①]

所以，我们就算明白再多的道理，知道怎样去挑选优质的另一半，还不如脚踏实地研究怎么样提升自己，研究自己能够带给别人什么，能为别人付出什么。我们在人际关系里、在婚姻关系中、在这个社会上需要产生价值，对社会、对他人有益。

我们在婚姻里能够给对方带来什么？

在婚姻里，我们可以带给丈夫或妻子物质上、精神上、生理上等益处。因此，由于社会的发展与变迁，不少婚姻趋于市场化与功利化，一相亲、一见面，就会互相询问双方的经济条件、收入、家庭背景、房子、车子，等等，这些其实是很重要的方面。在生理上，婚姻可以让人获得生理上的受益，有稳定安全、合理合法的性生活，这也是婚姻最主要的功能之一。国外的研究发现：性生活和两人的关系是并驾齐驱的，能够享受到最满意的性互动的人一般也会对他们的亲密关系非常知足，并且会忠于他们的关系（Sprecher et al.，2006）[②]

在现代婚姻里，若想婚姻关系稳定，无论男女都需要重视性生活的协调。但是有趣的现象是，夫妻间的性矛盾、性生活的障碍，很多时候是由夫妻的沟通、感情变化导致。例如，妻子性冷淡，夫妻二人一走进

[①][②] 摘自《亲密关系》。

咨询室就看到妻子对丈夫很不耐烦，甚至不愿意和丈夫坐在一起，她心里可能还在生坐月子时候的气呢，怎么可能在性方面对丈夫热情；还有些强势妻子滔滔不绝、咄咄逼人地抱怨丈夫对自己不闻不问，把自己打入冷宫，可以观察得出丈夫自从进门大气都不敢出一声，伴妻如伴虎，如果不改善沟通，丈夫怎么敢靠近妻子？

所以，关于夫妻的性治疗，目前在欧美发达国家有专业性治疗师这种正规职业，并且有职业标准。性治疗师首先必须是一个合格的心理治疗师、婚姻心理治疗师，有过多年的婚姻咨询经验以后，才可以从事性治疗工作，因为夫妻的性治疗，很多时候其实是在解决夫妻的沟通、心理问题，没有心理咨询基础，很难从事夫妻间的性治疗。

在夫妻性治疗中，有很大一大部分内容旨在处理夫妻间的沟通问题、感情问题。现代婚姻中的心理需求有被喜欢、被理解、被支持、被爱、被信任、被关心、被需要、被尊重、被重视、感觉到安全靠谱、在对方心里自己的位置最重要，等等，我们在此所介绍的方法，也是围绕这些心理需求展开的，可以为增进感情大大加分。

下面介绍一些日常生活中能够操作的技巧，这些技巧适用于大部分夫妻，也适用于跟孩子的沟通。我们先从最简单的入手，再一步步加大难度、加深专业度。

传统婚姻中，我们为对方付出，往往就是"出力"蛮干，很少强调夫妻情感上的互动与沟通，而现代婚姻想要经营好，不但要"出力"，还要能够和对方有高质量的沟通。由于现代社会，尤其是女性对婚姻的依赖越来越少，仅靠责任心、孩子、经济状况已无法拴住婚姻，因此心灵的沟通在婚姻的维系中显得愈发重要。

简单来说，我们可以从行为入手，因为行为的调整不用太多复杂的训练，而夫妻间的沟通技能、情绪情感的调整，是需要在专业指导下反复训练的。如果现在还不会使用高级的沟通，就先在行为上为对方付出，这也是在夫妻的"情感账户"里存款，但如果以后在沟通上没有跟进，

或者沟通能力实在太差，再加上有点小矛盾，"情感账户"还是会透支的。比如一个人为妻子付出非常多，他挑起了养家的担子，很有责任心，但就是脾气暴躁、说话很难听、总是打压人，虽然家人朋友会给他一个"刀子嘴、豆腐心"的美称，遇到对精神要求不高的爱人，也是会和他过下去的，但如果遇到精神要求高的爱人，或者爱人在婚姻初期精神要求不高，随着自身的成长进步，对精神要求越来越高了，这日子就很难过下去了。

二、哪些方法可以促进夫妻感情

1. 正强化——业内戏称为"一招治好怨妇病"

正强化是心理学里一个很好用的也是非常简单的工具，它的原理是：在某一个方面一直强化（比如表扬对方），对方就会在那个方面越来越强。有正强化也就有负强化，比如一直打压、贬低对方，使对方感到不被喜欢、不被爱、不被支持，负强化越多，越容易形成关系的恶性循环。

现在我们用这个最"傻瓜"、最机械的办法来治好"怨妇病"——正强化。例如，过去丈夫/妻子或者孩子做了10件事情，9件都做对了，只有1件做错了，负强化就是一直提那1件做得不好的事情，而不提那9件做得好的事情；现在我们反过来，让有"怨妇病"的人只提那9件做得好的事情，那1件做得不好的就当没看见，不要提。这就是正强化。

我们业内有一位婚姻家庭咨询师，他带领一群处在离婚边缘的"怨妇"会员每天操练正强化，效果相当明显，夫妻感情、亲子关系很快得到改善。原来这一群会员里80%的丈夫都提出要离婚，训练了一个月以后，有五成以上的丈夫回头了。

正强化的技术对于我们的社会是较为适用的，中国的文化中过分强调谦逊、谦卑，以至于很多人成长于被苛责、被打压、被贬低的家庭氛围之中，很容易感觉到不被理解、不被接纳、不被支持，而他们长大后，又会把这种苛刻、打压、贬低的语言方式带到婚姻中，甚至传给下一代。

例如丈夫发了 1000 元奖金，自己心里很开心是 5 分，回家兴冲冲地和妻子分享，妻子也非常高兴，那么丈夫的开心就变成了 10 分，工作更加努力，这就是正强化。如果妻子冷嘲热讽地说这点钱有什么可嘚瑟的，有本事你买套房去，丈夫就被泼了冷水，心情立马变成 0 分甚至降到 -2 分。因为感觉不到对方的温暖与支持，和妻子沟通处处堵心，待在家里处处受打击、受贬损，心情很差，所以负上加负，就形成了负强化。所以我们应该多使用正强化，久而久之，你好、我好、大家好。

2. 让夫妻感情猛增的方法——分享与分担

人是群居的动物，需要分享与分担。假如妻子被领导批评了，心里很难受，是负 3 分，结果回到家里，和丈夫"吐槽"，丈夫给予了充分的安慰和鼓励，妻子的心情可能就平复了，变成了 0 分，甚至还增加了正向分数，又可以正常地工作与生活，这就是因为妻子感觉到了丈夫的温暖体贴与关爱。

分享与分担是人的天性之一，所以要特别重视配偶在这方面的心理需要。爱指责打压的人、情感麻木的人或者有"怨妇病"的人之所以在婚姻市场上容易受挫，通常是在情感上的分享与分担功能缺失，久而久之，对方感觉不能被理解与支持，沟通有障碍，关系质量就自然下降了。

3. 在"情感账户"里不停存款

多做一些让对方感动、为对方付出的事情，就是在向夫妻的"情感账户"里不停存款。例如，妻子一直对公公婆婆很好，丈夫肯定会记得妻子的好；妻子特别爱吃的一种水果，只要到了季节丈夫都会给她准备，妻子就会感觉丈夫非常重视自己，等等。但这些都是小额存款，怎样能够在"感情账户"里存下一笔巨款呢（心甘情愿地做而不是投机取巧地做）？

（1）对方抱怨什么，你就去做什么

去做他/她一直在抱怨的事情（而不是逃避），如果他/她还在抱怨，表示你还有机会，如果他/她不抱怨了，那就表示已经对你绝望了，接下来你会有大麻烦。

（2）搞清楚对方的需求是什么，爱他/她的方式是什么

我们来讲一个小故事：

一对夫妻要离婚了，到了婚姻登记处门口，丈夫提议说："我们最后吃一顿饭吧，吃完就去办离婚。"吃饭的时候，丈夫夹了一只鸡腿给妻子，妻子很烦，把筷子很重地放下，朝他发火："别夹了，我根本不爱吃鸡腿，我和你说过很多次了，我爱吃的是鸡翅！"丈夫流着泪委屈地说："我最爱吃的是鸡腿啊，我总是把我最爱吃的留给你，你难道没看到吗？"

这种事情常常在夫妻间发生，所以我们要明白男人与女人在婚姻里有共同的需求，也有不同的需求。女人对感情的重视就像男人对性生活的重视一样；男人在婚姻里需要被尊重，没有尊重，他就像鸟儿飞不起来；女人在婚姻里需要被爱、被关心，没有爱和关心，她就像人没有空气，活不下去。所以，要找个机会和爱人好好沟通一下，他/她最在意什么，你就去做什么。

常常在咨询室里看到一方很挫败地说："我为他/她做了那么多，我累死了，而他/她还一点儿都不领情，还说我不理解他/她，对我恶言恶语。我好累，我快要坚持不住了。"而对方却面无表情地说："你根本不懂我，我需要的你不给，你做得越多，我越烦。"我说："他/她要的是水，而你披星戴月地送了几卡车的面包，面包是你的最爱，你当然累，但是他/她也要渴死了。其实他/她只要一杯水就好了。所以你们两个人都不开心。"

再比如丈夫最讨厌妻子啰里八唆，回到家里他需要安静，那么妻子的这些啰里八唆的事情最好拿到外面和"闺蜜"好友去说，让丈夫的耳根子清静一点儿，"吐槽"唠嗑是你的需要，而耳根子清静是丈夫的需要；妻子最讨厌丈夫不讲究，脏衣服、臭袜子随便乱扔，每天胡子拉碴就出门，那么这个丈夫就要注意一下自己的个人卫生，因为干净整洁是妻子的需求，邋邋遢随意是自己的需求，如果爱妻子，就应该满足妻子的

needs。

（3）做一些让对方感动的事情

这都属于比较简单的做法，大多属于行为调整，可以和另一半一起列个清单。只要有心，就可以做到。

（4）在对方最弱、最无助、最需要帮助的时候，提供关心、支持、理解和帮助

比如在妻子坐月子的时候，在对方生病、遭受意外、遭受失败挫折的时候，陪伴对方、关心对方。很多有心人会这样做，就可以在夫妻二人的"情感账户"里、在对方的心里存很大一笔款。

为什么好多患难夫妻分不开，为什么我们对父母的感情永远割舍不下？就是因为在我们最弱、最需要扶持的时候他们在我们身边接纳、陪伴，没有离开，几乎无条件地为我们付出。这些感情"存款"，有时甚至够用一辈子。

为对方付出、为你们的"情感账户"存款有多重要？

很多丈夫/妻子出轨，他们是没有内疚感的，为什么呢？因为双方结婚以后，后来出轨的那一方可能无论在经济上还是精神上都没有什么收获，都是"倒贴"的，所以出轨后对配偶自然只有很少的愧疚，甚至没有愧疚。

有些出轨的人很直白，曾有出轨方面无表情地说："我对她没有感情，责任我已经尽到了，看在孩子的份儿上不和她离婚已经仁至义尽了。和她在一起就是折磨，要是别的男人早就和她过不下去了。坦白地说，我现在有婚外情并没有觉得对不起她，我只觉得对不起孩子。"假设他的妻子以前付出很多（不是讨好式地付出，而是出于真爱、发自内心地付出），相信出轨方不至于如此无情。

以上说了三大点：正强化、分享与分担、在"情感账户"里不停存款，这些都可以让爱人感觉被理解、被支持、被关心、被重视，对增进感情非常有利。

下面我们来加大一点难度，加深一点专业度。

这是当前世界上最前沿的沟通技术，专业度更高、操作难度更大、效果也更好。这些技术属于专业治疗，一般容易得到的，只是"保健品"。这些专业的治疗方法，对于婚姻没出问题的夫妻可以增进感情；对于婚姻已经出了问题，甚至是比较严重的问题的夫妻有治疗的功效。所以这种技术对专业度的要求更高，虽然可能一看就懂，但要有好的效果则需要反复刻意训练。

4. 简单几句话丈夫不再闹离婚——高质量的倾听

婚姻里需要高质量的倾听，但是怎么一字一句落实，就不那么容易了。

对于很多人来说，被听到就是感觉到被爱、被关心、被支持、被重视，所以如果你能够把丈夫/妻子的话高质量地听进去，并且高质量地反馈出来，对方内心一定会感觉很温暖，感觉得到了重视与理解，这会大大增进你们的感情。例如一个爱唠叨、翻旧账的"怨妇"，就是因为丈夫总是把她的话当成耳边风，所以她就越来越唠叨，丈夫也越把耳朵"关"起来，他们就进入这样的恶性循环。如果丈夫有一天非常认真地听她说，并且认真地反馈，那么结果会很不一样。

案例：要是早知道有这样的夫妻沟通训练就好了！

有一天我们快要下班了，来了一对年轻的夫妻，丈夫要离婚。两个人都是公司的高管，恋爱加结婚在一起10年了，他们没有婆媳矛盾，也没有婚外情，就是夫妻沟通不好。丈夫说和妻子没法沟通，要离婚，但是眼圈红红的。登记员非常热心、细心，但凡看到还有感情的夫妻（很多是冲动离婚），都会想各种办法帮忙。

登记员看到这两个人眼圈都是红的，赶紧把他们推荐到咨询室里，苦口婆心地劝他们先做专业咨询。我们并不是简单地劝和，而是从根本上解决问题，改善夫妻间的沟通。

夫妻俩进来以后，丈夫在填《离婚申请登记表》，写得飞快，妻子却一直靠在墙壁上，手握拳捂着胸口，眼泪哗哗地流。很显然，她舍不得，不想离。很多夫妻，特别是还有感情的夫妻来办理离婚，那场面真让人心痛。我就向妻子问了大概情况，了解到他们是沟通上有很大障碍，但没有其他原则性问题，经济条件也不错。

我想这样的婚离了太冤了，他们的婚姻问题对专业咨询来说根本不是大问题，而他们 10 年的感情，如果就此离婚可能都会后悔莫及。

我关上门，开始使用夫妻治疗的技术来帮助他们。我看着丈夫说："李先生，我看到你一直不停地在填《离婚申请登记表》，而且我看到你的眼睛也是红的，我感觉你虽然做出了这样的决定，但是你内心也很痛，很难受。"不说还好，一说，他的眼泪就吧嗒吧嗒掉到纸上了。然后我接着说："同时，我也有看到你妻子，从坐下来到现在，眼泪一直没有停过。而且感觉她好像很惶恐，一方面，害怕面对和你分开这个事情；另一方面，对你们的感情也舍不得。"

这种技术在专业上来说叫作"反应技术"，即把人的内心活动用语言反应出来。我一方面说了丈夫内心的痛，另一方面也说到了妻子的害怕与不舍。反应技术非常适合回避型的人、性格木讷的人或者不会表达感情的夫妻，借我们的专业人员的嘴袒露他们的内心活动。回避型的人内心活动还是很多的，但是表面上看起来很淡定，此外，我们的文化里对情感的表达也是不丰富的，所以都需要专业的帮助来促进表达。

只要是有感情基础的夫妻，关系没有恶化到冰冷的那一步，一听到对方心里还难受、舍不得，内心都会有触动，都会本能地想去关心对方。他们一般在这个时候都会犹豫，会停一会儿。不过，光有犹豫还是不够的，感情虽然出来了，但大部分会被他们压回去，因为此时还在气头上。我于是趁热打铁，说："我刚才也观察到，李先生，当你听到妻子内心害怕、惶恐的时候，你就抬头看了她一眼，当我说到你难受的时候，你妻子哭得更凶、眼泪流得更快，让我来猜一猜，你们在感情上或者沟通上

碰到了一些难题，但是你们又有比较深的感情，双方都舍不得。可以跟我说一说你们碰到什么难题吗，看看我是不是可以帮到你们？"

在离婚的重要关头，如果听说对方还舍不得，对感情还有眷恋，而自己内心也难受的时候，这些话听到他们耳朵里都是有触动的，有修复夫妻关系的作用。在这个时候，咨询师要抓紧时间，争分夺秒，因为如果稍微晚几分钟，他们念头一闪又开始吵架，就会冲动之下把婚离了。

丈夫放下手中的笔，擦了一下眼泪和我说："老师，我们真的就是沟通不好，没有其他原因，好多事没法跟她沟通。哎！"我看了一下离下班只有20多分钟了，就决定现场调整他们的沟通。我马上说："我有听到你在说，跟她没法沟通，但不知道你们的沟通是卡在哪里。你现在可以转过头去，看着你妻子，试着沟通一下吗？"丈夫叹了口气，鼓起勇气想再做最后一次尝试，就看着妻子说："我说过了，抽奖送的那个平板电脑给你弟弟没关系，但是你要和我说一下，因为本来我弟弟也跟我要的，我一口拒绝了，不给他用，我是想留给你用的。你招呼都不打一声，就给了你弟弟，那也没关系，但我找你商量，意思是以后这种事情你最好和我打一声招呼，可是你还是爱答不理的。我那天出去陪客户，心情郁闷，第一次喝多了睡在车里，你给我打了一次电话，没有打通，就没有再找我了，你不知道第二天我醒了多伤心。万一我要是有什么事情呢？别人的妻子要是碰到丈夫不回来，都会不停地打电话到处找，你心里还有我吗？还有上个周末，你在下班前告诉我要和姐妹出去聚会，晚上不回来了，而且下班以后就直接坐车去聚会了，你这是商量吗？你这是通知，我收到的是一个通知！你不是一直想看电影《黄金时代》吗？你知道那天晚上我特意推掉了工作，就是想和你一起去看这部电影的。还有一次我回家很渴，很想吃西瓜，但是老板说有个文件要处理，我就马上跑去书房工作。我看到你在玩手机，让你帮我把冰箱里的西瓜切了给我拿几块过来，你说等一下，我当时真的很想吃，喉咙都冒烟了，我就说我现在就要吃，你却很生气地说：'你就看不得我在家里面闲着'，很不情愿地帮我切了西瓜……"丈夫越说越无奈……

这个案例也比较有意思，一般在婚姻里，都是妻子抱怨不被关心、不被重视，在婚姻里感觉不到温暖，等等，这次却是一个丈夫在情感和沟通方面、互动方面需求比较多。如果我不打断，他可能还会一直举例说下去。其实他说来说去，意思只有一个：妻子不关心他、不尊重他，很多事不和他商量，导致他的失望越来越多，尝试沟通改善也没有效果，最终绝望地来到了婚姻登记处。他好悲哀、好孤单，好像在妻子心里他一点都不重要。

因为时间的关系，我必须得打断他并且要在现场马上对他们的沟通做出调整，因为如果没有我们的干预一直让他说下去，他们的沟通模式，还是一样的，他们就白来了，即使把他们劝回去，他们的沟通不好，下次还会再来。

在听丈夫说的时候，我也在观察妻子，妻子的眼睛一直没有看着丈夫，却一直焦虑地看着我，因为她害怕离婚，而且丈夫在说这些话的时候，她连一点儿回应都没有，所以，丈夫越说越气，因为像在跟一堵墙说话。这样的沟通方式一定在他们家里常常发生，这是失败的沟通方式，妻子好像根本就没有听进去，我们专业上叫作有沟无通、沟而不通。因此我接下来的目标，就是要让妻子做倾听的训练。

我把丈夫的话稍微总结了一下后，马上转过去对妻子说："我看到你丈夫刚才一口气说了几分钟，说了几件事情，你很紧张、很焦虑，但是你丈夫说着说着就感觉你没有什么反应，然后就越说越气馁，失望就多起来了。现在让我来给你们做一个沟通和倾听的训练，帮助你们改善沟通好吗？"妻子并不想离婚，想挽救他们的婚姻，她非常配合。我说："你把身子转过来，不要对着我，身子和脸对着你的丈夫，眼睛看着他，你可以重复一下刚才他说过的话吗？慢慢说。"（这是非语言沟通技术。）

然后妻子就僵硬地把身体转过去了，她尝试重复刚才丈夫说过的话，但是，她的大脑几乎一片空白，不知道刚才那几分钟丈夫说了什么，她硬邦邦地说："我没有陪你一起看电影，然后你还说了……"此时她拼命地回想，开始挠头，然后就卡住了。她丈夫本来很高兴，竖起耳朵想听一听妻子的回应，但是看到她根本记不住自己说了些什么，就一拍膝盖，叹了口气："哎！老师，她在家里就是这样，我说的话就是耳边风，我真的要气死了！"我马上安抚丈夫，说："正是因为有问题，你们才来到这里嘛。现在让我来帮你们做调整，好吗？"然后，我就来引领这位妻子，我说："我来说，你试着跟随一下，好吗？另外我的语音、语调、语速你也尽量跟随我的。"妻子点点头。

然后我引领她说："老公，我刚才听到你跟我说了四件事情，第一件事情是关于平板电脑，我没有商量就给了我弟弟，而且事先和你也没个交代，让你觉得很不受尊重；第二件事情是你喝醉了酒，没有回家，我也不闻不问，让你觉得我好像一点都不关心你；第三件事情就是你想带我去看我想看的电影，但是我却把和姐妹们的聚会放在第一位，根本不考虑你的感受；第四件事情就是你想吃西瓜，希望我帮一下忙，但我好像不耐烦，对你一点都不关心。这四件事情，我的做法和回应都让你感觉很失望、很无奈。"

她鹦鹉学舌一样地跟着我说，看着她丈夫把这些话说完了。她看到丈夫的眼睛红了，泪水在眼眶里打转。说到第三句的时候，丈夫伸出手牵着妻子的手，等他妻子说完，他流着泪说："你终于知道我内心想什么了，终于知道我内心的感受了。你要是能够早点这样和我沟通，我会提出离婚吗？我怎么舍得我们10年的感情？我说过，没有孩子，我都可以接受，我唯一的希望就是你能够和我好好的沟通，能够说话说到一块去，我们在一起过个简单平凡的日子就行了，这一生我就满足了。"然后他伤心地哭了起来。我示意妻子过去抱着丈夫，这个动作是在强化他们的感情。

下班时间到了，我看到他们是从外地来的，给他们布置了"家庭作业",要求妻子每天抽出半个小时,用这样的方式听丈夫说,听完以后,再用这样的方式反馈。范本是:"老公,我听到你说了一、二、三、四这几件事情,这几件事情让你感觉……"尽量录音,这样可以复盘训练,看看沟通卡在哪个环节。

他俩走的时候非常激动,给我们写了很长的感谢信,最后一句话就是说:"要是早知道有这样的沟通训练就好了!"

所以倾听在沟通里非常重要,高质量的倾听有三个原则:

(1) 你不但要听进他的事情,还要听进他内心的感情、他的感受,听出他说这个话后面的情绪情感、他的内心活动。

(2) 高质量的倾听还包括高质量的回应:不但我听进去了,我还要能够表达得出来。"老公,我听到你说了一、二、三、四,而且很多事情你都是站在我的立场上为我考虑去做的,为增进我们两个人的感情去做的,我感觉好感动,而且我总是很'大条'地忽略这些,伤害到了你,我也感觉很难受……"这样你不但可以清晰地回应他讲的内容,还可以表达双方的感受,消解误会,增进感情。

(3) 表达内心的感受、表达内心的心理过程。这一点对于回避型的人,特别是一些回避型的男性(回避并不是回避责任,而是回避感情、回避深入的感情话题)比较难,需要刻意训练或者借助专业的婚姻咨询师帮忙。很多男人不会表达感情,但是他们有很多表达感情的行动,所以如果学会了如何表达情感,和另一半的互动会更加良性。

(4) 非语言比语言重要。在以上的案例中,我让妻子转过身去,身子和脸都对着丈夫,而且语速也变慢了。试想一下,如果一个人说他在倾听你,但是脸一直盯着电脑,眼睛都不看着你,是不是感觉他对你没有全心全意倾听呢?如果你和他说很重要的事情的时候,他还这样,你是不是会很窝火?在给孩子做家庭治疗的时候,治疗师都要蹲下去,看着孩子的眼睛跟他说话,这就是良性的表达,这种非语言的重要性占65%。

高质量的倾听和回应，可以治好唠唠叨叨的怨妇，治好逃避型的男人，治好叛逆的孩子，化解婚姻中大大小小沟通矛盾。通过掌握这种细节的沟通方式，我们看一对夫妻沟通几分钟，就可以判断他们感情的深浅、沟通的质量和婚姻的质量了。

（5）深深的理解与接纳。夫妻间是应该相互接纳、相互适应而不是相互改造。没有谁可以改变别人，除非他自己愿意改变；没有谁会改变，除非他感受到了爱。经常听到很多心理年龄比较幼稚的妻子说："我丈夫就是大男子主义，我和他说了，要他改。"还有些丈夫说："我妻子太啰唆了，过了这么多年，也没见她改。"这些想法都是比较单纯的，一个人大脑里的神经回路哪儿那么容易改，一个人几十年来形成的沟通模式、沟通方式，怎么可能说改就改呢？难道因为你们是夫妻，你就有权要求对方为你改变？

著名心理学家卡尔·荣格（Carl Gustav Jung）说过，对于任何事物，要改变它就要先接受它。谴责不会解放，而只会压迫。

一个人不可能被改变，只可能被影响，想要改变他就要先接纳他。中国的传统文化对于婚姻关系的维护只讲大的宗旨——要"宽容"，要"包容"，然而这两个词大而无当、空而无物，虽然人人都懂，但没几个人做得到。西方现代婚姻心理学更现实一些，它会实实在在地告诉你通往"宽容""包容"的台阶与方法。

打一个简单的比方——把你自己的脚伸到对方的鞋子里试试。

三、手把手教你如何把话说进对方心里

还记得前面那位顽固性上访、对全世界都很敌对的大姐吗？我做的其实并不多，最重要的一点就是做到了深深的理解与接纳。因为我的态度和别人完全不一样，我的态度是：我相信你这么生气、内心这么大火、声音这么大、见人就骂都是有理由的、有原因的。别人觉得你在无理取闹，但我相信你不是，我相信你走到今天一定有别人理解不了的苦衷。

我这样理解与接纳她，因为我头脑中有一个信念——我深深地相信没有人喜欢自己情绪激动失控，没有哪个女人喜欢自己像个泼妇，像一只"母老虎"，没有哪个女人对自己的孩子不管不顾要四处上访。后面咨询到60多分钟的时候，我们了解到这位大姐的经历非常惨痛，老天对她真的太不公平了。她母亲身体不好，在街头做点小买卖，摆摊的时候被城管抓了，和城管吵起来，被抓到派出所关了几天，出来以后就病倒了，几天以后就过世了，而那时候这位大姐才十几岁，她就是怀着这样的仇恨长大，这个严重的心理创伤没有被处理。而且小时候她家里也是重男轻女，她受尽各种歧视，所以脾气比较偏执古怪，和前夫相处不好，被前夫抛弃，现在又要单独抚养孩子。

没有她这样艰苦的人生经历的人可以平心静气，但她做不到。当她来到我们办公大厅时，第一眼看到她，我就知道她一定受过很多苦，背负着很多命运的苦难，才变成这个"不可理喻"的样子。在巨大的愤怒与仇恨裹挟下，人是不可能温柔如水的。

当我铺垫了50多分钟后，让她谈到童年的很多事情，她几乎哭趴在桌子上，我也流泪了，为她感到命运的不公，我是相信她也不希望自己变成这个样子。一个内心遍体鳞伤的人说话就是样怒气冲天，一个受过这么多磨难的人说话不可能平静如水——这就是深深的理解与接纳，这就是包容和理解。

沟通魔法：如何说世上最贴心的话、做世上最懂他/她的人？那就是做一个最深理解、最深接纳他/她的人。

四、如何最深地理解、接纳你的爱人？

有一个案例，一个丈夫来到登记处的时候，有点目光呆滞，因为他受到了很大打击，他妻子有外遇，要和他离婚。他和我说："老师，我觉得真的很痛苦，有时候我都想过自杀。"

大家知道我是怎么回应的吗？

我说："当我听到你说想自杀的时候，我觉得很难过，可能别人也一直在劝你、开导你，说你怎么这么傻啊，好死不如赖活着；还有人会说，你傻啊，割腕很痛的。但是，我理解，我明白，因为你的心更痛。"

这个时候，他的眼泪像断线的珠子一样不停地掉，他会感到这个世界上终于有人可以理解他了。因为他感觉到我可以理解他，所以接下来我给他做的指导他就听得进去。如果你只是劝他好死不如赖活着之类的话，等于是在否认他的内心感受，等于你没有理解到他，站着说话不腰疼。理解一个人，要把自己放到他的处境里去理解他，看他成长的过程中发生了什么，而不是拿自己的处境去衡量别人。

我们再来说一说其他类型的案例，比如常常会碰到的创业家庭。创业并不是个个都顺利的，大部分的人创业都会失败。有很多男性创业的出发点就是为了改善家庭的经济状况，但是常常家庭和事业两头兼顾不好。由于背负的压力太大，压力激素（皮质醇激素）升高的时候，人的反应会变慢，因此有些丈夫和妻子的沟通就越来越少，妻子不理解，常常埋怨丈夫对自己越来越冷漠，还会说丈夫"冷暴力"，然后就是吵吵闹闹，有时候你会看到丈夫甚至变成了哑巴一样。

这样的夫妻来到咨询室的时候，我常常会和丈夫说："我看到你从坐下来到现在一直没有说话，而且你妻子说你在家里说话越来越少，让我来猜一猜，你在创业的时候碰到了压力，心里难受的时候，是不是会自己默默地扛下去，不想和她说，怕增加妻子的心理压力，你想自己一个人去承担是吗？"

大部分男人听到这些话的时候，哪怕是个"木头人"都会流泪，我曾咨询过一百多对这样的创业家庭夫妻，当我这样说的时候，丈夫要么把头扭过去，要么把头抬起来，眼泪止不住地往下掉，声音变得哽咽颤抖。他们会慢慢地说："是的，说了怕她感觉到压力，怕她不理解，怕她担心，怕她睡不好，所以我就希望自己一个人消化。"要相信，在命运面前，他也许因为认知偏差或者其他原因导致人生波折，但是在主观上他已竭尽全力。

为什么顶尖的婚姻治疗技术对最难治的歇斯底里发作的边缘特质都有很好的效果，其实真的没有什么高深的原理，就是做到理解与接纳而已——不否认对方的情绪，不站在大道理上来说教，表示理解对方的痛苦，相信对方一定有难处。一个人只要被理解、被接纳，他的情绪就容易被缓解，这是人的天性。

婚姻治疗、心理治疗的最高的境界，并不是去说教，去指导和改变别人的行为，而是去深深地理解，理解对方行为背后的原因以及心理感受。

所以，搞好婚姻难吗？不难！为什么说深入的、成功的婚姻治疗后，夫妻是很难分开的，因为有人理解到了他们灵魂的深处。这才是"道"，其他的都只是"术"罢了。

我们中国几十年来离婚率全世界最低，但是随之而来的是什么？我们为之付出的代价又是什么？是成长于不幸福的家庭里的孩子，父母关系对他们会产生终身影响。在残酷的文化下、在吵吵闹闹的不幸福的家庭里长大的孩子，已经成长为别人的丈夫/妻子，他们的情商能高到哪里去？他们的脾气能不暴躁吗？他们能不麻木吗？他们能够情绪稳定、温柔如水吗？他们能够不焦虑、不压抑、不抑郁吗？

所以，我们要理解一个人，一定要把他放到他的背景中去理解。

婚姻爱情是建立在对人性深处的理解与信任的基础上，我深深地相信[①]：

一个孩子如果可以选择，绝对不会选择出生在父母关系恶劣的家庭里！

一个孩子如果可以选择，没有谁会选择出生在让人绝望痛苦的家庭里！

---

① 有小部分内容参考 EFT 情绪取向夫妻治疗的课程内容。

原生家庭糟糕、父母关系不好，这不是你的错！同时，我也相信你的父母：

没有人不希望自己的婚姻地久天长；没有谁娶妻子是为了给她施加冷暴力；也没有人结婚是为了离婚。

如果人们可以选择相濡以沫的婚姻，没有哪个人会选择鸡飞狗跳的日子；

如果人们可以选择幸福安康的生活，没有人会选择过艰难贫困的日子；

一个人如果可以享受开心快乐，绝不会选择去背负抑郁、痛苦；

一个女人如果可以选择平心静气，绝对不会选择做一只"母老虎"；

一个人如果可以选择宽容豁达、事事想得开，绝不会选择钻牛角尖，心胸狭隘；

对于搞好婚姻家庭关系，我相信大部分人已经尽力，不是他们不想，而是他们不能，因为他们在这方面受到的训练与教育不够多！

心灵的伤害及扭曲在婚姻家庭里造成，也可以在婚姻家庭里疗愈。

心灵的伤害及扭曲是由人性的黑暗与无知造成的，也可以因人性的光明与智慧而疗愈！

不管你的童年遭遇了什么，也不管你现在是什么模样，人间的温暖和真爱是唯一的解药，唯有通过它，可以走进你的童年、故乡和灵魂！

第四章　如何帮助身边的人

一天，我的一个同事泪眼婆娑地和我说，她的丈夫由于创业失败，心理出问题了，一会儿拿拳头砸墙，一会儿要割腕，家人想送他去医院，他却不肯去，认为自己没病。现在就让公公婆婆两个老人家全天守在他的身边，寸步不离。公公婆婆这么大年纪了还要照看他，孩子也受到了惊吓。同事一边说一边强忍着眼泪，看得出来，她现在承受着巨大的心理压力，全家就剩她一个"主心骨"了。她问我有什么办法能够让丈夫愿意去精神科或心理专科医院看病。

因为根据精神卫生法规定：处理这样的情况，需要经过非常严格的危机干预训练的专业人员才可以接手，这也是对当事人最大的负责，没有这方面的资质的人不能随意接手，因为这关乎人的生命安全。根据目前世界医学界最权威的学术刊物《柳叶刀》2015年发表的一组数据显示：中国精神疾病患病率为17.5%，其中寻求过专业人士帮助的占8%，仅有5%得到过正规专业的帮助，也就是说还有一亿多人是没有寻求过专业帮助的。而全国的精神卫生服务机构只有1650个，精神科医生只有2万多人。更严重的问题是，社会大众对各类精神心理疾患没有充分认识，尤其是当事人自己根本不觉得自己生病了，需要心理咨询和治疗。

在我工作的过程中，几乎每天都会碰到大量的朋友询问这类问题，他们也都非常痛苦，渴望能够帮助心灵受苦难的亲友；还有很多人因为自己的亲人有心理异常，为了帮助他们不停地报名参加各种心理学习课程，期待以一己之力帮助他们走出泥潭。这样的情况非常常见，也确实令人感动。

所以我特地撰写这一章，把自己的一些实操经验公布出来，以期帮助到更多的人。主要的思路分两步：第一步，先让当事人明白自己心理已经出现偏差，让他自己有这方面的认识，并且愿意主动求助；第二步，物色合适、专业的精神科医生和心理咨询师。没有第一步，第二步是没有用的。所以我们先来谈怎么做到第一步——让对方对自己的问题有所领悟、有正确的认识。

常用的八大办法：

一、点破法

二、棒喝法

三、录音录像反馈法

四、集体反馈法

五、重要人物反馈法

六、浸泡法

七、重大事件刺激法（也称重大挫折刺激法）

八、讲故事法（绝招）

一、点破法

这个方法意指直接点破，从专业上来说，也称为揭露法。先来说两个案例：

案例1：丈夫两三年都没碰妻子

有一天一对夫妻进入咨询室，丈夫西装笔挺，穿着得体，戴着高档金丝眼镜，看上去像企业高管；妻子穿着松垮垮的T恤衫和牛仔裤、帆布鞋，一脸的菜色，两颊有很多雀斑，肚子上的赘肉好像挂了一圈轮胎，头发没洗，比较油腻，她一抬手，腋下还露出好多腋毛——她的形象和气质与丈夫比起来相差实在是太远了。双方隔着很远的距离，妻子坐下，丈夫却一直不肯落座，因为我们咨询室里给夫妻坐的两个椅子距离太近了，而丈夫却一直想要和妻子保持距离，所以一直站着，并且用防卫鄙夷的目光斜视妻子。

妻子不停地抱怨说："我没有想到他这种人这么不负责任，长年在国外，我只知道他的工资比他在国内高一倍，但是具体多少我根本不知道。而且他每次出差回国，把家当成旅馆一样，偶尔住一下就走，我们都两三年没有性生活了。您说我嫁给他，要钱没钱，要感情没感情，家里现在里里外外都是我一个人在管，我当时真是瞎了眼……"

丈夫继续保持防卫的姿态，嘴角轻轻上扬，似乎有种淡淡的嘲讽和轻蔑，默不作声。

简单的几分钟观察，通过他们的肢体语言、穿着打扮以及交流方式，我的假设是：丈夫有心理优势，并且对妻子比较厌烦和防备，而妻子由于长期的指责抱怨式的表达，对丈夫不但没有吸引力，还让人想要远离。

这种类型的个案相当普遍。一般来说，丈夫事业发展越来越好，而妻子却停在原地不动，甚至不断退步，双方的见识、品位发生了巨大的差异。丈夫如此认真地收拾自己，非常注意形象，一般来说，这种人在婚姻里对对方也有审美方面的心理需求。

而这次又是妻子一方主动寻求帮助，那我就先从妻子入手开始做工作了。

在我们的工作环境中，最令人沮丧的就是，婚姻恶化到最后，往往其中一方不想做任何努力了。所以，我们会先从想改善、有动力的那个人开始做工作，可能会让这个人感觉有些不公平，有些委屈，很疑惑为什么只说他一个人，不说对方。但是有些悟性比较高的人会明白，咨询中，如果咨询师能够多和自己做些交流与反馈，是十分珍贵的。因为即使这段婚姻搞不好了，对方绝望了，不愿意配合，吸取这段感情失败的教训，努力改善，对下一段婚姻以及以后的人生也是有帮助的。

所以这一次我就给这位妻子来了个点破法（揭露法）。我说："有一种女人，结婚刚开始的时候，丈夫很爱她，然而慢慢地就越来越疏远她，甚至越来越厌烦她。我看到从你坐下来到现在，你丈夫一直双手抱在胸前，远离你，甚至很防备地看着你。你说了这么多话，但你丈夫好像把耳朵都'关'了，基本没有听进去，你可以想想这种现象是不是跟你自己有关？"

她丈夫突然把脸转过来，开口说："老师，您观察得好犀利、好到位啊！她这个人真的太烦人了，整天只知道抱怨，身边都没有一个朋友，邋里邋遢，也不收拾自己。我们以前刚结婚时，前三年我的工资卡都是给她保管的，我还给她办了美容卡、报了 MBA 班，她都不肯去；以前我除了家用外，每个月还给她 3000 块钱的零花钱，她都要省下来，我们又不是穷到花不起这些钱。这几年我都懒得说她了，她现在越来越唠叨，又看不清自己，还怪我对她这不好、那不好，我忍到现在真的好烦。"

这位妻子只看到丈夫对自己不好，但是看不到、领悟不到为什么丈夫对自己不好。

不要问配偶为什么不爱自己，多问问对方凭什么爱自己？

我记得曾经接触过一个情商非常高的女孩子，事业和婚姻都很成功，她说从很小刚记事的时候开始，父母就不停地教她要观察自己带给别人什么感受、什么影响，自己做了什么事会让别人生气，什么事会让别人高兴。这些浅显的道理，有些家庭的孩子在幼儿园就懂了，而有些人到老还搞不懂。

案例2：总碰到网络骗婚的女孩

有一次，一个朋友打电话和我说："我的一个远房亲戚小王恋爱出现了问题，我把你的电话号码给她了，她会找你预约。"过了几天，我突然收到一个短信息，说："我明天来找你。"我就回信息问："哪位啊？"她没回我。过几天，微信上突然有个叫"小王"的女孩子要添加我为好友，我看到她的头像是一个化着浓妆躺在床上的照片，风尘味儿很浓，我通过验证以后，再稍微翻看了一下她的微信朋友圈，看到这样风格的照片还有很多。加了我之后，她也不说话。

一个周日的上午，她突然发信息说："我过一会儿到你工作室。"过了一会儿，一个穿着暴露的三十多岁的女性出现在我工作室门口，她问："你是唐老师吗？我是××的远房亲戚，我叫小王。"

她穿着很暴露，低胸吊带的紧身上衣，裙子很短，化着浓妆。她坐下来后和我说："唐老师，我恋爱总是不顺，在网上总遇到骗子，好不容易降低要求找到一个工程师，和我谈了三个月，上个月有一天晚上我回家打开门，居然发现他和一个女人在床上……"她停顿了一下，哽咽道："我现在真的不知道要找什么样的男人，家里催得要命，我不敢相信婚姻了。我几个朋友和亲人都离婚了，他们要么是因为婚外情，要么整天吵架，我感觉这个世界好乱……"

她一边说一边流泪。

我想按她的情况，直接来个点破法吧。我安抚了她以后，说："有三点你思考一下。第一，你有没有想过为什么正经过日子的男人你碰不到，或者说他们不找你？第二点，为什么这些'花心大萝卜'都偏偏被你碰到了，你成了'渣男'收割机？第三点，如果这个世界上有三分之一的人婚姻家庭很幸福，三分之一水平中等，还有三分之一确实如你所说有各种乱象，若把那部分幸福的婚姻家庭比作人间天堂，最后三分之一不幸福的人生活在人间地狱，那你为什么不在人间天堂的行列里，而一定要在人间地狱待着呢？"

她茫然地看着我，又继续抱怨和哭诉，我说了什么她好像没听进去。

我感觉和她咨询的"缘分"未到，再咨询下去对她也不会产生任何帮助，听她说了20分钟后，我就送客了，并且把咨询费用退还给她。

心理咨询并非对人人都有效，有些人想要改善的动力不足或者认知不够，想通过咨询一次就改变命运、改变性格、解决问题，而他们本人却处处外部归因，或者只想要快速表浅的指导与方法，对心理咨询的认识不足，在这些情况下，咨询效果是极其有限的。

就像一个医生，如果患者对病情的认识不清，提出的要求治标不治本，或者不切实际，比如要求用创可贴治疗胃出血，医生此时不是把生意先兜揽下来，而是应先给对方科普，耐心解释或退诊。如果患者的疾病是自己不擅长的，就不要耽误他，给他指另外一条靠谱的路。

咨询结束后，我给了她一本心理科普的小册子，说："你先看看这个小册子，有机会下次我们再聊。"

她走后，我发了信息跟朋友说："你的远房亲戚小王来了，但是咨询的'缘分'未到，我今天给她播了一颗'种子'，希望以后有机缘再深入地谈，你也多引导她，外人不好说透，亲戚朋友更方便些"。

我的朋友随即转发了一张她们两个人微信对话的截图给我，小王从我这儿结束咨询后，就给她留言说："这个唐老师话好少，也没有给我提供什么指导、建议和方法。"

我的朋友们一般都是比较有心理学头脑的，她就直接给小王留言说："你现在还没有认识到问题都是出在你自己身上，她即使给你建议和方法也没用。"

小王就没有回复了。

上面两个案例中的当事人都还处在外归因的阶段，即认为都是外部原因造成我的命运和感情生活不好，造成我的痛苦，不是我的眼光问题，也不是我的问题导致别人这样对我，只是我遇人不淑；如果换成对的人，我的痛苦就会消失了。他们要求环境改变来适应自己，而不是调整自己来适应环境，这样的人生可能顺利吗？

外归因的人有很多：比如"怨妇"、爱指责打压的人、抑郁发作的人，等等，他们往往一进咨询室的门就会开始说对方对自己多么不好，怎么样疏远冷落背叛自己，但是看不到为什么别人会这样对他们。和外归因的人待在一起会比较累，他们婆媳关系处不好会希望婆婆主动改变；婚姻出现问题，会认为离婚是解决问题的办法。

"点破法"的效果因人而异，以我本人的经验，仅对1%~3%的人群有效，通常男性的领悟力比较高，而女性一点就通的概率比较低。

点破法实际上也有"播种"的意思，如果不能一点就通，那就算是播个种吧，也许明年、后年会发芽，也许还要经过其他人的再次点破才会发芽，也有人一辈子也不会发芽。

二、棒喝法

棒喝法和点破法类似，但是更剧烈；点破法相对来说比较温柔。运用棒喝法有三个要点：

1. 挥"棒子"的人最好是有些权威的人士，如果是当事人比较认可的权威人士，那就更好了。

2. 适用于有一定反省能力、有一定自我认识的人；对于完全没有反省能力的人作用不大，甚至无效。因为前者内心会痛苦，所以想改变；而后者即使内心痛苦，也没有动力去改变。

3. 适用于人生碰到重大挫折、内心正经历痛苦的时候，例如刚破产、刚被人抛弃、刚经历了重要的人际关系挫折，等等。这个时候，当事人内心已经做好了一些准备，是一个好时机。

案例：嫁给你我真是瞎了眼；娶了你我倒八辈子霉

有一次我们全体工作人员都准备下班了，一对夫妻还在大厅吵架、互掐，而且互不相让，保安都劝不走。大家就围在周围，巴望着他们吵完了、吵累了再劝他们走。妻子指着丈夫的鼻子很凶地骂："你妈是'慈禧太后'啊，你的工资每一分钱都交给你妈管，家里大事小事都是你妈管，你是在跟谁过？嫁给你我真是瞎了眼……"

丈夫看到有人围观，也在抢话回嘴："我娶了你不也是倒了八辈子霉？你家务也不会做，对老人也不孝敬，孩子也不会带，还乱花钱，把自己当大小姐，一双鞋子都要跑到香港去买七八百块钱的，还整天发脾气……"女方一看到人多起来，又想在众人前面表现她更在理、她吃亏了，喘息了几口气后，她又继续骂了回去。

两个人吵得实在太凶，本来这种类型不是由我们咨询师负责，应该是保安负责，但是看到大家都拿这对夫妻没办法，我于是上前，走到他们前面，大喝一声："都给我停下，不要再吵了！你们都说自己瞎了眼，都说对方这不好、那不好，有本事你们为什么不找个好的？对方这不好、那不好，不正说明你们自己有问题吗？不就是说你们自己的眼光和判断力有问题吗？现在都给我回去！"

经我这番大喝，丈夫似有如梦初醒的感觉，突然一下子就冷静了下来，指着妻子的手也慢慢放了下来，好像突然领悟了什么，站着不动，也不骂了，开始想问题了。而妻子还在继续骂，完全没听到我刚才讲了什么。我把丈夫叫到一边，和他说："她如果是个不好的女人，那你为什么选择她？为什么有好的、温柔大方、持家优秀的你不选？或者其他的好女人为什么不选择你？你说是不是问题出在你自己身上？"

丈夫咬咬嘴唇，笃定地看着我说："您说得对，我明白了！"然后他转过身去，和妻子说："走吧，不要在这里骂了，丢人！我们回去吧。人家这么多人都在等着下班呢！"

过了几天，这位丈夫来到我的咨询室，和我说："老师，那天回去我想了很久，老婆骂我，我也不回嘴了，我觉得这样'狗咬狗'没有意思。如果有问题，都是我自己的问题，这几天我有很多感悟，好像自己突然站在一座山上，从山顶看到山下的自己，看到我和老婆的关系。她如果漂亮、贤惠、顾家、脾气好，也不会嫁给我，肯定有大把'高富帅'围着她转。其实我自己和她是同一个档次的人。我今天来，想问问有什么心理学课程或者有什么专业婚姻辅导吗？我不想再过以往那种生活了，我怕孩子也变得这么笨。我想好了，我要改善这种现状，不管她提升不提升，反正我要提升！"

佛教里有个词，叫作"悟后起修"，意思就是明白了万事的根源、命运、境遇都是由自己造成的，不是外部原因造成的，这才是修心修性、提高自己的开始。

棒喝法我一共用过3次，都是运用在同样的背景、同样的情境之下。一共3对夫妻，其中两位丈夫领悟了不再吵了，开始寻找改善夫妻关系的专业方法，还有一对夫妻无效，继续吵。

三、集体反馈法

这是我们心理圈里的人常常用的办法。我们常常会组织心灵成长的团体小组，一个人说句话，大家就集体反馈一下，对这句话有什么感受，然后说话的人慢慢地矫正自己的沟通方式。

案例：怪不得你老婆搞外遇！

有一位丈夫50多岁了，妻子发生了外遇，在家里闹离婚。而这位丈夫就是典型的理通情不通的"打岔型"，妻子一有情绪，他就会打岔，摆事实、讲道理，搞得妻子越说越火大；我用过点破法，行不通，最后，我推荐他去一个心理圈里浸泡。这种心理圈跟社会交往的圈子有些不一样——大家有一条默认的规则，就是有话直说，不像通常社会交往中的圈子，有人说话不好听，大家可能并不指出来，只是默默地疏远他。这位丈夫到这个圈子里第一天就有很大的收获：有女团友分享心得感想，结果他又开口打岔，讲了一堆大道理，好几个女同学就受不了了，直接指出来"怪不得你老婆搞外遇，她怎么憋到现在才出轨？"然后大家就对他一顿狂批。

他回来后兴奋地和我说："哎呀，唐老师，我终于知道我的问题在哪里啦！"

这个案例的当事人是已经有一定的自我认识并且有改善、提高自己的意识了，而如果你的亲友还没有到达这个阶段，这个方法也是可以试试的。你可以邀请好几个他/她的好朋友、亲人等（他/她越重视的人越好）集体给他/她一些诚恳的反馈，大家视情况唱"红脸"或"白脸"，把握好分寸，真心为他/她好，最好能够促成他/她的反省。这个方法的有效率还是比较高的。

四、重要人物反馈法

跟集体反馈法一样，区别是要找一个他特别重视和认可的人给他/她反馈，比如他/她学校的导师、最欣赏最认可的领导、最有能力和权威的家族亲戚，等等。这些人给他/她的反馈，他/她一定会重视，非常有效率。

五、浸泡法

在集体反馈法里，我其实就提到了浸泡法。人要改变有两个要点：一个是长期的、慢性的刺激，一个是重大事件的刺激。长期的心理咨询以及浸泡圈子等，都属于长期慢性的刺激。

浸泡法有一种方法就是换一个生活圈。我有个女同学从小不爱收拾，从来不做家务，用钱从不计划，但是嫁到婆家后，婆婆一家的家风特别好，慢慢地她受到了丈夫和婆婆的影响，五年后，她春节回娘家，由她做主厨，一桌子菜全是她炒的，而且连柴米油盐的价格都知道，变成了一个精打细算会过日子的女人了。

有些人跟异性交往有困难，他就去找一个异性的心理咨询师，一点一点浸泡矫正，这也是一种浸泡法。

有的人从小说话处处打压指责他人，有些惹人嫌，但是到了大学里，跟家教好的同学长期相处，到了社会上，跟有素质的同事们长期工作，和一个正向、积极、开朗的爱人组成家庭，这个人也逐渐会变得温暖亲切起来，这也是典型的浸泡法。

六、录音录像反馈法

现在手机录音、录像都非常方便，可以使用录音录像反馈法来辅助进行调整。我有一个朋友的妻子有产后抑郁症，一直拒绝治疗，发起脾气来全家不得安宁、全家都受累。他来找我支招儿，我说："当她发脾气的时候，你给她录下来，但事后不要给她本人播放，那样效果不好，因为你们关系很不好，她会觉得变成这样都是你的错，你还发这个东西给她看，她根本不会听，而且还会恼羞成怒。你拿给她内心最尊敬的人或者关系最好的朋友们看，然后让他们帮你出面给她反馈，提醒她，而且还要再慢慢地、耐心地给她做心理学方面的科普。"在我咨询的过程中，一共有五六对夫妻试验了这个方法，大概有 1/3 的成功率。

七、重大事件刺激法（也称重大挫折刺激法）

案例：吓跑了两任妻子的"三婚"男人

有一个男性当事人，40 岁左右，是个暴脾气，离婚两次，每次都是女方提出离婚。他说他年轻的时候，发起脾气来就摔东西、砸东西，完全控制不住，很快吓跑了第一任妻子。第二次婚姻中，他感觉自己脾气一上来，拿起东西的时候，大脑就有意识地控制一下自己，但是偶尔也会失控，把东西摔下去，就这样，又吓跑了第二任妻子。到第三次婚姻的时候，他说每次妻子刺激自己的时候，自己已经可以控制住不摔东西了，他咬紧牙关，有几次咬得自己嘴唇都出血了，但还是忍住了。而且他采用出去冷静的方法，跑到妻子看不到的地方发泄一通，所以这次婚姻还能维持下来。

神经科学的原理：人的很多原始的反应，特别是有家暴习惯或容易情绪歇斯底里大爆发的人，导致他们大发作的神经通路潜藏在神经系统深处，几乎已经形成条件反射，完全不受大脑控制。

那么后天我们怎样调适呢？这就要依靠人脑前额叶的高级功能了。大脑的前额叶有一种叫作"冷却器"或者"刹车手"的功能，如果这个功能发展得比较好，底层的情绪大爆发时比如说有 10 分的威力，人都气得想要上房揭瓦了，但是到了前额叶这里冷却冷却，就只有两三分的威力了。如果一个人能暂时把怒火压一压，事后发泄到别处去，这样人际关系、家庭关系就不会受到大的破坏。

但是怎样锻炼前额叶的功能呢？就是要经历一些挫折事件。经历挫折后，付出巨大的代价，大脑就会收到一个负性的反馈，大脑就会要求你下次要调整、要矫正，即我们平常所说的受到了教训、长了记性。

对一个人内心世界产生颠覆性影响的，往往不是外部事件的变化，而是重要的人际关系、家庭关系出现问题。离婚、分手这样的重大挫折对于某些人来说未必全是坏事。我看到很多分手和离婚的人，从这样重大的挫折中走出来，走上反省提高自己的道路，最后收获幸福。这些挫折有很多负面的影响，但是也有正面的意义，它可能正是一个人认识自己、整理自己的大好时机。

重大事件刺激法，我们心理咨询专业人员是不会使用的，因为万一想要刺激的地方没刺激到，不想刺激的地方大爆发，那可就麻烦了，所以大家也要慎用。

八、讲故事法

这个方法比较有效，可反复使用，在我的咨询案例中有效率高达70%~80%！

案例：日夜颠倒、半夜三更还在闹情绪的女孩

有一次有一个单位找我做讲座，在讲座前一天，主持人愁眉苦脸地和我说："唐老师，我有一个妹妹，她才一岁多的时候父母就离婚了，她被后妈带大，爹不疼、娘不爱的，她心里有很多创伤，谈了好多次恋爱都因为别人受不了她的情绪而分手。现在好不容易结了婚，但是感情也不稳定，估计她最近又陷入抑郁了，每天半夜三更还在给我发微信，都是很消极的话。她丈夫也快被她折磨得不行了，发生一点小事她就生气。家人都劝她去看精神科医生，她不肯去，说自己没问题，都是别人的问题，这可怎么办啊？"我说："有个办法可以试试，明天你让她来听我的婚姻心理讲座。我们的讲座里要讲二十多个案例，有两三个案例和她的情况很像，到时候她听到这些当事人和她类似的成长史、感情轨迹，会有所触动的。"

第二天的讲座，主持人的妹妹果真来了，坐在最后一排。当我讲到抑郁症、边缘特质的人、童年创伤和感情反复失败的案例时，我看到她拿出纸巾不断地擦眼泪。

这时主持人故意问："唐老师，如果这些人认识不到自己情绪不稳定，也不肯去看精神科医生或者心理医生，该怎么办呢？"

我说："那没办法，就只有让身边的家人受苦受累受折磨了。"

主持人又问："那如果他明白了自己心理有异常，愿意去寻找专业的帮助，那应该怎么做呢？"

我回答说："如果情况比较严重，一定要先找精神科医生进行药物治疗，再找正规的心理咨询师咨询作为辅助。"主持人说："但是很多人不肯吃药，听说吃药会有很多副作用，人会变得比较笨，是不是？"

我回答说："抗抑郁药物会对中枢系统有一些副作用，但总体来说，目前技术已经非常成熟，服药三四周就可以起效，而且副作用是在可接受的范围内。两害相权取其轻，比起不断地受到情绪的困扰，家里三天两头吵架，工作生活一团糟，吃药是正确的选择。目前抗抑郁药物的种类繁多，有许多种治疗功能，有些不但能够帮助改善抑郁，还能调整睡眠，而且大部分药物都有降低焦虑的功能。如果服药导致胃肠道不舒服，可以换一种对胃肠道副作用相对较少的药物；如果服药后头晕，可以向医生反应，选择另一款不会使头太晕的药物，这一切都可以找你的精神科医生商量，总之，总有一款适合你。"

过了三个星期，主持人向我反馈说她妹妹真的去专科医院看了医生，服药两周后情绪、睡眠都稳定了，准备过一段时间找婚姻家庭心理咨询师修复和丈夫的关系。

当然，也可以故意让当事人旁听你们讲述其他人类似的故事，或者装作和朋友打电话，讨论这类问题的解决之道，等等。总之，要让当事人看到解决问题的希望，能够主动要求改变。

以上8条方法讲述完毕，请大家根据自己的实际情况进行使用。我们对亲友的这种"帮助"，还有以下几点需要注意：

1. 除非当事人有自伤自残倾向或者其行为已经影响其他人的生活，甚至干扰伤害到其他人，比如有极其消极的念头与行为，半夜三更发作，有极消极的念头，让家人都休息不好；比如一直指责唠叨抱怨，身边人都不敢接近她；再比如一直强迫孩子做不愿意做的事，使孩子感到痛苦，等等，才可以使用上述方法，虽然不一定能够唤醒他/她认清自己，但可以尝试阻止他/她对其他人产生不良影响。

2. 如果只是当事人自己痛苦，但没有自伤自残行为，也不影响他人，此时当事人没有邀请你干预，我建议把握分寸，不要轻易去多此一举。人陷入痛苦有时是一种机缘，可能正是一个重要的人生转机、心理转机，也许看似作茧自缚，其实最后他/她是要破茧成蝶，获得重生。痛苦越深，他/她对人生哲理领悟得也越深，所以不要轻易地去阻断、干扰这个过程，让他/她自己慢慢领悟、慢慢转化。如果我们真心想帮助他/她，就在一旁保护他/她的人身安全，帮他/她创造好外围的条件。如果机缘合适，可以和他/她谈论这个问题，但要注意保护对方的自尊心，因为他/她已经走在反省的路上了。

3. 每片树叶都不一样，我们也应尊重每个人的不同、每个人命运的轨迹。有些人适合单身生活，有些人需要陷入极度的痛苦从而领悟更深刻的生命意义，只要他们不影响别人，不自伤自残，我们要对他人的生活保持尊重，不要把自己的想法强加给别人。适合你的，未必适合他/她；你认为的解脱之道，对他/她来说，或许是束缚。

总之，我们要不断反思自己，而不是反思别人。

声　明

大部分数据均为我处咨询室的数据，而非官方数据，仅供参考。

一、伦理声明

根据相关咨询伦理（美国 APA 学会保密守则第 4.05 版规定标准），本书所有原创作品中所涉及的案例均来源于以下三个方面：

1. 取材于不同的案例，经处理而成，部分情节来源于网络等公开信息；

2. 部分情节已经当事人授权同意公开；

3. 均已做技术处理，当事人身份被隐去；

4. 部分情节为虚构。

二、关于是否给别人"贴标签"

文中提到的案例，我们并没有说他们是"××障碍""××症"，文中所述只是推断和假设，认为当事人有这方面的特质、倾向，可转介去专科医院进行进一步诊疗。对案例的假设，只是在咨询师的心里完成，并没有告诉来访者。

就好比一个便血患者，受过专业训练的医生会对其有痔疮和直肠癌的假设，如未经确诊就断定患者是痔疮或直肠癌，那是在贴标签。正规心理咨询师内心一定有假设，而且大胆假设，小心求证。

人们性格的特质是一把双刃剑，比如有强迫、偏执、自恋、表演特质的人，不少人是成功人士，婚姻家庭都经营得相当成功，而且社会也需要他们有这样的特质；如果社会中人人都差不多，那是很可怕也不现实的。对婚姻现象进行归类整理的最终目的在于：清楚地认识到这个特

质，发扬它的长处，消减它带给我们人际关系上、婚恋关系上的破坏性，这才是我们科普的目的。

三、原生家庭环境不好，就一定会产生心理偏差吗？

和大多数学科一样，心理学研究所得出的是概率式的结论——大多数情况下会发生，但并非任何情况下都发生。

美国心理学会终身成就奖获得者基思·斯坦诺维奇在其著作《对伪心理学说不》一书中说，任何一个特定的行为都不是由某个单独的变量引起的，而是由许多不同的变量共同决定的。

四、现代心理学技术那么发达，那所有的婚姻问题、心理异常都可以得到改善吗？

理论上可以，但实际上并非如此，婚姻问题和心理异常的改善取决于很多因素。正如在形象设计师、美容师眼中全世界的人都可以变得更美，可是并非人人都有这个意愿、都愿意付出持续的努力。

五、为什么本书偏向于问题（病理）取向，而不是资源取向？

资源取向的意思是：过去已经没有办法改变了，心理偏差已经形成了，那我们来看看有什么可以改善的。而问题取向往往从病理、从问题的角度去研究这个人到底有什么偏差，这会让人很不舒服，甚至有被歧视的感觉。

很多心理咨询师讲到人格特质这方面内容的时候，由于很多原因，经常一带而过。且心理学界的主要流派——人本主义[①]的胸怀亦是非常宽广的，其最基础的态度就是深深地相信人性，这些方法都是资源取向而非问题取向的。我发自内心地欣赏这样的视角，对于主动来接受咨询的夫妻也都采取人本主义、资源取向的态度，很少谈到心理异常的内容。在我的眼里，人性没有对错，没有高低，只有不同。

本书的偏向主要缘于以下两个原因：

---

① 人本主义心理学（humanistic psychology）是第二次世界大战后在当代西方心理学中的一种革新运动，主要研究人的非理性部分，例如欲望、情感、死亡、价值、焦虑、意义等。

1. 个案背景不一样

医院的心理科、各种心理咨询室里的个案基本都是有一定的自我认识并且开始主动求助的；而本人的素材基本来源于在婚姻登记处的婚姻咨询室的工作环境中，不少个案缺乏自我认知，缺乏基本的心理学知识，与医院心理科、心理咨询室里的对象有很大不同。

2. 讨论基础不一样

在欧美发达国家，人们的求助意识、自我反省能力都处在较高水平，只要发现自己的人际关系、家庭关系异常，很多人不逃避、不掩盖、不转移，会去寻求专业的心理咨询，求助的目标也比较合理。而在我国，心理学知识在现阶段还需要大量的科普工作。如果大众的认识提高、求助意识上升到一定阶段，问题几乎就解决了一大半，这时，也就可以多从资源取向的角度一起探讨解决办法。

六、为什么这本书的创伤味道很浓，全是悲惨、严重的案例？

1. 与作者的工作环境有关。凡是来到婚姻登记处离婚的当事人，基本已经到了婚姻问题的晚期。

2. 与作者的写作目的有关。问题较轻微的婚姻矛盾改善起来过于简单，没有必要在此赘述，因此我尽量把难度较大的案例呈现给大家，使大家可以对照学习，即使没有受过长年的专业训练，只要刻意练习，持续改善，足以化解较为轻微的婚姻家庭矛盾。

七、本书从现代婚姻的立场出发，诸多观点可能与传统婚姻相悖，望相关人士予以理解。

八、书中的工作场所非正式的婚姻心理咨询与治疗场所，部分环节因写作及科普需要使用非咨询语言，部分咨询细节亦未能全部按照国际标准的夫妻咨询与治疗程序与技术进行，望相关专业人员予以理解，并且切勿轻易模仿。

九、书中的大部分案例均已达到婚姻问题的晚期程度，虽有挽回余地，但为小概率事件；若您或您的亲友的婚姻出现矛盾，望及早寻求专业帮助，切勿拖延。

十、鸣谢：相关专业知识从同行、专业书籍以及网络收集、整理而来，未能一一言谢。有些引用之处未能准确标明出处，为此感到十分抱歉，若有不妥或偏颇之处，还望来信指正。

十一、本书所述部分观点仅为一己之见，一家之言，由于婚姻家庭治疗技术流派众多，视角不一，本书亦有诸多偏颇以及不足之处，欢迎相关人士交流、批评、指正，以期不断提高我国婚姻危机干预及婚姻咨询水平，造福更多家庭。

感谢您的阅读。

后 记

2010—2012年，懵懂的我在心理专科医院辗转，系统地学习精神病学、心理治疗等专业课程，机缘巧合进入了婚姻家庭情感咨询行业，并随后进入深圳市某区民政局婚姻登记处任专职婚姻家庭咨询师。我发现这似乎才是自己的爱好与使命，为最大限度地帮助求助夫妻，我倾尽所有、遍访名师。

两年后，我的综合水平（精神科及普通心理咨询）有所提升，但是自己还不满意——对于国内婚姻家庭咨询技术学习的科学性、系统性还不够。表面上这些咨询技术天花乱坠，但很多效果并不理想。夫妻经过咨询以后，关系有没有得到改善？原理是什么？到底是短期的改善还是长久的改善？到底是真的帮助到了他们，还是耽误了他们？有没有短、中、长期效果追踪报告？这些问题我都没有找到满意的答案。我为中国的婚姻家庭咨询的水平以及国人的科学精神感到有些失望，同时，也在继续求索。

在此期间，我也碰到过一些优秀的婚姻家庭咨询师，但是数量非常稀少，屈指可数。有一次，曾奇峰老师（留学德国的精神科专家、临床心理学专家，也是国内第一家精神科医院的院长，为中国的心理学发展做出巨大贡献）给我督导的时候说：婚姻家庭咨询不是我的专长，我的专长是做个人咨询，你的案例我指导不了，但是给你在专业上提几点建议，你如果想成为一个德艺双馨的咨询师，要做到以下几点：

1. 这个行业里没有人可以自学成材，你要向婚姻家庭领域里的国内外所有名师学习，在正规的医院或大学正在做临床的老师，而非其他。

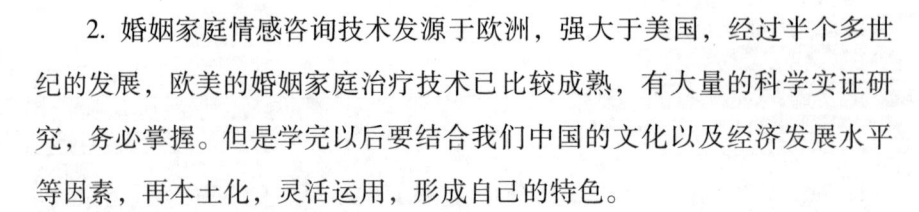

2. 婚姻家庭情感咨询技术发源于欧洲，强大于美国，经过半个多世纪的发展，欧美的婚姻家庭治疗技术已比较成熟，有大量的科学实证研究，务必掌握。但是学完以后要结合我们中国的文化以及经济发展水平等因素，再本土化，灵活运用，形成自己的特色。

3. 你要做到全中国最多的婚姻案例，等你看了1000本婚姻治疗的书籍、理论学习1000小时以上、由老师手把手带教几百上千小时、做上1000对夫妻、1000个家庭、10000个小时的实操以后，你就会有扎实的临床功底了。

4. 这个行业所有的学习资料——音频、视频、书籍、论文，你都要买下或收集，并且研究至少一遍以上；做好经济（将花费80万~200万元人民币）、心理、精力上的准备。

我听到以后非常高兴，真心地认同这种十年磨一剑、脚踏实地的学术作风。接下来的几年，我按照他的方式一条条去实践。那几年，我每晚不是在学习，就是在学习的路上，回到家通常都是晚上十一点半以后，早晨六点半又要起床上班。

同时，我也发现，这不是一条少有人走的路，简直是没有人走的路，是一条"傻根儿"才走的路。

半生不熟的亲友们总是苦口婆心地劝我，为什么选择这样一个费心费钱的行业？考了证就应该去赚钱了。说这些话的人，都不是做医生、做匠人的。我的爷爷和爸爸却常常说："学医三年，无病可治；行医三年，无方可用①。"

我相信孙思邈，相信爸爸和爷爷，相信国内外那些在婚姻家庭治疗界德艺双馨的学术大家们指的路——他们指的路都是一样的。

工作的同时，我积极地寻找国内外顶尖的婚姻家庭咨询师，硬性地

---

① 出自孙思邈《大医精诚》：学医三年，谓天下无病可治，行医三年，谓天下无方可用。意指：学医三年，就是理论学习，感觉世间没有治不了的病；治病三年，就是现实实践，感觉以前知道的方子没有一个适合当下的病者。

后　记

要求对方是医学、心理学或婚姻家庭治疗专业，曾在欧美的大学或者医院临床从事婚姻家庭治疗工作 15 年以上，擅长处理婚外情、婆媳矛盾、沟通障碍等问题，并且咨询时长在 10000 小时以上。

我参加了中国心理卫生协会家庭治疗学组组织的中国家庭治疗泰斗们在康宁医院举办为期 3 年的家庭治疗班，紧接着又参加了美国刘婷博士的婚姻治疗国际培训项目（她在美国从事婚姻家庭治疗 25 年，本科是心理学专业，硕博均是家庭治疗专业，毕业后在美国一家儿童医院的外遇研究中心工作，现在在美国一所大学带夫妻治疗专业的硕士研究生，每周还做 4 次咨询，保证自己的临床水平。

一般找到她的婚姻案例，都是做了很久的咨询也搞不好的疑难杂症，例如夫妻分居多年没有沟通、丈夫孕期出轨，等等。）

我有幸跟国内外的大师们系统学习了婚姻家庭治疗理论，并且结合大量的案例以及定期的个案督导，经过在婚姻登记处的大量运用，效果明显，自己也信心倍增。

2016 年，经儿童医院周家秀博士邀请，成立家庭治疗学术研讨组，在此期间结识了儿童心理领域的专家及创伤治疗领域里顶尖的治疗师，开拓了眼界。

在亲友们和同行以及相关人士的支持及鼓励下，本书酝酿多年，几易其稿，终于诞下。其中的感激非三言两语所能道尽。

参考文献

[1] 中华人民共和国婚姻法.

[2] 中华人民共和国精神卫生法.

[3] 伊丽莎白·雷诺兹·维尔福. 心理咨询与治疗伦理[M]. 侯志瑾,译. 北京:世界图书出版公司, 2010.

[4] 中国心理学会临床与咨询心理学工作伦理守则(第一版).

[5] 美国精神医学学会. 精神疾病诊断与统计手册:第五版[M]. 北京:北京大学医学出版社, 2015.

[6] 卫生部. 精神病学[M]. 北京:人民卫生出版社, 2009.

[7] 中华医学会精神科分会. 中国精神障碍分类与诊断标准:第三版[M]. 济南:山东科学技术出版社, 2001.

[8] 世界卫生组织. ICD-10 精神与行为障碍分类[M]. 北京:人民卫生出版社, 1993.

[9] Herbert Goldenberg. 家庭治疗概论[M]. 李正云,等译. 西安:陕西师范大学出版社, 2005.

[10] 全国卫生专业技术资格考试专业委员会. 心理治疗学(中级)[M]. 北京:人民卫生出版社, 2009.

[11] MRobert Taibbi. 如何做家庭治疗[M]. 北京:中国轻工业出版社, 2012.

[12] 苏珊·约翰逊. 婚姻治疗的9个步骤:情绪取向的婚姻治疗[M]. 刘婷,曾履元,刘琦华,译. 上海:东师范大学出版社, 2011.

[13] 苏珊·约翰逊. 亲爱的,我们别吵了[M]. 江舒,译. 北京:万卷出版公司, 2010.

[14] 卢森堡. 非暴力沟通[M]. 阮胤华,译. 北京:华夏出版社, 2016.

[15] 渡边淳一. 男人这东西[M]. 北京:九州出版社, 2014.

[16] 卢卡斯.心理治疗中的首次访谈[M].邵啸,译.北京:中国轻工业出版社,2014.

[17] 聂晶.人格障碍的防治[M].北京:中央广播电视大学出版社,2015.

[18] 罗兰·米勒,丹尼尔·珀尔曼.亲密关系[M].郭辉,肖斌,译.北京:人民邮电出版社,2005.

[19] 亚隆.团体心理治疗:理论与实践(第五版)[M].北京:中国轻工业出版社,2010年.

[20] Erich Fromm.爱的艺术[M].李健鸣,译.上海:上海译文出版社,2008.

[21] John Gottman, Nan Silver.幸福的婚姻[M].冷爱,译.杭州:浙江人民出版,2014.

[22] 戈特曼.获得幸福婚姻的7法则[M].刘小敏,译.北京:万卷出版公司,2010.

[23] Francine Shapiro.让往事随风而逝[M].张蕾芳,译.北京:机械工业出版社,2014.

[24] 巴塞尔·范德考克.身体从未忘记[M].李智,译.北京:机械工业出版社,2016.

[25] 深圳市春风应激干预服务中心.深圳市首届心理应激干预大会2015[C].2015.

[26] 广东省婚姻家庭建设协会.全省婚姻家庭理论研讨论文集[C].2016.

[27] 程明明.我国离婚率影响因素研究[D].北京:清华大学,2010.

[28] 卢卡斯.心理治疗中的首次访谈[M].邵啸,译.北京:中国轻工业出版社,2014.

[29] 黄维仁.亲密之旅[M].北京:中国轻工业出版社,2011.

[30] 王纪芒.婚外情面面观[M].北京:知识产权出版社,2009.

[31] 罗素.性爱与婚姻[M].文良文化,译.北京:中央编译出版社,2005.

[32] 贝克尔.家庭论[M].王献生,等译.北京:商务印书馆,1998.

[33] 顾鉴塘,顾鸣塘.中国历代婚姻与家庭[M].北京:商务印书馆,2007.

[34] 李银河.两性关系[M].上海:华东师范大学出版社,2005.

[35] 李银河.中国婚姻家庭及其变迁[M].哈尔滨:黑龙江人民出版社,1995.

[36] 西蒙,莱西-西蒙.循环提问——系统式治疗案例教程[M].于雪梅,译.北

京：商务印书馆，2013.

[37] 黄维仁.窗外依然有蓝天［M］.南昌：江西人民出版社，2010.

[38] 中国心理卫生协会家庭治疗学组，深圳市精神卫生中心.首届华南区中德模式系统式家庭治疗连续培训项目（3年）教材．

[39] 查尔斯·布伦纳.精神分析入门［M］.杨华渝，等译.北京：北京出版社，2000.

[40] Glen O. Gabbard.长程心理动力学心理治疗［M］.徐勇，等译.北京：人民卫生出版社，2010.

[41] DSM–Ⅳ轴Ⅱ人格障碍定式临床访谈（SCID—Ⅱ）使用者指南》.

[42] 卡巴尼斯.心理动力学个案概念化［M］.孙铃，等译.北京：中国轻工业出版社，2015.

[43] 乔·卡巴金.正念：身心安顿的禅修之道［M］.雷叔云，译.海口：海南出版社，2009.

[44] 沈复.浮生六记［M］.张佳玮，译.天津：天津人民出版社，2015.

[45] 阿尔弗雷德·阿德勒.自卑与超越［M］.杨颖，译.杭州：浙江文艺出版社，2016.

[46] 冯友兰.中国哲学史［M］.重庆：重庆出版社，2009.

[47] 费孝通.乡土中国［M］.北京：人民出版社，2015.

[48] 王小波.肚子里的战争［J］.意林，2006（21）.

[49] 胡适.差不多先生传.胡适

[50] 鲁迅.离婚［M］//仿徨.北京：人民文学出版社，2001.

[51] 易卜生.玩偶之家群鬼[M]//易卜生文集.北京：人民文学出版社，1995.

[52] 毕淑敏.提醒幸福［M］.武汉：长江文艺出版社，2012.

[53] 曹艳艳.中国传统婚姻家庭伦理及其现代转向［D］.杭州：浙江大学，2006.